Ralf Leonhard

Zentralamerika
Porträt einer Region

Ralf Leonhard

Zentralamerika

Porträt einer Region

Ch. Links Verlag, Berlin

Für meine Kinder Alfa Carolina und Esteban,
die die Verbindung von Europa und Zentralamerika in sich tragen.

Die Deutsche Nationalbibliothek verzeichnet
diese Publikation in der Deutschen Nationalbibliografie;
detaillierte bibliografische Daten sind im Internet über
www.dnb.de abrufbar.

1. Auflage, Oktober 2016

Schönhauser Allee 36, 10435 Berlin, Tel.: (030) 44 02 32-0
www.christoph-links-verlag.de; mail@christoph-links-verlag.de
Umschlagentwurf und Innengestaltung: Stephanie Raubach, Berlin
Karte: Peter Palm, Berlin
Satz: Eugen Lempp, Ch. Links Verlag
Lektorat: Günther Wessel, Berlin
Druck und Bindung: Druckerei F. Pustet, Regensburg

ISBN 978-3-86153-917-9

Inhalt

Einleitung 10

Sieben Staaten auf der Landbrücke 14

Guatemala – immer wieder Gewalt 14

Parteien als leere Hüllen 15

Land ohne Lächeln 17

Demokratischer Frühling 19

Drei Jahrzehnte Diktatur 20

Massaker als Mittel der Politik 21

Honduras – Inbegriff der Bananenrepublik 24

Politik dient der Bereicherung 25

Green Grabbing 28

Städte für den freien Markt 29

Archetypus der Bananenrepublik 30

Gefährlichstes Land der Welt 32

El Salvador – Fußballer und Huren 34

Zwanzig Jahre Krieg 36

Politische Wende 38

Exportprodukt Mensch 39

Nicaragua – ewige Revolution 42

Gelenkte Demokratie 42

Agrarreform 45

Maskenspiel und Widerstand 47

Aberglaube und Bigotterie 49

Die Wiederkehr des Daniel Ortega 51
Totale Kontrolle 53

Costa Rica – gebildet und eingebildet 55
Korruption und Freihandel 57
Die Schweiz Zentralamerikas 59
Ökotourismus und Wellenreiten 61

Panama – Kanal und Briefkästen 62
Patrioten und Putschisten 66
Operation »Gerechte Sache« 70
Der große Kanal und der Wirtschaftsboom 72

Belize – karibische Exklave 76
Von der Kronkolonie zur Unabhängigkeit 78
Ethnische Spannungen 80
Der junge Staat 82

Helden und Halunken 85
Tecún Umán 85
Lempira 86
Diriangén und Nicarao 87
Rafaela Herrera y Sotomayor 88
Francisco Morazán 88
William Walker, Juan Santamaría und Andrés Castro 91
Benjamín Zeledón 94
Augusto C. Sandino 95
Carlos Fonseca 98
Óscar Arnulfo Romero 101

Die Oligarchen 104
Vierzehn Familien in El Salvador 105
Turcos in Honduras 108
Rassismus in Guatemala 109

Die Familien Chamorro und Pellas in Nicaragua 110
Kaffeefarmen in Costa Rica 114

El Tío Sam – das Verhältnis zu den USA 116
»Züge eines Piratennestes« 118
Bananenrepubliken 120
Allianz für den Fortschritt 121
Rebellisches Jahrzehnt 124
Flucht in den Norden 126

Gewalt – eine Frage der Kultur? 129
Maschinerie des Terrors 131
Mordrekorde 134
Jugendbanden 136
Ein soziales Phänomen 137
Krise des Waffenstillstandes 138
Kultur der Gewalt 139

Folklore, Widerstand und Genozid – Zentralamerikas indigene Völker 142
Folklore und Ausgrenzung 143
Hochkultur im Urwald 144
Neues Selbstbewusstsein 148
Nachfahren der Tolteken 149
Lenca gegen Konzerne 151
Autonomie am Atlantik 153
Karibische Mischung, pazifische Vielfalt 156
Klein, aber wachsend 158
Indianisches Strandleben 158

Starke und geschundene Frauen 161
Keine Emanzipation in den Köpfen 165
Spaß am Sex? 166
»Kindsmörderinnen« vor Gericht 167

Feminismus auf leisen Pfoten 169
Frauenhass und Frauenmord 170

Fußball- und andere Kriege 172
Costa Ricas Sonderweg 175
Die neuen Bürgerkriege 176
Elf Jahre Krieg in El Salvador 180

Pfaffen und Pastoren 185
Eintrittskarte Erdbeben 187
Erste Basisgemeinden 189
Eine blutige Spur 191
Im Dienste der Revolution 193
»Agenten des Imperialismus« 194

Integration: Weg mit Hindernissen 197
Kriege und Bündnisse für die Einheit 198
Integration als Ausweg aus den Kriegen 199

Der Nicaraguakanal: Wahn oder Erlösung? 203
Megaprojekt für den Weg aus der Armut 205
Wer finanziert den Kanal? 206

Deutsches Wesen und Unwesen 210
Im Schwarzwald von Nicaragua 215
Kaffeepflanzer und Architekten 221

Der beste Rum der Welt 224
Zucker geht an die Nieren 226
Die Fritanga – kulinarisches Kulturgut Nicaraguas 227
Tortillas 229

Vom »Popol Vuh« zur Erotischen Linken – Literatur in Zentralamerika 230

Anhang

Lesetipps 236
Basisdaten 239
Karte 246

Einleitung

Wenn wir über Zentralamerika sprechen, müssen wir uns zuerst einmal einigen, von welchen Staaten wir überhaupt reden. Geografisch umfasst der Begriff die Staaten Guatemala, Honduras, El Salvador, Belize, Nicaragua, Costa Rica und Panama. Manche zählen noch die westindischen Inseln in der Karibik dazu. Archäologen bezeichnen die Region als Mesoamerika und meinen damit einen Kulturraum, der von Costa Rica bis zum mexikanischen Isthmus von Tehuantepec reicht oder auch noch die mexikanischen Bundesstaaten Oaxaca und Guerrero umfasst. Historisch gesehen besteht Zentralamerika nur aus den fünf Staaten Guatemala, Honduras, El Salvador, Nicaragua und Costa Rica, die während der spanischen Kolonialherrschaft als Generalkapitanat Guatemala verwaltet wurden und nach der Unabhängigkeit 1821 noch fast zwei Jahrzehnte als Zentralamerikanische Föderation zusammenblieben. Für diesen Band haben wir uns auf die sieben Staaten geeinigt, die die Landbrücke zwischen Süd- und Nordamerika bilden. Panama und Belize sind also dabei, obwohl sie eine ganz andere Geschichte durchlebt haben. Belize ist der jüngste Staat auf amerikanischem Festland, der erst 1981 von Großbritannien in die Unabhängigkeit entlassen wurde. Seitdem ist Belize eine parlamentarische Monarchie, die zum Commonwealth of Nations gehört und daher Queen Elisabeth II. zum Staatsoberhaupt hat.

In der Wahrnehmung Europas handelt es sich bei Zentralamerika um eine Ansammlung von Klein- oder Zwergstaaten, die als Wirtschaftspartner nicht ins Gewicht fallen. Kaum jemand ist imstande, auch nur ihre Hauptstädte korrekt aufzuzählen.

Wer kennt schon Belmopan? Aus Sicht der USA sind die Staaten eine Handvoll Bananenrepubliken, die geostrategisch seit jeher als Hinterhof betrachtet werden. US-Präsident Ronald Reagan rechtfertigte in den 1980er-Jahren die indirekte militärische Intervention in Nicaragua mit dem Argument, das Land liege näher an Miami als die Hauptstadt Washington. Miami, die Metropole im Süden des Bundesstaates Florida, ist für die zentralamerikanische Elite eine Art Wirtschaftsmekka. Man kann dort leben, ohne ein einziges Wort Englisch zu beherrschen und ohne die heimischen Lebensgewohnheiten aufzugeben. Wer es sich leisten kann, fliegt gern für ein Wochenende zum Shopping nach Miami. Selbst Flugverbindungen von einem zentralamerikanischen Land in ein anderes sind oft einfacher über den Knotenpunkt in den USA zu bekommen. Das widersprüchliche Verhältnis der Zentralamerikaner zu den USA, eine über Jahrhunderte aufgebaute Hassliebe, wird in einem eigenen Kapitel abgehandelt. Das Recht zur militärischen Intervention hat sich Washington im Falle von Panama sogar vertraglich absichern lassen. Aber auch ohne Vertrag werden Unruhen oder missliebige Regimes in Zentralamerika gern als Bedrohung für die Sicherheit der USA gedeutet. Vor allem Nicaragua, das im vergangenen Jahrhundert 20 Jahre lang besetzt war, kann davon ein Lied singen.

So sehr die kleinen Republiken – Belize als parlamentarische Monarchie lassen wir einmal beiseite – auch von außen als Einheit wahrgenommen werden, so sehr unterscheiden sie sich doch voneinander. Zwischen dem gebirgigen Guatemala mit seinen antiken wie lebendigen Zeugen der Maya-Kultur einerseits und dem tropischen Panama mit seinem dynamischen Bankenzentrum andererseits liegen Welten. Selbst Nachbarn wie Costa Rica und Nicaragua liegen ethnisch, historisch und wirtschaftlich weit auseinander. Man liebt einander auch nicht. Im Gegenteil: Historisch gewachsene Rivalitäten sind heute trotz aller Integrationsbemühungen noch äußerst präsent und spürbar. So ist der sogenannte Fußballkrieg zwischen El Salvador und Honduras auch mehr als 40 Jahre später noch nicht vergessen. Und die Ticos, die Costa-Ricaner, sind überall sonst auf dem Isthmus als hochnäsig verschrien und nur mäßig beliebt.

Es liegt auf der Hand, dass ein Buch mit seinen vergleichsweise langen Produktionszeiten selbst zu seinem Erscheinen nicht ganz auf der Höhe der Zeit liegen kann. Regierungen werden abgewählt, manchmal sogar Präsidenten gestürzt wie jüngst in Guatemala. Naturkatastrophen bringen ein Land kurze Zeit in die internationalen Schlagzeilen und können das Antlitz einer Stadt oder den Charakter einer Landschaft verändern. So die großen Beben von 1972 in Managua und 1986 in San Salvador. Kriegerische Auseinandersetzungen, wie sie die Region bis gegen Ende des vergangenen Jahrhunderts geprägt haben, dürften zum Glück der Vergangenheit angehören. Aber die Nachwirkungen der bewaffneten Konflikte, die Nicaragua ein ereignisreiches Jahrzehnt der sozialen Revolution beschert, die Bevölkerungen von El Salvador und Guatemala hunderttausende Menschenleben gekostet und Honduras in den Flugzeugträger der USA verwandelt haben, sind heute noch allgegenwärtig. Unschuldiger Tourismus ist im Land der blutgetränkten Berge und Täler nicht möglich. Jede und jeder sollte sich vor einer Reise durch diese Länder und an deren phantastische Strände zumindest mit der jüngeren Vergangenheit auseinandergesetzt haben. Hinweise darauf soll dieses Buch liefern, in dem die Achtziger- und Neunzigerjahre des vergangenen Jahrhunderts immer wieder prominent vorkommen. Nicht nur, weil ich den Großteil jener zwei Jahrzehnte als Korrespondent von dort berichtet habe, also viele der geschilderten Ereignisse selbst miterleben durfte oder musste, viele der handelnden Personen kennengelernt und interviewt habe, sondern weil es ein Vorher und ein Nachher gibt, weil die Umbrüche jener Zeit eine Zäsur darstellen, wie sie beispielsweise der Zweite Weltkrieg für Europa gebracht hat.

Zahlreiche Leserinnen und Leser waren wahrscheinlich damals in Solidaritätskomitees engagiert, sind zum Brigadeeinsatz nach Nicaragua gereist oder haben zumindest in den Medien den Konflikt verfolgt, der auf dem Höhepunkt des Kalten Krieges auch im Deutschen Bundestag und im österreichischen Nationalrat ausgetragen wurde. SPD und Grüne sowie die Unionsparteien nebst FDP standen auf unterschiedlichen Seiten der Fronten, die in Zentralamerika viel privater, nämlich quer durch die Familien verliefen. Die *taz* exponierte sich, weil sie nach einer hochkontrovers geführten Debatte ein Waffenkonto für die salvadorianische Guerillafront FMLN einrichtete, was die Arbeit in El Salvador für ihren Korrespondenten nicht gerade leichter machte. Sie setzte sich aber auch regelrechten Leserbrief-Shitstorms der Solidaritätsbewegung aus, weil sie die Politik der Sandinisten in Nicaragua einer kritischen Bewertung unterzog.

Aus dem Fokus der Weltöffentlichkeit ist Zentralamerika längst verschwunden. Gelegentlich geistern Berichte über den geplanten Nicaraguakanal oder über einen ungewöhnlichen Regierungswechsel durch die Medien. Über die Menschen, die auf dem Isthmus leben, erfährt man aber nichts. Dieses Buch ist kein Reiseführer, in dem man Tipps für Übernachtungen oder Fährverbindungen erwarten darf. Es ist ein Begleiter, der vor und während der Reise über die Region und ihre Geschichte informiert.

Wien, im Sommer 2016 Ralf Leonhard

Sieben Staaten auf der Landbrücke

Guatemala – immer wieder Gewalt

Der Platz der Verfassung im Zentrum von Guatemala-Stadt hat schon viele Demonstrationen gesehen. Aber was sich am 25. April 2015 zwischen dem pistazienfarbenen Nationalpalast, der Kathedrale und der Nationalbibliothek abspielte, war etwas Neues. Es protestierten nicht nur Bauern mit ihren breitkrempigen Hüten, Studenten mit obszönen Sprüchen auf ihren Transparenten oder Gewerkschaftsaktivisten mit Parolen gegen die ausbeuterische Lohnarbeit. Was da auf der Straße stand, war ein Querschnitt der guatemaltekischen Bevölkerung, bei dem die städtische Mittelklasse augenscheinlich die Hauptrolle spielte. Mit weißen Fahnen und der blau-weiß-blauen Nationalflagge standen dort selbst biedere Ordensschwestern und Damen, die ihren blassen Teint mit einem Sonnenschirm schützten.

»Verbrecher« stand da auf säuberlich ausgedruckten Transparenten, »Rücktritt jetzt!« und »Baldetti vor Gericht!«. Roxana Baldetti, die Vizepräsidentin, stand im Verdacht, einen kriminellen Ring mit dem Namen »La Línea« anzuführen, dessen korrupte Machenschaften wenige Tage vorher aufgeflogen waren. Es ging um Schmuggel im großen Stil, der über korrupte Zollbeamte abgewickelt wurde. Baldettis Kabinettschef wurde als Kopf der Bande identifiziert. Dass sie von allem nichts wusste, konnte sich niemand vorstellen. Roxana Baldetti sah sich unter dem Druck der Beweise schon zwei Wochen später gezwungen zurückzutreten.

In der Folge nahmen mehrere Minister ihren Hut. Denn Innenministerium und die internationale Untersuchungskommission gegen die Straflosigkeit (CICIG), die auch weitere Institutionen unter die Lupe nahmen, entdeckten Korruption im Sozialversicherungsinstitut und in der Beschaffungsabteilung der Nationalpolizei. Gegen mehrere Abgeordnete der Regierungspartei wurden Untersuchungen eingeleitet.

Dass die Vizepräsidentin nicht nur verfassungsmäßige Stellvertreterin von Präsident Otto Pérez Molina, sondern auch seine Geliebte war, galt als offenes Geheimnis. So wurden Demonstrationen, die auch seinen Rücktritt forderten, bald zum Ritual. Der ehemalige Armeegeneral bestritt zwar jede Mitwisserschaft oder gar Beteiligung an den kriminellen Geschäften, doch gab auch er dem Druck nach und erklärte am 3. September 2015, wenige Wochen vor den Wahlen im Oktober, seinen Rücktritt.

Parteien als leere Hüllen

Zum Nachfolger gewählt wurde dann der Schauspieler Jimmy Morales von der Front der Nationalen Konvergenz (FCN). Damit setzte sich eine Tradition fort, die Guatemala seit der Rückkehr zur Demokratie Mitte der 1980er-Jahre geprägt hatte: Mit jedem Regierungswechsel kam auch eine neue Partei an die Macht. »In Guatemala sind die Parteien nicht mehr als leere Hüllen«, sagt Ramón Cadena von der guatemaltekischen Sektion der Internationalen Juristenkommission: »Das System ist so beschaffen, dass Parteien organisiert werden, um einen Kandidaten an die Macht zu bringen. Danach geht ihnen die Luft aus.« In der Tat sind die meisten Parteien, die seit 1986 an die Macht kamen, inzwischen aufgelöst oder in der Bedeutungslosigkeit verschwunden. Nirgends sonst in Lateinamerika sind Parteien so kurzlebig.

Cadena führt diese Kurzlebigkeit darauf zurück, dass die traditionellen Eliten genauso wenig an stabilen politischen Strukturen interessiert sind wie das organisierte Verbrechen. Die Eliten können ihren Einfluss auf die Politik besser wahren und die mafiösen Drogenbanden, Schmugglerringe oder Menschenhändler einen schwachen Staat leichter infiltrieren.

Der Christdemokrat Vinicio Cerezo, der 1985 als erster Zivilist nach langen Jahren der Militärherrschaft ins Präsidentenamt gewählt wurde, konnte seinen Posten erst nach einem Abkommen mit der Armee antreten. Die Militärs sicherten sich nicht nur eine Amnestie für alle Verbrechen der Vergangenheit, sondern auch hohe Pensionen und andere Privilegien. Aufstandsbekämpfung, also auch die Frage, ob man mit der Guerilla verhandeln sollte, blieb Sache der Uniformierten. Die Unternehmer verhielten sich zunächst abwartend. Als die Regierung 1988 Lohnerhöhungen für den Privatsektor und die Erhöhung der lächerlich niedrigen Strompreise für die Industrie ankündigte, suchten einflussreiche Unternehmer Unterstützung in den Kasernen und planten mit hohen Offizieren einen Putsch, der zwar mangels Rückendeckung durch den Generalstab scheiterte, aber dem Präsidenten vor Augen führte, wie prekär die auf den Institutionen beruhende Macht war. Auch nachfolgende Präsidenten waren gut beraten, sich mit den Militärs gut zu stellen und die Unternehmerschaft nicht zu verärgern. Selbst der sozialdemokratische Staatschef Álvaro Colom (2008–2012) musste noch mit Putschdrohungen leben. Zu seinem Nachfolger wurde dann mit Otto Pérez Molina wieder ein pensionierter General gewählt, der die Interessen seines Standes von höchster Stelle vertreten konnte.

Die 2006 von den Vereinten Nationen für Guatemala geschaffene Internationale Kommission gegen die Straflosigkeit (CICIG) legte 2015 einen Bericht über Parteispenden vor, der aufschlüsselte, wie die Wirtschaftselite des Landes über verschlungene Kanäle die ihnen genehmen Kandidaten finanzierte, ohne dass das Oberste Wahltribunal davon Kenntnis bekam. Bestimmte Unternehmergruppen, aber auch das organisierte Verbrechen sichern sich dadurch Einfluss auf Postenbesetzungen, Vergabe von öffentlichen Aufträgen oder Gesetzgebung.

Auch 30 Jahre nach der Rückkehr zur formalen Demokratie und zwei Jahrzehnte nach Beendigung des bewaffneten Konfliktes traut man in Guatemala den staatlichen Institutionen nicht über den Weg.

Land ohne Lächeln

Von den anderen zentralamerikanischen Nationen unterscheidet sich Guatemala durch seine reiche Kultur und den hohen Anteil der indigenen Bevölkerung. Die weißen und mestizischen Guatemalteken versuchen sich vor allem gegenüber den indianischen Landsleuten abzugrenzen. Schon die Chronisten der Eroberung und frühen Kolonialzeit beschrieben die Mayas als verschlossene Menschen. Außerdem galten die Indigenen als bequem und faul, weil sie ihre Arbeitskraft nicht in den Dienst der neuen Herren stellen wollten. Sie wurden entweder zur Zwangsarbeit auf den Feldern der Landherren verpflichtet oder mussten dem König Tribut leisten: in Form von Mais, Kakao und Chilipfeffer oder Webereien und geflochtenen Matten. Diese Leistungen wurden mit Peitsche und Beugehaft eingetrieben, wie der Soziologe Severo Martínez Peláez schreibt. Für die Weißen und Mestizen habe der Indio die Funktion des Dienenden, dessen Aufgabe in der sozialen Hierarchie eindeutig definiert ist. Der Chronist Antonio Fuentes y Guzmán betrachtet ihn in seiner »Recordación Florida« als selbstverständliches Zubehör des Landes. Für Martínez Peláez ist die vermeintliche Faulheit, wie er in »La Patria del Criollo« ausführt, eine Form des Widerstandes gegen Ausbeutung und Unterdrückung.

Die Mayas und deren Gedankenwelt sind in Wahrheit Rätsel für die ladinische Bevölkerung. Ihre Verschlossenheit hat ihnen die Bewahrung ihrer kulturellen Identität erlaubt. Die Ladinos ihrerseits kämpfen mit einem großen Identitätsproblem. Der Schriftsteller Luis Cardoza y Aragón, der zur demokratischen

Revolution 1944 aus dem Exil zurückkehrte und zehn Jahre später, nach dem Putsch gegen Jacobo Arbenz, neuerlich fliehen musste, sieht die Einsamkeit als besonders hervorstechendes Wesensmerkmal seiner Landsleute: »Wir besaufen uns, um mehr allein zu sein. Wir besaufen uns in Gesellschaft, um die Einsamkeit zu verstärken. Es gibt kein Gespräch, nur Monologe. In den Gesprächen gibt es in Wahrheit keinen Dialog, denn jeder ist von seinen eigenen Sorgen besessen.« So heißt es in »Guatemala: Las Líneas de su mano«. Alkohol spielt beim Verdrängen eine zentrale Rolle: »Der Guatemalteke zieht es vor, seine Identität nicht im Gespräch auf die Probe zu stellen. Er pflegt sich in einem Strom von Alkohol im Stillen zu versenken.« Und an anderer Stelle: »Das Besäufnis hat nichts Soziales. Wir teilen das Lied nicht in einem Chor. Die Gewalt, die aus der Verbitterung wächst, hat wohl damit zu tun, dass jemand, der immer Fußtritte empfangen hat, glaubt, auch selbst welche austeilen zu müssen …«

Gewalt erscheint so der guatemaltekischen Bevölkerung als legitimes und manchmal vielleicht einziges Mittel der Konfliktlösung. In Dörfern, wo das Versagen der staatlichen Ordnungsmacht besonders sichtbar ist, wird mit großer Selbstverständlichkeit Lynchjustiz geübt. Guatemala ist außerdem das einzige Land der Region, in dem die Todesstrafe nicht nur mehrheitlich akzeptiert wird, sondern auch in jüngerer Zeit praktiziert wurde. Das Bewusstsein, dass mit friedlichen Mitteln nichts verändert werden kann, durchzieht die Geschichte des Landes und der durch und durch militarisierten Gesellschaft. Das militaristische Denken sei in den Köpfen verankert, meint Bischof Mario Ríos Montt, der Bruder des Generals und Diktators (1982–1983) Efraín Ríos Montt. Er muss es wissen. Und jeder unbefangene Beobachter staunt über den Stechschritt, in dem Schülerinnen und Schüler für die Parade am Unabhängigkeitstag zu martialischer Marschmusik gehen müssen.

Demokratischer Frühling

Man kann es der guatemaltekischen Bevölkerung nicht verdenken, dass sie verschlossen und misstrauisch ist. Das Land hat fast immer unter Diktatoren gelebt. Besonders Manuel José Estrada Cabrera (Amtszeit 1898–1920), der mit seiner Willkür und Grausamkeit als Vorlage für Miguel Ángel Asturias' Roman »El Señor Presidente« (»Der Herr Präsident«) diente, und Jorge Ubico Castañeda (Amtszeit 1931–1944) prägten das Land. Opposition war gefährlich, Wahlen wurden als Scharade mit im Vorhinein bekanntem Ausgang aufgeführt. Ubico verkleidete sich gern als Napoleon und militarisierte politische und soziale Institutionen wie das Postwesen, Schulen und selbst Symphonieorchester. Die Indigenen, die immer ein Arbeitsbuch mit sich führen mussten, verpflichtete er zu kommunaler Arbeit, wenn sie keine Beschäftigung auf den Kaffee-, Zucker- oder Baumwollplantagen der Reichen hatten. Ein flächendeckendes Spitzelwesen sorgte dafür, dass im Land nichts geschehen, ja kaum etwas gedacht werden konnte, ohne dass der General davon Kenntnis bekam.

Es war eine Volkserhebung der gebildeten Mittelkasse, unterstützt von ins Exil getriebenen, reformistischen Offizieren, die die Diktatur ins Wanken brachte. Ubico setzte am 1. Juli 1944 eine Junta ein, die seine Politik fortsetzen sollte, doch nach monatelangen Unruhen stürzte das Regime. Wesentlich zur Empörung beigetragen hatte der Tod der Volksschullehrerin María Chinchilla Recinos, die während einer friedlichen Demonstration von Soldaten erschossen wurde. Eine reformistische Junta übernahm das Ruder und setzte freie Wahlen an, die im März 1945 mit der Wahl des Lehrers Juan José Arévalo Bermejo zum Präsidenten endeten. Er erhöhte den Bildungsetat und den Mindestlohn, öffnete das Wahlrecht für alle, außer analphabetische Frauen, und reformierte die Arbeitsgesetzgebung. Für die USA, die katholische Kirche und die Großgrundbesitzer rochen diese moderaten Reformen nach Kommunismus. Mindestens 25 Putschversuche oder militärische Drohgebärden blieben erfolglos. Als dann Arévalos Nachfolger, der reformistische Armeeoberst Jacobo Arbenz Guzmán (ab 1951) eine Landreform anging und mit der Enteignung brachliegender Latifundien drohte, spitzte sich die Lage zu. Mächtigster Player in dem Drama war die United Fruit Company (UFCO), die als größter Landeigentümer ausgedehnte Brachflächen besaß. Arbenz hatte vor, den Bananenkonzern zum in der Steuererklärung deklarierten Buchwert des Landes zu entschädigen. Die Empörung in Washington war groß, zumal CIA-Chef Allen Dulles eines der größten Aktienpakete besaß. Gemeinsam mit seinem Bruder, Außenminister John Foster Dulles, inszenierte der Geheimdienstchef eine internationale Kampagne gegen Guatemala, die davor warnte, den Sowjetkommunismus in Zentralamerika Fuß fassen zu lassen. So endete der demokratische Frühling schon im Juni 1954, als eine Söldnertruppe aus Honduras einmarschierte und ein Geschwader der US-Luftwaffe bedrohlich über die Hauptstadt flog. Arbenz überschätzte offenbar die Stärke der Putschisten und floh ins Exil nach Mexiko.

Drei Jahrzehnte Diktatur

Die letzten Protagonisten der demokratischen Dekade sind erst wenige Jahre tot, und die Reformzeit unter Arévalo und Arbenz bleibt Referenzpunkt für die Geschichtsschreibung wie für die kollektive Erinnerung. Landreform ist seither ein absolutes Tabu. Denn die folgenden Jahrzehnte der offenen oder durch zivile Präsidenten kaschierten Militärdiktatur haben das Land traumatisiert. Reformistische Offiziere gründeten in den 1960er-Jahren eine Guerillabewegung, die – nach dem Vorbild der kubanischen Revolution – in der östlich gelegenen Sierra de las Minas die Sympathien der Kleinbauern zu gewinnen und durch Kidnapping die Kriegskasse zu füllen versuchte. Die Fuerzas Armadas Revolucionarias (FAR) konnten jedoch keine Massenbewegung gegen die Diktatur auslösen. Einer der Anführer, Luis Augusto Turcios Lima, starb 1966 unter bis heute nicht geklärten Umständen bei einem Verkehrsunfall in der Hauptstadt, der andere, Marco Antonio Yon Sosa, bei einem Feuergefecht im Grenzgebiet 1970. Da war die Guerilla aber schon weitgehend aufgerieben durch den schonungslosen Feldzug des Generals Carlos Manuel Arana Osorio. Historiker schätzen die Zahl der Zivilisten, die dabei als vermeintliche oder tatsächliche Sympathisanten der Aufständischen getötet wurden, auf 15 000. Unter ihnen war auch der Dichter Otto René Castillo, der sich der Guerilla angeschlossen hatte. Er wurde 1967 gefoltert und lebendig verbrannt. Damals griff erstmals auch die Praxis des Verschwindenlassens systematisch Platz. Kommunistische Gewerkschafter oder protestierende Studenten tauchten nach ihrer Festnahme nie wieder auf.

Die Brutalität des Regimes war unvorstellbar. So wurde der aussichtsreiche Präsidentschaftskandidat Manuel Colom Argueta 1979 unter Einsatz von Hubschraubern regelrecht durch die Stadt gejagt und schließlich exekutiert. Forensiker zählten 45 Einschüsse in seinem durchsiebten Körper. Wenige Wochen vorher war schon der populäre Oppositionsführer Alberto Fuentes Mohr auf offener Straße einem Killerkommando zum Opfer gefallen.

Massaker als Mittel der Politik

Da zivile Opposition genauso tödlich war wie bewaffneter Widerstand, verlagerte sich die politische Aktivität von Regimegegnern zunehmend in den Untergrund. Im Laufe der 1970er-Jahre waren vier neue Guerillabewegungen entstanden, regional und ideologisch divers. EGP (Ejército Guerrillero de los Pobres, Guerilla-Armee der Armen), ORPA (Organización Revolucionaria del Pueblo en Armas, Revolutionäre Organisation des bewaffneten Volkes), FAR (Fuerzas Armadas Rebeldes, Streitkräfte bewaffneter Rebellen) und PGT (Partido Guatemalteco del Trabajo, Guatemaltekische Arbeiterpartei, der bewaffnete Arm der verbotenen Kommunistischen Partei) agierten in verschiedenen Landesteilen. Besonders erfolgreich waren EGP und ORPA im indianischen Hochland. Das ist auch der Grund, warum die Maya-Bevölkerung besonders verfolgt wurde. Die Armee, deren Elitetruppen zu blutrünstigen Tötungsmaschinen gedrillt wurden, entvölkerte ganze Dörfer. Die von den Vereinten Nationen noch vor dem offiziellen Ende des bewaffneten Konflikts eingesetzte Wahrheitskommission schätzte die Zahl der Opfer auf 200 000 Tote, 45 000 Verschwundene und annähernd 100 000 Vertriebene. Die allermeisten gehen auf das Konto der Regierungstruppen oder paramilitärischer Gruppen.

Höhepunkt der Grausamkeiten, zumindest in der internationalen Wahrnehmung, war das Massaker in der spanischen Botschaft vom 31. Januar 1980. Vicente Menchú, einer der Anführer der Bauernorganisation Comité de Unidad Campesina (CUC), hatte mit einer kleinen Gruppe von Bauern aus dem Departement Quiché und linken Studentenvertretern das Botschaftsgebäude in Guatemala-Stadt besetzt, um auf das Schicksal seiner Leute aufmerksam zu machen. Die Besetzer waren unbewaffnet und verlangten nicht mehr als die Verlesung einer Botschaft. Obwohl der Botschafter Máximo Cajal sich für sie einsetzte, gab der Innenminister Befehl zum Sturm auf die Botschaft, die dabei niedergebrannt wurde. In den Flammen starben nicht nur fast alle Besetzer, sondern auch Botschaftspersonal, ehemalige Regierungsfunktionäre und andere Unbeteiligte. Neben dem Botschafter überlebte einer der Bauern, wurde aber am folgenden Tag im Spital ermordet. Bei diesem einzigartigen Massaker überraschte nicht so sehr die Brutalität des Regimes, sondern die Gleichgültigkeit der Gesellschaft, die gerne die offizielle Darstellung übernahm, eine Horde indianischer Terroristen habe die Botschaft überfallen und in Brand gesteckt. Das Ereignis schlug international höhere Wellen als in Guatemala selbst, wo Anliegen der »Indios« kaum wahrgenommen werden.

Das Regime von General Fernando Romeo Lucas García war hoffnungslos diskreditiert, trotzdem suchte es sich durch erneuten Wahlbetrug 1982 zu perpetuieren. Der Einsetzung des Militärherrschers kam aber eine Gruppe von Offizieren mit einem Putsch am 23. März 1982 zuvor. Der neue starke Mann, General Efraín Ríos Montt, galt zwar als Hoffnungsträger, war er doch selbst acht Jahre vorher um den Wahlsieg an der Spitze einer Zentrumsallianz betrogen worden. Doch der im kalifornischen Exil zum Prediger einer Pfingstsekte bekehrte Militär erwies sich als noch rücksichtsloser als seine Vorgänger. Während seiner weniger als 18 Monate dauernden Herrschaft richtete die Armee ein Blutbad im Hochland an. Indianische Bauern wurden verpflichtet, sich in »Zivilverteidigungspatrouillen« zu organisieren und ihre Dörfer von »subversiven Elementen« freizuhalten. Sie fungierten nach außen als Spitzel, nach innen als verlängerter Arm der Armee und unterste Ebene des Repressionsapparates.

Erst nach einem neuerlichen Putsch unter General Óscar Humberto Mejía Víctores im Oktober 1983 ließ die Intensität der Massaker nach. Zehntausende Mayas waren bereits nach Mexiko ins Exil oder in versteckte Widerstandsdörfer in den Bergen geflohen. Unter dem Druck der USA, die ein formal demokratisches Zentralamerika als Kontrast zum revolutionären Nicaragua präsentieren wollten, mussten die Militärs freie Wahlen und die Aktivität politischer Parteien zulassen. Der Bürgerkrieg endete dann 1996 mit der Unterzeichnung eines umfassenden Friedensabkommens.

Honduras – Inbegriff der Bananenrepublik

In der Nacht vom 27. auf den 28. Juni 2009 holten Militärs den honduranischen Präsidenten José Manuel Zelaya aus dem Bett und ließen ihn noch im Pyjama nach Costa Rica ausfliegen. Da er keine Rücktrittserklärung unterschreiben wollte, mussten die Putschisten seine Unterschrift fälschen. Später konstruierten sie eine Art Notwehrsituation, die ein Einschreiten erzwungen hätte.

Honduras galt seit jeher selbst für zentralamerikanische Standards als politisch besonders rückständig. Es war der Inbegriff der Bananenrepublik, in der Regierungen auf Zuruf der transnationalen Konzerne ausgetauscht werden konnten und die lokalen Eliten jeden Widerstand gegen ihre Raffgier mit brutaler Gewalt beantworteten. Doch in den 1980er-Jahren erzwangen die USA einen Demokratisierungsprozess, der ein kapitalistisches Gegenmodell zum »kommunistischen« Nicaragua schaffen sollte. Dieser stieß jedoch an seine Grenzen, als Präsident José Manuel Zelaya 2008 aus dem stillschweigenden neoliberalen Konsens ausscherte, dem Wirtschaftsbündnis ALBA (Alianza Bolivariana para los Pueblos de Nuestra América, Bolivarische Allianz für die Völker unseres Amerikas) von Hugo Chávez beitrat und die Unternehmer durch eine Erhöhung des miserablen Mindestlohns verärgerte. Auch wurden die Privatisierungsprojekte, an denen sich gutes Geld verdienen ließ, gestoppt. Und um der Provokation die Krone aufzusetzen, strebte Zelaya eine zweite Regierungsperiode an. Die wollte er via Verfassungsreform ermöglichen. Dafür war eine Volksabstimmung nötig. In der Nacht vor der Abstimmung, ob ein solches Referendum überhaupt stattfinden sollte, gingen Zelayas Gegner auf Nummer sicher und zogen ihn aus dem Verkehr.

Honduras ist das einzige Land der Region, in dem sich das aus der Kolonialzeit stammende Zweiparteiensystem aus Konservativen (Nationale Partei) und Liberalen (Liberale Partei) erhalten hat. Die Konservativen stützen sich traditionell auf Großgrundbesitz und die katholische Kirche, während die Liberalen in den Städten zu Hause waren, auf Handel setzten und den Einfluss der Kirche zurückzudrängen trachteten. Diese ideologischen Unterschiede haben sich längst verwischt. Dennoch sah die FDP-nahe Friedrich-Naumann-Stiftung in der Liberalen Partei ihren Ansprechpartner. José Manuel Zelaya war ihr Ziehkind und Hoffnungsträger, obwohl er als Großgrundbesitzer ein eher untypischer Liberaler war. Dass er sich als Präsident gegen seine Klasse stellen würde, war nicht vorherzusehen. Einmal an der Macht, dürfte er aber erkannt haben, dass die traditionelle Klientelpolitik das Land aussaugt. »Seine Analyse der Problemlage im Lande war richtig«, sagte ein unverdächtiger Zeuge, nämlich Christian Lüth, der damalige Büroleiter der Friedrich-Naumann-Stiftung, ein Jahr nach dem Putsch bei einem Interview. Zelayas Fehler sei es gewesen, »dass er nicht alle Gesellschaftsschichten eingebunden hat in seine Reformpläne. Das hat ihm das Genick gebrochen.« Lüth stellte zwar klar, »dass wir als Friedrich-Naumann-Stiftung die Phrase Putsch nicht verwenden. Das war ein verfassungsmäßiger Übergang«. Doch was die Putschisten betrifft, sei es nicht falsch, »dass es diejenigen Kräfte sind, die nach wie vor kein Interesse haben, dass Honduras sich öffnet, dass Honduras sich weiterentwickelt, erste Schritte aus der Armut tut und vor allen Dingen, dass alle gesellschaftlichen und ideologischen Schichten an der Politik dieses Landes beteiligt werden«. Lüth ist inzwischen als Pressesprecher bei der AfD gelandet.

Politik dient der Bereicherung

Als Interimspräsident ließ sich mit Roberto Micheletti der Präsident des Kongresses und ein Parteifreund von Zelaya vereidigen. Er diente nicht nur als verfassungsgemäßes Feigenblatt des Putschregimes, sondern hatte auch höchstpersönliches Interesse an einem politischen Kurswechsel. Micheletti, dem in den

1980er-Jahren Verbindungen zum Drogenkartell von Medellín unter Pablo Escobar nachgesagt wurden, stand unter Beobachtung der USA. Botschafter Hugo Llorens berichtete dem State Department in einer von Wikileaks öffentlich gemachten E-Mail über eine dubiose Kraftwerkslizenz, die der De-facto-Staatschef quasi sich selbst erteilt habe. Als alle Kontrollinstanzen durch die bevorstehenden Wahlen abgelenkt waren, habe er ein großes Kraftwerksprojekt »mit geringem Nutzen für den Staat« bewilligt. An dem italienisch-honduranischen Konsortium, das die Lizenz für die Nutzung des Staudamms José Cecilio del Valle zugesprochen bekam, war Micheletti als Gesellschafter beteiligt.

Micheletti war nur das besonders sichtbare Antlitz einer Gruppe, die von Zelaya ihre persönlichen Interessen bedroht sah. Um es mit den Worten von Christian Lüth zu sagen, waren es »zehn bis zwanzig Familien, die sehr große Steuervorteile genießen und bedacht sind, sie zu behalten«. Familien, die zum Teil ihre Landtitel mit Urkunden des spanischen Königs belegen können. Land war bis vor wenigen Jahrzehnten die wichtigste Grundlage für die Anhäufung von Vermögen in Lateinamerika. Inzwischen hat die alte Landoligarchie auch in Honduras ihre Einkommensquellen diversifiziert: Banken, Import/Export, Bergbau. Um den privilegierten Zugang zu Schürflizenzen oder staatliche Großaufträge zu sichern, ist der direkte Zugang zur Macht unabdingbar. Mit dem unberechenbaren Zelaya war dieser Zugang verloren gegangen.

Die neuen alten Machthaber beeilten sich, das von Zelaya in Gang gesetzte Landumverteilungsprogramm, das die über mehr als 50 Jahre hinausgezögerte Agrarreform zumindest teilweise umsetzen sollte, zu stoppen. Die Folge waren blutige Konflikte im Gebiet des Bajo Aguán an der Atlantikküste, wo der Magnat Miguel Facussé wie ein kolonialer Feudalherrscher die meisten Ländereien unter seine Kontrolle gebracht hat und mehreren Bauerngenossenschaften ihr Land streitig macht. Wenige Tage nach dem Putsch wurden außerdem mehrere Dutzend Schürflizenzen erteilt. Ein neues Bergbaugesetz aus dem Jahr 2013 schafft ein beschleunigtes Genehmigungsverfahren für Bergbaukonzessionen. Das Gesetz nimmt keinen Bezug auf das von Honduras ratifizierte Abkommen 169 der Internationalen Arbeitsorganisation (ILO), einer Sonderorganisation der Vereinten Nationen, das die Konsultation mit betroffenen indigenen Gemeinschaften vor einer Lizenzerteilung zwingend vorschreibt. Auch die geschützten Räume in Nationalparks, Biosphären oder archäologischen Stätten finden keine Berücksichtigung. Vielmehr wird diesem Gesetz Vorrang eingeräumt, soweit es irgendeinem anderen Gesetz widerspricht, darunter das Gemeindegesetz, das Waldschutzgesetz und das Informationsfreiheitsgesetz.

Neben metallischen Bodenschätzen werden auch die Flüsse zur Ausbeutung freigegeben. Berta Cáceres machte 2014 öffentlich, dass allein in den Departamentos Intibucá, Lempira und La Paz 17 Konzessionen für die Nutzung von Flüssen vergeben worden seien.

Am 3. Mai 2014 wurde in der Gemeinde El Níspero, Departamento Santa Bárbara der Umweltaktivist Rigoberto López brutal ermordet. Den Leichnam fand man mit durchschnittener Kehle und herausgeschnittener Zunge, also so, wie Mafiabanden ihren Gegnern signalisieren, dass Widerstand nicht geduldet wird. López hatte gegen eine Eisenerzmine in den Quita-Ganas-Bergen gekämpft, die die Trinkwasserquellen für mehrere Gemeinschaften in El Níspero verseuchen würde.

Der nationale Investitionsförderungsplan 2010–2014, der unter dem Motto »Honduras is open for business« steht, sieht Privatisierungen in fast allen Bereichen vor. Steuervorteile gelten insbesondere für die Bereiche Agrobusiness, Energiewirtschaft, Wald, Infrastruktur, Textil, globale Dienstleistungen (wie Maquilas) und Tourismus. Mit der Coalianza wurde eine Institution zur Umwandlung staatlicher in private Unternehmen oder in Private Public Partnerships geschaffen. Kritiker sehen darin ein neues

Instrument zur Privatisierung von Gewinnen bei gleichzeitiger Vergesellschaftung von Verlusten. Dass Angehörige und Freunde der Regierung dabei bevorzugt zum Zug kommen, darf angenommen werden.

Green Grabbing

Umwelt wird in erster Linie als Quelle privater Bereicherung gesehen. Das zeigt sich nicht nur bei der Privatisierung von Flüssen, sondern auch bei dem im August 2013 unterzeichneten Kooperationsvertrag, der eine Anzahl von Wäldern zur kommerziellen Nutzung an die Armee übergibt. Viele der Projekte werden mit einem grünen Mäntelchen verbrämt. Dazu muss man wissen, dass Honduras ein sehr waldreiches Land ist. Etwa die Hälfte des Territoriums ist mit Laub- oder Nadelwäldern bedeckt. 40 Prozent dieser Fläche befinden sich in Privatbesitz, nur fünf Prozent sind durch kollektive Titel vor allem indianischer Gemeinschaften geschützt. Allerdings liegen 70 Prozent der Regenwälder auf indigenem Territorium.

Das profitorientierte Denken der herrschenden Elite steht in schroffem Gegensatz zur Philosophie der indianischen Völker. COPINH (Consejo Cívico de Organizaciones Populares e Indígenas de Honduras), der von Berta Cáceres gegründete Dachverband indigener Organisationen, sieht auch das von Weltbank und Vereinten Nationen geförderte Waldschutzprogramm REDD+ (Reducing Emissions from Deforestation and Degradation) im honduranischen Kontext als neokolonialen Zugriff auf indigenes Land. Berta Cáceres wurde am 3. März 2016 in ihrem Haus in der Stadt La Esperanza ermordet. Dass von den über hundert Morden, die seit dem Putsch vom 28. Juni 2009 an Umweltaktivisten und etwa ebenso vielen Medienschaffenden begangen wurden, kein einziger aufgeklärt werden konnte, überrascht nicht. Die Regierung betrachtet diese Menschen als Feinde.

Städte für den freien Markt

Die honduranische Regierung hat großes Vertrauen in den freien Markt. Präsident Juan Orlando Hernández will sein Land wirtschaftlich voranbringen, indem er einen Teil des Territoriums an Konzerne verkauft. Er träumt davon, das zweitärmste Land Zentralamerikas in eine Art Hongkong des Westens zu verwandeln. An der Pazifikküste im Süden des Landes, möglicherweise auf der Insel Amapala, soll die erste Charter City Lateinamerikas entstehen. Zona de Empleo y Desarrollo Económico (ZEDE) soll das neoliberale Paradies heißen, also Zone der Beschäftigung und der Wirtschaftsentwicklung. Das vom US-Ökonomen Paul Romer geborene Konzept sieht vor, dass der Staat den größten Teil der Souveränität über dieses Stück Land abgibt und den Investoren überantwortet. Die staatlichen Arbeitsgesetze, die Mindestlohn oder maximale Arbeitszeit, Verbot von Kinderarbeit oder Versicherungen regeln, wären ebenso außer Kraft gesetzt wie ökologische Auflagen. Neben dieser Sonderwirtschaftszone soll ein Tiefseehafen entstehen. Paul Romer hat sich aus dem Projekt zurückgezogen, da er bei der Planung nicht berücksichtigt wurde. Jetzt steht eine Gruppe US-amerikanischer Freihandelsideologen dahinter. Die betroffene Bevölkerung wurde nicht konsultiert.

Während sich in Honduras der Protest gegen solche Pläne formierte, wurde in Südkorea bereits anlässlich eines Arbeitsbesuches von Hernández eine Machbarkeitsstudie vorgestellt. Der Stahlkonzern Posco, der die Studie erarbeitet hat, ist allerdings mit Korruptionsvorwürfen in seinen Tochterunternehmen konfrontiert. Auch in Honduras dürfte sich die Sache schwierig gestalten. Ein ähnliches Projekt ist 2012 vom Parlament als verfassungswidrig verworfen worden.

Global Risk Insights (GRI), eine von Absolventen der renommierten London School of Economics gegründete Onlineplattform, die Investitionsrisiken analysiert, sieht das Vorhaben auch skeptisch. Mittelfristig würde die politische Stabilität des Landes bedroht. Den Wirtschaftsanalysten Doug Henwood vom Left Business Observer erinnert das Konzept der Modellstädte an das autoritär regierte Chile unter Putschistengeneral Augusto Pinochet, wo die neoliberalen Chicago Boys, eine Gruppe chilenischer Wirtschaftswissenschaftler, die in Chicago bei Milton Friedman studiert hatten, ein Experimentierfeld für ihre radikalen marktliberalen Ideen vorfanden: »Zuerst braucht man einen Putsch. Dann schafft man eine Zone der Freiheit – einer besonderen Art der Freiheit. Nicht der Versammlungsfreiheit oder der Freiheit der Meinungsäußerung und Entwicklung, sondern der Freiheit einer Wirtschaftselite, unter dem Schutz des Staates nach Belieben zu fuhrwerken.« Die Folge wäre neue Gewalt statt wirtschaftlichen Wohlstands.

Archetypus der Bananenrepublik

Honduras galt, wie gesagt, lange Zeit als Archetypus der Bananenrepublik: unterentwickelt, regiert von korrupten Diktatoren und den Interessen der US-amerikanischen Bananenkonzerne. Die Bananenindustrie war bis in die 1960er-Jahre der einzige große Arbeitgeber. Bananen waren das einzige bedeutende Exportprodukt. Eine kleine Gruppe von Großgrundbesitzern stand eineinhalb Millionen mestizischen und analphabetischen Campesinos gegenüber, die nichts besaßen und kein Interesse an der Politik zeigten. »Politik wurde mit dem Maschinengewehr betrieben, dem Spielzeug einer Armee von 5000 Soldaten, die nach dem Zweiten Weltkrieg Panzer und Flugzeuge gekauft hatte.« So beschrieb Edwin Lienwen 1965 in seinem Buch »Generales contra Presidentes en América Latina« die Zustände im zentralamerikanischen Land. Der geringe Fortschritt wurde von außen hereingebracht und diente allein den Interessen der Exporteure. Honduras war das einzige über eine Eisenbahn verfügende Land, dessen Hauptstadt nicht an die Bahnlinie angeschlossen war. Denn Tegucigalpa liegt weit abseits der Bananenplantagen. Und die Linie der Tela Railroad Company hatte keinen anderen Zweck, als die Plantagen mit dem Exporthafen Puerto Cortés zu verbinden.

In das Bild des prostituierten Landes passt auch die Geschichte der honduranischen Streitkräfte. Sie wurden erst im März 1954 als professionelle Armee gegründet. Zwei Monate später unterzeichnete Honduras das erste Militärabkommen mit den USA. Die Waffenhilfe blieb aber im Vergleich zu Guatemala und Nicaragua lange Zeit gering.

In den 1980er-Jahren, als im Sog der nicaraguanischen Revolution ganz Zentralamerika brodelte, obsiegte die gemeinsame Angst vor einem sozialrevolutionären Umbruch über die Ressentiments aus den 1960er-Jahren. US-Präsident Ronald Reagan, der einen Domino-Effekt fürchtete, baute Honduras zu einer Art Flugzeugträger aus. Hier liefen Geheimdienstinformationen zusammen und wurden Truppen der USA stationiert, die sich ständig in gemeinsamen Manövern auf eine Intervention in einem der Nachbarländer vorbereiteten.

Armeechef Gustavo Álvarez Martínez fungierte als starker Mann hinter dem Präsidenten und koordinierte die Aufstandsbekämpfung in enger Zusammenarbeit mit US-Botschafter John Dimitri Negroponte. Obwohl die Repression im Vergleich mit den Nachbarländern Guatemala und El Salvador gern verharmlost wird, lebte man damals als Oppositioneller auch in Honduras gefährlich. 194 Menschen, deren Leichen später großenteils in Einrichtungen der Armee und der Sicherheitskräfte gefunden wurden, galten als verschwunden. Für die nicaraguanischen Konterrevolutionäre, die gegen das sandinistische Revolutionsregime aufgerüstet wurden, bauten die USA im honduranischen Aguacate eine eigene Luftwaffen- und Ausbildungsbasis.

Die Flüchtlinge, die 1980 von der salvadorianischen Armee verfolgt wurden und sich über den Grenzfluss Río Sumpul auf die andere Seite retten wollten, wurden drüben vom Feuer der honduranischen Armee empfangen. Im Laufe der Jahre wurde unter dem Druck und der Koordination von US-Militärberatern der Austausch von geheimdienstlichen Erkenntnissen verbessert. Die Zusammenarbeit von Polizei, Grenztruppen, Geheimdiensten und Armee in Honduras, El Salvador und Guatemala dürfte auch die Basis für den grenzüberschreitenden Schmuggel von Waffen und gestohlenen Autos in den 1990er-Jahren gelegt haben.

Die eigene Guerilla wurde von Außenstehenden eher belächelt als ernst genommen. Die 1983 in den Wäldern von Olancho aufgebaute Partisanentruppe der PRTC (Partido Revolucionario de los Trabajadores Centroamericanos, Revolutionäre Partei der Zentralamerikanischen Arbeiter) unter dem US-amerikanischen Jesuiten Guadalupe Carney und dem honduranischen Revolutionär José María Reyes Mata wurde von der Armee entdeckt und aufgerieben, bevor sie eine erste Aktion setzen konnte. Die von der salvadorianischen FMLN (Frente Farabundo Martí para la Liberación Nacional, Nationale Befreiungsfront Farabundo Martí) ins Leben gerufenen Gruppen der Cinchoneros und die um den Bauernführer Lorenzo Zelaya hatten nie eine echte Basis. Sie betrieben konspirative Häuser in Tegucigalpa und San Pedro Sula. Ihre Stadtguerillaaktionen in den 1980er-Jahren blieben ohne Mobilisierungseffekt.

Gefährlichstes Land der Welt

Im neuen Jahrhundert genoss Honduras einige Zeit den Ruf, das gefährlichste Land der Welt zu sein. Mit einer Mordrate von über 100 pro 10 000 Einwohner jährlich führte Honduras die Statistik der nicht kriegführenden Länder an und wurde schließlich vom Nachbarn El Salvador abgelöst. Die Territorialkämpfe der Jugendbanden in den Städten trugen ebenso dazu bei wie die aus Mexiko einsickernde Drogenkriminalität. Aber Honduras liegt auch bei den politisch motivierten Morden ganz weit vorn. Seit dem Putsch von 2009 leben Oppositionelle besonders gefährlich. Die Gefahr, einem Anschlag zum Opfer zu fallen, ist insbesondere für Journalisten und Umweltaktivisten hoch. Presseleute sind gefährdet, wenn sie im Umfeld der Drogenmafia recherchieren oder Skandalen der politischen oder wirtschaftlichen Elite nachgehen. Die Umweltbewegung engagiert sich seit Jahren gegen Bergbauprojekte, die auch auf geschütztem oder indianischem Land freihändig bewilligt werden, oder gegen Megaprojekte wie Staudämme. Da schützt auch internationale Anerkennung durch einen renommierten Umweltpreis wie den Goldman Award nichts, wie der Fall der Berta Cáceres beweist.

Die Bauernbewegungen sind aber in den 1990er-Jahren zu einer ganz entscheidenden gesellschaftlichen Kraft geworden, aus der auch die Widerstandsbewegung gegen den Putsch von 2009 hervorging. Sie weiß das Recht auf ihrer Seite, wenn sie Ländereien besetzt, denn die Landreform ist ein Auftrag der Verfassung. Aber das Landreforminstitut agiert viel zu zögerlich und gibt meist dem Druck der Großgrundbesitzer nach. Dennoch ist der Bauernbewegung viel gelungen: Tausende ehemals Landlose haben in den vergangenen Jahrzehnten mit viel Beharrlichkeit, Entbehrungen und auch Blutopfern ein Stück Land erkämpft, das kollektiv bewirtschaftet wird. Landlosigkeit und Landarmut zählen aber zu den zentralen Problemen des Landes. Mehr als drei Millionen Angehörige von Kleinbauernfamilien leiden nach Angaben der Bauernbewegungen Hunger. Das entspricht fast 40 Prozent der Gesamtbevölkerung von acht Millionen. In einer auf agroindustrielle Großproduktion von Cash Crops ausgerichteten Wirtschaft können die Kleinbauern, die vor allem Grundnahrungsmittel anbauen, nicht auf die notwendige Förderung hoffen.

El Salvador – Fußballer und Huren

»El pulgarcito de América«, der Däumling Amerikas, wie das Land so verniedlichend von der chilenischen Literaturnobelpreisträgerin Gabriela Mistral genannt wird, hat wenig Niedliches an sich. Ein Land von der Größe Hessens oder Niederösterreichs, mit fast so vielen Einwohnern wie das fünfmal größere Honduras, hat den sozialen Konflikt gleichsam in die Wiege gelegt bekommen. Wenn man dazu bedenkt, dass das fruchtbare Land von einer Handvoll oligarchischer Familien kontrolliert wurde, wundert man sich nicht, dass die Geschichte von El Salvador eine blutige ist. Die berühmten »14 Familien«, denen das Land gehörte, waren in Wirklichkeit etwa 30 Sippen von Großgrundbesitzern, die mit dem Export von Kaffee, Zuckerrohr und Baumwolle ihr Vermögen erwirtschafteten.

Die Hauptstadt San Salvador liegt in einem Tal, das die Spanier Tal der Hängematten nannten, weil es immer wieder in Schwingung versetzt wird. Das große Beben von 1986 zerstörte einen Teil des historischen Zentrums und gab der Stadt, die sich dann nach Norden und Westen ausdehnte, ein neues Gesicht. Das jüngste größere Beben verursachte 2001 erhebliche Schäden und löste einen Erdrutsch aus, der einen Teil der Vorstadt Las Colinas unter sich begrub.

El Salvador – gente de valor, heißt ein beliebtes Sprichwort. Die Salvadorianer gelten auch im Ausland als tüchtige, arbeitsame Menschen. In einem so winzigen Land kann nicht überleben, wer nicht von früh bis spät schuftet – oder andere für sich schuften lässt. Die Salvadorianer sind imstande, auch aus der kärglichsten Parzelle Nahrung für die Familie herauszuholen. In Nicaragua waren sie als Erntearbeiter geschätzt. Das Leben für das Überleben hat ihnen aber kaum Zeit gelassen, sich mit anderen Dingen zu beschäftigen.

Niemand hat die Stereotypen der salvadorianischen Gesellschaft unbarmherziger aufs Korn genommen als Horacio Castellanos, der in seinem Buch »El asco, Thomas Bernhard en San Salvador« einen imaginären Exil-Salvadorianer, der auf Familienbesuch nach San Salvador gekommen ist, in einem endlosen Monolog seinen zutiefst empfundenen Ekel über alles, was er vorfindet, auskotzen lässt: »Alle gehen wie Militärs, sie schneiden sich die Haare wie Militärs, denken wie Militärs, entsetzlich, Moya, alle wären gern Militärs, sie wären gern Militärs, weil sie dann ungestraft töten könnten, alle tragen die Mordlust im Blick, sie demonstrieren sie mit ihrem Schritt, in der Art zu reden, sie wären gern Militärs, um töten zu können, das heißt Salvadorianer sein, Moya, Militär sein wollen.« (Übersetzung vom Autor)

Der Umgang mit Waffen, im Falle der Campesinos nur eine Machete, die aber nicht minder tödlich sein kann, ist tief verwurzelt in der salvadorianischen Kultur. Und die Militärdiktatur etablierte sich als die natürliche Herrschaftsform. Paramilitärische Verbände sorgten in den Dörfern für Ruhe. Die Zollpolizei gehörte zu den brutalsten und am meisten gefürchteten Sicherheitskräften, die weit über ihren eigentlichen Wirkungsbereich hinaus – die Bekämpfung des Schmuggelwesens an den Grenzen – politische Gegner des Regimes verfolgte. Aber auch gemeine Banditen machen schnell von der Waffe Gebrauch. Es ist nicht ratsam, bei einem bewaffneten Überfall Widerstand zu leisten. Mit 105 Tötungsdelikten pro 100 000 Einwohner hat El Salvador 2015 den Nachbarn Honduras (100) als Land mit der höchsten Dichte an Mordtaten abgelöst. Zum Vergleich: In Deutschland liegt die Rate bei 0,8, in Österreich bei 0,9 und in der Schweiz bei 0,6. Ein großer Teil dieser Bluttaten werden der Bandenkriminalität angelastet. Die meisten der Opfer sind Namenlose und gehören wie die Täter der Gesellschaftsschicht der Armen und Ausgegrenzten an.

Weniger anonym sind über 25 000 Opfer des bewaffneten Konflikts, deren Namen in eine 83 Meter lange schwarze Granitwand im Parque Cuscatlán von San Salvador eingemeißelt wurden. Das Monument der Erinnerung und Wahrheit wurde im Dezember 2003 eröffnet und entspricht dem Wunsch der Wahrheitskommission, die zehn Jahre zuvor ihren Bericht über Menschenrechtsverletzungen während des Bürgerkrieges veröffentlicht hatte. Allerdings würdigt das Denkmal nur jenes Drittel der Toten und Verschwundenen, deren Namen eindeutig festgestellt werden konnten.

Zwanzig Jahre Krieg

Der bewaffnete Konflikt begann in den 1970er-Jahren, nachdem alle Versuche, das diktatorische Regime über demokratische Wahlen abzulösen, gescheitert waren. 1972 gewann eine Allianz von Christdemokraten, Sozialdemokraten und Kommunisten, angeführt vom Christdemokraten Napoleón Duarte, die Präsidentschaftswahl. Doch das Regime annullierte das Ergebnis, Duarte musste ins Exil fliehen, und über die Opposition rollte eine Repressionswelle. Die unausweichliche Konsequenz war die Radikalisierung vieler Regimegegner. An den Universitäten begannen sich linke Studenten zu bewaffnen, auf dem Land entstand aus christlichen Bauernverbänden und Gewerkschaftsaktivisten die Guerilla der Fuerzas Populares de Liberación (FPL, Volksbefreiungskräfte). Insgesamt fünf bewaffnete Organisationen begannen, durch Banküberfälle, Kidnapping, Botschaftsbesetzungen und Propagandaaktionen auf sich aufmerksam zu machen und Geld zu sammeln. Mit der Konsequenz, dass sich die Repression verschärfte. Selbst vor katholischen Priestern und Ordensschwestern, die als Anstifter der Rebellion betrachtet wurden, machte das Schlachten der Sicherheitskräfte keinen Halt. Auch ein Putsch reformistischer Offiziere im Oktober 1979 konnte das Morden nicht beenden. Fast die gesamte zivile Opposition floh in den Untergrund oder ins Exil. Im Januar 1981 brach der offene Krieg aus, als die Guerillaorganisationen landesweit zu einer »Endoffensive« ansetzten, um vollendete Tatsachen zu schaffen, bevor der republikanische Hardliner Ronald Reagan in den USA als Präsident vereidigt wurde. Die Offensive scheiterte zwar, doch konnten die Guerilleros sich in mehreren Landesteilen festsetzen und »befreite Gebiete« schaffen. Mit der Vereinigung zur Befreiungsfront Farabundo Martí (FMLN) reagierten die fünf ideologisch zerstrittenen Gruppen auf den Druck europäischer Solidaritätsbewegungen, die sich nicht länger für sektiererische Auseinandersetzungen vereinnahmen lassen wollten.

In El Salvador übernahmen nun die USA die Regie: Die Armee wurde aufgerüstet und das Regime gezwungen, sich durch Wahlen zu legitimieren. In den Wahlen von 1984 setzte sich mit dem Christdemokraten Napoleón Duarte der Favorit der USA gegen den ehemaligen Geheimdienstoffizier Roberto D'Aubuisson durch. Der Gründer rechtsextremer Todesschwadronen gilt als Auftraggeber des Mordes an Erzbischof Oscar Arnulfo Romero (24. März 1980) und gründete auch die rechtsextreme Republikanisch-Nationalistische Allianz (ARENA), die die traditionelle Partei der Oligarchie (PCN) zurückdrängte.

D'Aubuisson wurde nie Präsident, er starb 1992 an Kehlkopfkrebs. Aber ARENA kam 1989 mit dem Kaffee-Oligarchen Alfredo Cristiani an die Macht. Nach einer Großoffensive im November 1989, die die Stärke der Guerilla auch in der Hauptstadt San Salvador unter Beweis stellte, aber gleichzeitig der FMLN vor Augen führte, dass der Krieg militärisch nicht zu gewinnen war, nahmen beide Parteien unter Aufsicht der Vereinten Nationen am Verhandlungstisch Platz und unterzeichneten schließlich am 16. Januar 1992 ein Friedensabkommen. Es war insofern erfolgreich, als es die Rolle der Militärs vermindert, die Polizei mit unbelasteten Männern und Frauen von beiden Seiten völlig neu aufgestellt und die FMLN als politische Partei erfolgreich ins zivile Leben eingegliedert hat. Nach und nach konnte sie zunächst Landgemeinden aber dann auch die wichtigen Städte einschließlich der Hauptstadt erobern und 2009 sogar das Präsidentenamt besetzen. Weniger erfolgreich war das Abkommen bei der Neuregelung der Wirtschaftsstrukturen, die weitgehend von der alten Oligarchie kontrolliert blieben. Näheres dazu im Kapitel »Die Oligarchen«.

Politische Wende

Der ehemalige Fernsehjournalist Mauricio Funes brachte den politischen Umschwung, als er 2009 als Kandidat der zur Partei gewandelten Befreiungsfront Farabundo Martí (FMLN) in den Präsidentenpalast einzog. Funes hätte sich nach 20 Jahren Regierung der extremen Rechten mitten in der Weltwirtschaftskrise kaum schwierigere Begleitumstände aussuchen können, doch gleichzeitig kam ihm die politische Entwicklung des Kontinents auch entgegen. Die meisten Länder Lateinamerikas wurden damals von linken Präsidenten regiert, und selbst aus Washington blieben unter Barack Obama hysterische Reaktionen aus.

Hysterische Reaktionen gab es zunächst im eigenen Land, als die Wahlverlierer warnten, Funes würde das Land dem venezolanischen Linkspopulisten Hugo Chávez ausliefern. Der Präsident suchte seine Orientierungshilfe aber weniger in Caracas als in Brasilia. Seine erste Reise nach gewonnener Wahl führte ihn nach Brasilien, die Heimat seiner Frau Vanda Pignato. Für ARENA wurde es trotzdem unangenehm, denn nach und nach wurden Korruptionsskandale der Vorgängerregierungen aufgedeckt. Mit Francisco Flores (1999–2004) musste sogar ein Ex-Präsident vor Gericht. Er wäre mit Sicherheit wegen der Veruntreuung von 15 Millionen US-Dollar aus einem Fonds für Erdbebenopfer verurteilt worden, hätte ihn nicht ein Gehirnschlag im Januar 2016 dem Zugriff der Justiz entzogen.

Damals regierte mit Salvador Sánchez Cerén bereits der zweite FMLN-Mann in Folge, erstmals sogar ein ehemaliger Guerillakommandant. Als Comandante Leonel González hatte der gelernte Lehrer die Fuerzas Populares de Liberación (FPL) angeführt. Radikale Wirtschaftsreformen bleiben seitdem aber weiterhin aus. Ein von den rechten Parteien dominiertes Parlament erzwingt konsensuale Entscheidungen, und der geringe wirtschaftliche Spielraum, verschärft durch die weltweite Wirtschafts- und Finanzkrise, lässt nicht viel mehr als ein Verwalten der Armut zu. Trotz der Korruptionsskandale unter ARENA ist es daher nicht auszuschließen, dass das politische Pendel auch wieder in die Gegenrichtung schwingt. Bald werden einander auch Politiker gegenüberstehen, für die der bewaffnete Konflikt nur mehr eine historische Episode und keine lebendige Erinnerung ist. Dann werden die politischen Pole weniger radikalisiert sein und El Salvador wird hoffentlich ein ganz normales Land werden, wo ein Regierungswechsel keinen Revanchismus auslöst.

Exportprodukt Mensch

El Salvador hat immer Bevölkerung »exportiert«. Kein Wunder, dass heute die Geldsendungen der Auswanderer die Einnahmen aus den traditionellen Exporten weit übertreffen. Los Angeles ist die zweitgrößte salvadorianische Stadt geworden. Aber über ganz Lateinamerika, ja selbst bis Australien und Neuseeland ist die Diaspora verstreut. Meistens müssen sie ganz unten beginnen, ein neues Leben aufzubauen, in den Hafenbordellen, den billigen Kneipen, auf den Märkten und Baustellen. Deswegen hängt ihnen wohl auch der Ruf der Huren und Halsabschneider an.

Natürlich: der Fußball. Die Salvadorianer halten sich für die begnadetsten Fußballer zumindest Zentralamerikas. Eine Überzeugung, die sie mit den Honduranern verbindet. Nicht zuletzt deswegen konnten im Sommer 1969 die gegenseitigen Schmähungen bei den Ausscheidungsspielen für die WM 1970 so eskalieren, dass der Krieg, der wegen der Landkonflikte in Honduras lange schon in der Luft gelegen hatte, endlich ausbrach. In den Fußballstadien werden die Emotionen ausgelebt. Das erlebte auch der US-amerikanische Reiseschriftsteller Paul Theroux, der sich vom Besuch einer Fußballpartie in San Salvador die Entblößung der Volksseele versprach. Er sollte nicht enttäuscht werden. Die Stimmung war aufgeheizt, aber keineswegs kriegerisch. Wie er erstaunt anmerkte, vergnügten sich jugendliche Zuschauer mit dem kindischen Spaß, Kondome zu Luftballons aufzublasen und über die Zuschauerränge zu treiben.

El Salvador hat zwar wahrscheinlich die höchste Dichte an Universitäten in ganz Amerika, doch um die höhere Bildung ist es traurig bestellt. Nachdem die Armee 1980 die Nationaluniversität – sie galt als Hochburg der Subversion, wo unter dem Schutz der universitären Autonomie Guerilleros bewaffnet und uniformiert auftreten konnten – besetzte, wurde eine Unzahl von Privatuniversitäten gegründet. Deren Betreiber wollten Geld verdienen und Politik tunlichst fernhalten. Auch nach dem Friedensschluss werden dort vor allem jene Ausbildungen angeboten, die die Privatwirtschaft nachfragt. Der bereits zitierte Horacio Castellanos findet dieses Überangebot von Betriebswirtschaft schrecklich: »Niemanden interessiert die Literatur oder die Geschichte oder irgendwas, das mit dem Denken oder humanistischen Werten zu tun hat. Deswegen gibt es auch kein Geschichtsstudium, an keiner Universität kann man Geschichte studieren, weil die Geschichte niemanden interessiert.« El Salvador gehört außerdem zu den wenigen Staaten der Erde, die kein Nationalmuseum haben. Die eigene Geschichte ist immer ignoriert oder manipuliert worden. Auch über die Gegenwart war in El Salvador aus den eigenen Medien wenig zu erfahren.

Diese Lücke hat das Museo de la Palabra (Museum des Wortes) gefüllt. Es wurde in den 1990er-Jahren gegründet und wird noch immer geleitet von Carlos Consalvi alias Santiago. Der gebürtige Venezolaner hatte jahrelang über den Rebellensender Radio Venceremos in den Bergen der Provinz Morazán Gegenpropaganda zu den triumphalistischen Botschaften der offiziellen Medien verbreitet. Das Museum versteht sich als mobile Einrichtung, die mit ihren Ausstellungen immer wieder durch die Provinz zieht, um auch Schulkindern abseits der Hauptstadt die eigene Geschichte und Kultur nahezubringen.

Nicaragua – ewige Revolution

Der Name Nicaragua wird immer mit der Revolution assoziiert bleiben. Die nahezu das ganze Land erfassende Rebellion, die 1979 die Diktatorenfamilie der Somozas hinwegfegte, hat das Land nachhaltig geprägt. Nicaragua war ein Jahrzehnt lang nicht nur Sehnsuchtsort der europäischen Linken, sondern auch ein lebendiger Beweis, dass Revolutionen nicht mit einem Blutbad beginnen müssen und dass marxistische Prinzipien mit christlichem Gedankengut vereinbar sind. Auch wenn das Experiment, mit friedlichen Mitteln eine neue Gesellschaft, ja einen neuen Menschen zu schaffen, gescheitert ist, so bleibt doch eine kollektive Erinnerung, die für die meisten Menschen positiv besetzt ist.

Kein anderes Land kann auf eine vergleichbare Anzahl von Solidaritätsgruppen, Städtepartnerschaften, Brigadistenvereinen und privaten Fördervereinen verweisen wie Nicaragua, vor allem in Deutschland, Österreich und der Schweiz. Viele von ihnen sind noch Jahrzehnte nach der Revolution aktiv und leben von Kontakten, die damals geknüpft wurden.

Nicaragua war immer schon ein rebellisches Land. Die Nicaraguaner haben den Ruf, kein Blatt vor den Mund zu nehmen und offen gegen empfundene Ungerechtigkeit aufzubegehren. Nirgends sonst in Zentralamerika ist es so leicht, Unbekannte in ein Gespräch über Politik zu verwickeln. Denn unter der Politik – besser, den widerstreitenden Interessen der Politiker – hat man seit der Zeit der Kolonie zu leiden. Kaum ein Jahrzehnt ist ohne einen Bürgerkrieg oder blutige Unruhen vergangen.

Gelenkte Demokratie

Nicaragua befindet sich politisch meist voll im Trend der Zeit. In den 1970er-Jahren wurde das Land von einer Diktatur unterjocht, und eine linke Guerilla suchte mit Unterstützung aus Kuba den bewaffneten Umsturz. In den 1990er-Jahren war dann Deregulierung und Vormarsch der Privatwirtschaft angesagt. Heute liegt Nicaragua im Trend der gelenkten Demokratie im Stil eines Wladimir Putin, Recep Tayyip Erdoğan oder auch des 2013 verstorbenen Hugo Chávez.

Wenn jemand Nicaragua vor 30 Jahren verlassen hat, seither keine Nachrichten mehr von dort zur Kenntnis nahm und jetzt zurückkommt, wird er zwar die Hauptstadt nicht mehr wiedererkennen, aber er wird denselben Mann an der Spitze des Staates vorfinden. Aus dem schlecht frisierten jungen Mann mit der unvorteilhaften Brille ist zwar ein übergewichtiger Senior mit schütterem Haar geworden, doch die Gestik und der politische Diskurs haben sich kaum verändert. Nur die politische Entourage ist eine andere geworden. Erzbischof Obando y Bravo, damals der erbittertste und innenpolitisch effektivste Widersacher der Revolution, ist heute eine Art greises Maskottchen. Er hat zwar in der Kirche nichts mehr zu sagen, soll aber der spirituellen Läuterung des Präsidenten Legitimität verschaffen.

Die Losungen heißen nicht mehr »Revolución o Muerte« (Revolution oder Tod) und »Dirección Nacional, ordene« (Nationaldirektorium: Befiehl!). Heute findet man sich in einer »Nicaragua cristiana, socialista y solidaria« (Nicaragua: christlich, sozialistisch, solidarisch). Die rot-schwarzen Fahnen sind einem allgegenwärtigen dunkelrosa Hintergrund gewichen, der mehr an Prinzessin Lillifee erinnert als an das politische Programm einer sozialreformerischen Partei.

Aber blicken wir einmal zurück. Im Juli 1979 marschierten die siegreichen Guerilleros in den Städten Nicaraguas ein und übernahmen die Macht. Allerdings noch in Koalition mit den bürgerlichen Kräften, die sich gegen den Diktator Somoza gewandt hatten. Dieses Bündnis hatte den Fall der Diktatur beschleunigt, begünstigt außerdem durch die internationale Konstellation. In Washington regierte damals der fromme Baptist Jimmy Carter, der seinen eigenen Menschenrechtsdiskurs ernst nahm und langjährige Verbündete der USA opferte. Allen voran den Schah von Persien und ein halbes Jahr später Anastasio Somoza, über dessen Vater Franklyn D. Roosevelt einst gesagt hatte: »He's a son of a bitch. But he's our sob.« Es hatte sich also eine Möglichkeit aufgetan, die weniger als zwei Jahre später wieder vorbei sein sollte. Denn mit dem Einzug von Ronald Reagan ins Weiße Haus waren die Flitterwochen vorbei. Und der Rest des sandinistischen Jahrzehnts war letzten Endes ein langer Abwehrkampf gegen eine Supermacht und deren Stellvertreter, die Konterrevolutionäre, kurz Contras.

20 Jahre nach Kuba hatte sich wieder ein Land in Lateinamerika von einer Diktatur befreit. Aber anders als auf der Karibikinsel gab es keine Massenerschießungen und Schauprozesse. Und während unter Fidel Castro die Priester füsiliert oder in Umerziehungslager gesteckt wurden, saßen sie in Nicaragua in der Regierung. Gerade Ernesto Cardenal, dessen basis-christliche Gemeinde auf der Inselgruppe Solentiname von der Nationalgarde ausgebombt wurde, erwies sich als einer der effektivsten Botschafter der Revolution. Im Auftrag der sandinistischen Führung reiste er um die Welt, um Unterstützung für die Revolution zu mobilisieren. Und es ist kein Zufall, dass unter den Solidaritätsgruppen in Europa und Nordamerika katholische wie auch protestantische Gruppen besonders stark vertreten waren. Die Befreiungstheologie wurde in der Folge zu einer quasi offiziellen Religion des Landes, obwohl sie in der Priesterschaft und auch an der Basis ein absolutes Minderheitenprogramm blieb. Deswegen konnte sich auch Erzbischof – später Kardinal – Miguel Obando y Bravo zum prominentesten und einflussreichsten Gegner der Revolution im Land entwickeln.

Ein weiterer wichtiger Verbündeter wurde die Sozialistische Internationale. Damals dominiert von den großen Männern Willy Brandt, Olof Palme und Bruno Kreisky, aber auch Carlos Andrés Pérez (Venezuela) und Felipe González (Spanien), setzte sie sich sehr entschieden für die Sandinisten ein. Und für Nicaragua war es eine Katastrophe, als die FDP unter Hans-Dietrich Genscher 1982 die Koalition mit der SPD unter Helmut Schmidt sprengte und zu Helmut Kohls CDU überlief. Zentralamerika sollte während der gesamten Dekade der 1980er ein heißes innenpolitisches Streitthema in Deutschland bleiben. Während junge Deutsche zu Tausenden als Entwicklungshelfer oder Brigadisten nach Nicaragua reisten, um ihren Beitrag zur Revolution zu leisten, unterstützte die Regierung in Bonn eine Fraktion der Contras und trug die aggressive Politik von US-Präsident Reagan mit.

Es ist kein Zufall, dass die größte und am wenigsten umstrittene Errungenschaft der Revolution in die ganz frühe Phase fällt: die nationale Alphabetisierungskampagne. Auf Spanisch, etwas pathetischer: Cruzada Nacional de Alfabetización. Ein halbes Jahr lang stand das Land in deren Zeichen. 60 000 junge Menschen, zum Teil noch Mittelschüler, schwärmten aus und ließen sich bei Bauernfamilien in den entlegensten Winkeln des Landes nieder, um die einfachsten Kulturtechniken zu vermitteln. Damit gelang es nicht nur, binnen kürzester Zeit die Analphabetenquote von 50 Prozent auf offiziell 12,9 Prozent zu drücken. Es war auch ein einmaliges soziales Erlebnis. Denn wohlbehütete Kinder aus dem städtischen Mittelstand kamen erstmals mit der Lebenswirklichkeit der Campesinos in Berührung und umgekehrt. Sie wohnten in den einfachen Hütten und erlebten den Arbeitsalltag der Bauern. Diese Generation hat das Revolutionsjahrzehnt mindestens ebenso entscheidend mitgetragen wie die Muchachos, die Guerilleros, die sich der Nationalgarde Somozas gestellt hatten.

Agrarreform

Nicht alle Maßnahmen der Revolutionsregierung waren so unumstritten und nachhaltig erfolgreich wie die Alphabetisierung. Etwa die Agrarreform. Land stand zwar zunächst ausreichend zur Verfügung, weil allein durch die Beschlagnahme der Güter des

Somoza-Clans riesige Ländereien an den Staat fielen. Allerdings wurde es überwiegend von landwirtschaftlichen Großbetrieben bewirtschaftet – Kaffeeplantagen, Rinder-Haciendas, Baumwoll- und Zuckerrohrpflanzungen, die dann in Staatsfarmen umgewandelt wurden. Und landhungrige Kleinbauern oder Landarbeiter zwang man in Kolchosen, die in Nicaragua Sandinistische Agrarkooperativen genannt wurden. Da zeigte sich schon ein grundsätzlicher Denkfehler. Denn das Funktionieren dieser Genossenschaften setzte bereits den neuen Menschen voraus, den zu schaffen die Revolution erst angetreten war. Deswegen war es zehn Jahre später für Arnoldo Alemán so einfach, die Genossenschaften zu zerschlagen und eine neue Landkonzentration einzuleiten. Er musste nur per Gesetz die Unveräußerlichkeit des Genossenschaftseigentums aufheben lassen. Kaum waren die Genossenschaften parzelliert, waren die einzelnen Grundstücke auch schon verkauft. Die wenigen, die an das gemeinsame Projekt glaubten, fanden sich isoliert und mussten auch aufgeben.

Den Individualismus der Kleinbauern hatten die Sandinisten nicht fördern wollen. Sie begannen deswegen erst mit der Vergabe von Kleinparzellen, als der Druck aus der Landbevölkerung zu groß wurde und die Campesinos scharenweise zu den Contras überzulaufen drohten. Und all diese Landtitel führten zwar zur faktischen Inbesitznahme des Landes durch die Begünstigten. Allerdings wurden sie nicht ins Grundbuch eingetragen und daher nicht rechtswirksam. Das sollte sich rächen, als die Sandinisten zur eigenen Überraschung die Wahlen im Februar 1990 verloren und im Schnellverfahren tausende Titel ins Grundbuch eintragen mussten. Das ging, da sehr viel Missbrauch betrieben wurde und hohe Offiziere über Nacht zu Großgrundbesitzern wurden, als »Piñata« in die Annalen von Nicaragua ein. Piñata ist jene meist tierförmige Figur aus Ton und Pappmaché, die mit Süßigkeiten gefüllt und bei Kindergeburtstagen aufgehängt wird. Die Kinder dürfen nacheinander so lange darauf eindreschen, bis die Piñata birst und sich alle auf den süßen Inhalt stürzen.

Maskenspiel und Widerstand

Als die nicaraguanische Bevölkerung 1990 die Sandinisten abwählte, obwohl das Stimmungsbild vorher eine Bestätigung der Revolutionsregierung hatte erwarten lassen, war viel die Rede vom »Güegüense«. In diesem folkloristischen Maskenspiel, das bis heute gerne auf Jahrmärkten und an Festtagen in den Dörfern aufgeführt wird, verulken die Indios die spanischen Konquistadoren. Hinter den Masken verbergen sich ganz andere Gesichter. Auch im Vorfeld der Wahl war für Außenstehende wie Umfrageinstitute oder Journalisten nicht zu erkennen, was die Menschen wirklich dachten und vorhatten. Der Mythos vom undurchschaubaren und verschlagenen Indio, der noch in jedem Nicaraguaner lebendig sei, erhielt neue Nahrung. In Wirklichkeit ist die nicaraguanische Geschichte an Helden ebenso reich wie an Verrätern. In jedem Nica schlummert heute noch ein Nicarao und ein Diriangén, ein Sandino und ein Somoza. Der Tolteken-Häuptling Nicarao gilt als Verräter, weil er zuließ, dass die Eroberer unter Gil González Dávila das Land für den spanischen König in Besitz nahmen. Der Chorotega-Kazike Diriangén hingegen zeigte sich zum Schein gefügig und versprach, seine Leute zu einer Massentaufe zu bringen. So lockte er die Spanier in einen tödlichen Hinterhalt. Sandino führte einen jahrelangen, scheinbar aussichtslosen Kampf gegen die US-Okkupationstruppen, Somoza wurde von den USA als Chef der Nationalgarde eingesetzt und ließ Sandino nach dem Friedensschluss ermorden.

Die Dichter José Coronel Urtecho und Pablo Antonio Cuadra haben im Nationalcharakter der Nicas diese Symbiose aus intellektuellem Patrioten und grausamem Tyrannen entdeckt, aus Nicarao und dem spanischen Gouverneur von Darién (Panama), Pedrarias Dávila. Von den Historikern wird der Kazike Nicarao nämlich nicht als Verräter, sondern als nachdenklicher Mann dargestellt, der den raffgierigen Konquistadoren die Frage stellte, was so wenige Männer mit soviel Gold anfangen wollen: »Sind dieser Papst in Rom und der König in Spanien vielleicht betrunken, dass sie von mir, der ich sie nicht kenne, Gehorsam und Erfüllung ihrer Wünsche verlangen?«

Nicarao wurde später von den Spaniern enthauptet. Pedrarias Dávila war einer der grausamsten und neurotischsten Gouverneure, die Karl V. schickte. Er war schon über 80 Jahre alt, als er, von Panama kommend, die Verwaltung von Nicaragua übernahm und all jene Unsitten einführte, die das Land bis zum heutigen Tag prägen: Vermischung der kirchlichen mit der weltlichen Macht, dynastische Nachfolge, Ausschaltung jeder Opposition. Seinen Statthalter Francisco Hernández de Córdoba ließ er enthaupten, seinen Schwiegersohn Vasco Núñez de Balboa erdrosseln. Rebellische Indios wurden mit Hunden zu Tode gehetzt, politische Rivalen eingekerkert, gefoltert und exekutiert. Jedes Jahr ließ er zum Gedenken an den Tag, an dem er nach einem epileptischen Anfall fast lebendig begraben worden wäre, ein Requiem aufführen. Zudem fiel in die Zeit seines Regimes eine Serie von Dürren und Hungersnöten.

Der Soziologe Óscar René Vargas hat den von den Dichtern entwickelten Topos aufgegriffen und daraus ein Psychogramm des nicaraguanischen Nationalcharakters entwickelt. Er spricht vom Pedrarias-Syndrom und leitet aus der politischen Geschichte der letzten 500 Jahre eine Serie von Eigenheiten der politischen Klasse des Landes ab. Wie schon Pedrarias Dávila neigten die Machthaber dazu, ihre Angehörigen in einflussreiche Posten zu setzen, die Familie an der Macht zu halten und den Staat als Selbstbedienungsladen zu betrachten. Als Beispiele dienen dem Autor die Diktatoren des 19. Jahrhunderts genauso wie die Somozas, die Gebrüder Daniel und Humberto Ortega, die Regierung Violeta Chamorro und die besonders raffgierige Sippschaft des Präsidenten Arnoldo Alemán (1997–2002). Auch der Einfluss der Kirche auf die weltliche Macht ist ungebrochen und wird von den Herrschenden ge- und missbraucht.

Aberglaube und Bigotterie

Religiöser Aberglaube und Bigotterie, die vor allem auf dem Land noch wuchern, werden zynisch für politische Ziele benutzt. Die Contras trugen gerne Rosenkränze und erzählten den Bauern, bei den Impfkampagnen bekämen die Kinder von kubanischen Ärzten den Kommunismus eingeimpft, im Übrigen wollten die Sandinisten die Heilige Jungfrau abschaffen. Wer erinnert sich nicht an die Jungfrau von Cuapa, die Madonnenstatue in dem Dorf in Boaco, wo in den ersten Monaten der Revolution ein angebliches Wunder beobachtet wurde. Die hölzerne Madonna weinte. Für Erzbischof Obando y Bravo und seine Kohorten reaktionärer Priester war klar: Sie weinte über die ach so unchristliche Revolution. Dass das unerklärliche Phänomen später als angewandte Physik für Anfänger enthüllt wurde – der Priester verwahrte die Statue nachts in der Tiefkühltruhe – tat der politischen Wirkung der Marienerscheinung keinen Abbruch. Noch heute wird die Virgen de Cuapa als wundertätige Madonna verehrt. Dem Marienkult, der in tagelangen Feiern um Mariä Empfängnis – La Purísima Concepción de María – im Dezember seinen Höhepunkt findet, mussten schließlich auch die Sandinisten ihren Tribut zollen. Auch vor dem Regierungsgebäude wurde ein Altar errichtet, wo das Volk Obst, Spielzeug und Süßigkeiten ablegen konnte. Es sollte ihnen wenig helfen. Die Rolle von Kardinal Obando und der gesamten konservativen Kirchenführung bei der Abwahl der Sandinisten ist nicht zu unterschätzen.

Bei den Nachbarn gelten die Nicas weniger als fromm, sondern als streitlustig, gewaltbereit und trunksüchtig. Etwas verklärt pflegen sie selber den Nimbus der betrunkenen Dichter. Vom großen Rubén Darío, der für seine Alkoholexzesse ebenso bekannt war wie für seine vollendete, etwas manierierte Sprache, bis zum genialen Carlos Martínez Rivas, der die letzten Jahre seines Lebens sein Haus in Managua nicht mehr verließ, um sich still zu Tode zu saufen, mangelt es der nicaraguanischen Kulturgeschichte nicht an schillernden Gestalten. Ernesto Cardenal bemühte sich als Kulturminister, durch die Gründung von Dichterwerkstätten bei Armee und Polizei, auch die naturgemäß eher grimmigen Uniformierten zu eigenem poetischen Schaffen anzuregen. Das Vorhaben war zum Scheitern verurteilt, weil kriegsbedingt nicht nur das Kulturministerium aufgelöst wurde, sondern auch die Soldaten wenig Muße für lyrische Gehversuche hatten.

Die Nicaraguaner sind im Grunde ein Bauernvolk geblieben und sehen sich selber noch so, auch wenn der Terminus Pinoleros als Synonym für einen Angehörigen des Nationalvolkes etwas aus der Mode gekommen ist. Pinoleros sind Personen, die Pinol trinken, jenes Gemisch aus geriebenem Mais und gemahlenem Kakao plus Zuckerwasser, das sich vor allem auf dem Land großer Beliebtheit erfreut. Nicht minder beliebt sind Bier und Rum oder der billige Zuckerrohrschnaps, der als Ron Plata verkauft wird. Der typische Nica weiß noch immer mit dem freien Sonntag nichts anzufangen, deswegen benutzen viele den Tag, um den Rausch auszuschlafen, den sie sich am Samstag angetrunken haben. Manchmal fährt die Familie auch an den Strand. Allerdings bedeutet in Nicaragua »an den Strand fahren« nicht, dass man im Ozean schwimmt, sondern dass man sich in der Badehose volllaufen lässt. Den Frauen ist es überlassen, Essen und alkoholfreie Getränke für die Kinder in der Kühlbox zu verstauen. Nicht selten wagt sich dann so mancher doch ins Wasser und merkt in seinem Rausch zu spät, dass er gar nicht schwimmen kann. In der Karwoche, wenn halb Managua vor der drückenden Hitze aus der Stadt in die Pazifik-Bäder flieht, kamen selbst in den härtesten Kriegsjahren mehr Menschen durch Badeunfälle zu Tode als durch feindliches Feuer an der Front.

Von der ursprünglichen bäuerlichen Kultur ist wenig übrig geblieben. Mehr als 20 Jahre Besetzung durch die Truppen der USA haben das Land nachhaltig verändert. Doch die Nicas haben es verstanden, diese Vergewaltigung ihrer Kultur so zu verarbeiten, dass sie das Fremde als ihr Eigenes betrachten. Keinem Nicaraguaner würde es einfallen, das Baseballspiel als einen vom Imperialismus eingeschleppten Sport zu betrachten. Baseball ist so nicaraguanisch wie der Pinol. Das mussten auch die Sandinisten einsehen, die in den ersten Jahren ihrer Herrschaft versuchten, andere Sportarten zulasten des eigenartigen Ballspiels zu fördern. Als Vizepräsident Sergio Ramírez im Mai 1985 eine Pressekonferenz einberief, um die Position der Regierung zur Verhängung des Wirtschaftsembargos durch die USA bekannt zu geben, mussten TV und die internationale Presse stundenlang warten. Denn das Entscheidungsspiel der nationalen Baseball-Liga hatte sich über eine ungewöhnlich große Anzahl von Innings hingezogen, und man wagte es nicht, auf Sendung zu gehen, wenn die sportbegeisterten Nicas alle an den Radiogeräten hingen, um das Match zu verfolgen. Auch aus dem Hinterzimmer, in dem die Regierungsmitglieder saßen, war im Übrigen der Sportkommentar aus dem Radio zu vernehmen.

Die Wiederkehr des Daniel Ortega

Die Sandinistische Befreiungsfront (FSLN) hat nie einen anderen Kandidaten ins Rennen um die Präsidentschaft geschickt als Daniel Ortega, der im November 2015 das siebente Lebensjahrzehnt vollendete. 1985, mitten in der Revolutionsdekade, setzte er sich souverän gegen eine handzahme Opposition durch, 1990 verlor er überraschend gegen die Bürgerliche Violeta Barrios de Chamorro. Er verlor auch 1996 gegen den rechtsliberalen Arnoldo Alemán und 2001 gegen den ehemaligen Chef des Unternehmerverbandes, Enrique Bolaños Geyer. Es gab einfach nach den traumatischen Jahren von Aufstand, Revolution und Konterrevolution eine konservative Mehrheit im Lande und die Liberal-Konstitutionalistische Partei, der einst auch die Diktatorenfamilie der Somozas angehört hatte, verstand es, diese Mehrheit zu kanalisieren. 2006 schuf Ortega nach und nach die Voraussetzungen für sein politisches Comeback: die Spaltung der Liberalen, die Reform des Wahlgesetzes und die Versöhnung mit der katholischen Kirche.

Das Wahlgesetz reformierte er als Oppositionsführer gemeinsam mit dem damals regierenden Arnoldo Alemán. Man kam überein, die anderen Parteien weitgehend auszuschalten und die Staatsgewalten untereinander aufzuteilen: den Obersten Wahlrat, die Justiz, den Rechnungshof, die Zentralbank. Beide strebten die Wiederwahl an, fürchteten aber, in einer Stichwahl zu unterliegen. So senkte man die benötigte Stimmenmehrheit von 50 auf zunächst 45 und später 35 Prozent. Beiden drohten auch Probleme mit der Justiz: Ortega, weil seine erwachsene Stieftochter Zoilamérica Narváez ihn beschuldigte, sie seit ihrem elften Lebensjahr systematisch missbraucht zu haben. Alemán wiederum musste damit rechnen, wegen flagranter Korruption angeklagt zu werden, wenn er einmal nicht mehr durch die Immunität des Amtes geschützt war. Tatsächlich ließ sein Nachfolger Bolaños Geyer – nicht zuletzt auf Druck der internationalen Geldgeber – die Justiz ermitteln. Alemán wurde zu 20 Jahren Haft verurteilt, was zur Spaltung der Partei führte. Zwei liberale Fraktionen waren nach dem neuen Wahlrecht gegen eine geeinte FSLN chancenlos. Die Gunst der Kirche erkaufte sich Daniel Ortega mit dem von den Bischöfen schon lange geforderten absoluten Abtreibungsverbot. Die sandinistische Parlamentsfraktion peitschte es mit Unterstützung der Liberalen wenige Tage vor den Wahlen in der Nationalversammlung durch. Die kirchliche Eheschließung mit seiner langjährigen Lebensgefährtin Rosario Murillo, zelebriert vom erzkonservativen Kardinal Miguel Obando y Bravo in der Kathedrale, war nur mehr das Tüpfelchen auf dem i.

Totale Kontrolle

Unter der neuen Ortega-Herrschaft wurde die schleichende Privatisierung der Schulen und des Gesundheitswesens gestoppt. Dank venezolanischer Petrodollars konnte die akute Energiekrise entschärft werden. Ein Null-Hunger-Programm richtete sich gegen die Armut auf dem Land. Gleichzeitig arbeitete die Regierung systematisch an der Perpetuierung der eigenen Herrschaft. Wie während der Revolution werden heute Staatsangestellte zu Kundgebungen im Interesse der Regierung vergattert. Ohne Empfehlungsschreiben von Parteifunktionären hat man bei der Jobsuche oder beim Bemühen um einen Studienplatz schlechte Chancen. Die Macht ist in den Händen des Präsidentenpaares konzentriert. Bürgermeister, selbst Minister wagen es nicht, Interviews zu geben und dabei eigene Meinungen zu äußern. Auch Pressekonferenzen werden nur im Kreis regierungsfreundlicher Medien abgehalten.

Die Medien werden inzwischen großenteils von der Familie Ortega oder deren Vertrauensleuten kontrolliert. Juan Carlos Ortega Murillo ist Geschäftsführer des Fernsehsenders Canal 8 und – gemeinsam mit seiner Frau Idania Castillo – Eigentümer der Filmproduktionsfirma Difuso, bei der die Werbespots der Regierung in Auftrag gegeben werden. Camila Ortega Murillo leitet den Fernsehkanal 13 gemeinsam mit ihrem Bruder Maurice. Constantino y Edmundo Ortega Murillo steht dem Canal 4 vor. An Canal 2, dem größten privaten Sender, haben die Ortegas auch schon Interesse angemeldet. Dazu kommen Radiosender und die Kontrolle über die einst unabhängige Tageszeitung *El Nuevo Diario*, die von den Erben der Gründer aus ökonomischen Gründen verkauft wurde. Rafael Ortega Murillo, der älteste Sohn des Präsidentenpaares, verwaltet die Geschäfte, die mit venezolanischen Petrodollars gespeist werden. Seine Frau Yadira Leets managt die Ölfirma Distribuidora Nicaragüense de Petróleos (DNP). Laureano Ortega ist Investitionsberater der Regierung und Leiter die Kanalkommission. Der Eindruck, dass an einer dynastischen Nachfolge gearbeitet wird, lässt sich nicht von der Hand weisen. Vor allem seit Ortega seiner Frau durch die Ernennung zur Kandidatin für die Vizepräsidentschaft auch formal den Weg dafür geebnet hat.

Die Sandinistische Erneuerungsbewegung (MRS), eine linke Abspaltung von der FSLN, wurde schon 2008 unter einem Vorwand aufgelöst. Seither kann sie nur mehr in Allianzen zu Wahlen antreten. Ähnlich erging es der Konservativen Partei. 2016 entschieden dann Gerichte, dass die Anführer der Liberal-Unabhängigen Partei (PLI), eine der letzten echten Oppositionskräfte, durch regierungsfreundliche Leute ersetzt werden müssen. Die Abgeordneten warf man aus dem Parlament. Gegen oppositionelle Demonstrationen werden zunehmend Schlägertrupps der sandinistischen Jugend eingesetzt, die die Polizei gewähren lässt.

Vor der erwarteten Wiederwahl Ortegas im November 2016 wurde die Opposition weitgehend ausgeschaltet und die Justiz auf Linie gebracht. Das in der Verfassung verankerte Wiederwahlverbot hatte der Oberste Gerichtshof schon 2009 aus dem Weg geräumt, indem er die entsprechende Verfassungsbestimmung als rechtswidrig aufhob. Von der Revolution ist wenig mehr als Rhetorik geblieben.

Costa Rica – gebildet und eingebildet

Den Namen verdankt Costa Rica – reiche Küste – einer Fehleinschätzung des Kolumbus, der in den Bergen die sagenhaften Goldminen von Zorobaro vermutete. Denn der reiche Goldschmuck, den die Ureinwohner trugen, stammte aus den Minen Mexikos und Perus, wie die Spanier bald enttäuscht herausfinden sollten. Das Interesse an der »reichen Küste« schwand daher schnell, und das Territorium wurde in erster Linie als Korridor zwischen den Provinzen Panama und Nicaragua benutzt. Das indigene Volk der Chorotega auf der Halbinsel Nicoya wurde dabei weitgehend ausgerottet oder in die Sklaverei verkauft. Widerstand leisteten nur die zahlenmäßig kleinen indianischen Völker im Süden. Costa Rica, das dem Generalkapitanat Guatemala verwaltungstechnisch unterstellt wurde, blieb also dünn besiedelt und entwickelte sich anders als die meisten Provinzen in Spanisch-Amerika. Da kaum indianische Arbeiter für den Bergbau oder die als Encomienda verbrämte Sklavenarbeit auf Latifundien zur Verfügung standen, konnten sich Kleinbauern und Handwerker ansiedeln, die selbstgenügsam arbeiteten. Das teilweise sumpfige Gelände und die unerschlossenen Urwälder trugen dazu bei, dass das Land im Schatten der großen Wirtschaftsinteressen blieb und zur Zeit der Unabhängigkeit von Spanien 1821 kaum 50 000 Einwohner zählte, fast zur Gänze rein europäischen Blutes.

Costa Rica scherte als erste Provinz aus der nach der Unabhängigkeit gebildeten Zentralamerikanischen Union aus und entriss dem Nachbarn Nicaragua die Provinz Guanacaste, die sich wegen der permanenten Bürgerkriege für selbständig erklärt hatte. Die kleinbäuerliche Struktur verhinderte, dass der im übrigen Zentralamerika verbreitete Militarismus Fuß fassen und Caudillos die Macht an sich reißen konnten. Bis auf eine elfjährige Episode unter den Kaffeebaronen Tinoco und Montealegre von 1859 bis 1870 blieben dem Land diktatorische Regimes erspart. Allerdings geriet Costa Rica im letzten Viertel des 19. Jahrhunderts, genauso wie seine nördlichen Nachbarn, in die Abhängigkeit von der allmächtigen United Fruit Company (UFCO), die im großen Stil Bananen anbaute und exportierte. Die Auswirkungen dieser neokolonialen Politik waren in Costa Rica jedoch weniger gravierend als etwa in Honduras oder Guatemala. Von der von der UFCO gebauten Eisenbahn, die das Hochland mit dem Atlantikhafen Puerto Limón verband, profitierten auch die Kaffee-Exporteure und das dicht besiedelte Hochland insgesamt.

Unter dem Einfluss liberalen Gedankengutes schaffte Costa Rica schon 1882 die Todesstrafe ab und führte 1886 die allgemeine kostenlose Schulpflicht ein. Das Wahlrecht wurde demokratisiert, und es begann eine fast ungebrochene Tradition freier Wahlen. General Federico Tinoco, der 1917 putschte, konnte sich nur wenig mehr als zwei Jahre an der Macht halten.

Das moderne Costa Rica ist aus einem kurzen Bürgerkrieg hervorgegangen, der 1948 mit dem Sieg des Sozialdemokraten José Figueres Ferrer endete. Die neue Verfassung von 1949 beugte künftigen Kriegen mit der Abschaffung der Armee vor. Costa Rica begab sich damit zwar in die Abhängigkeit von der Schutzmacht USA, konnte aber verstärkt in Bildung und Infrastruktur investieren, was zu einer stabilen Entwicklung beitrug und den Ruf des friedliebenden Landes inmitten kriegerischer Nachbarn festigte.

Gleichwohl konnte sich Costa Rica in den 1970er- und 80er-Jahren nicht den bewaffneten Konflikten im nördlichen Nachbarland entziehen. Die nicaraguanischen Rebellen, die gegen die Diktatur des Anastasio Somoza kämpften, fanden nicht nur ein Hinterland, wo sie ihre Lager errichten und Verwundete pflegen konnten, sie wurden selbst von der Regierung des Christdemokraten Rodrigo Carazo aktiv unterstützt. Problematischer wurde es während der sandinistischen Revolution, als sich nicht nur zivile Oppositionelle, sondern auch Gruppen von bewaffneten Konterrevolutionären im Grenzgebiet festsetzten. Die Existenz logistischer Strukturen, von Camps und Rückzugsgebieten der nicaraguanischen Konterrevolutionäre wurde offiziell nie zugegeben. Aber ein fehlgeschlagenes Bombenattentat gegen den Rebellenführer Edén Pastora während einer geheimen Pressekonferenz im costa-ricanischen Grenzort La Penca am Río San Juan, bei dem im Juni 1984 mehrere Menschen ums Leben kamen, zog Costa Rica weiter in den Konflikt hinein. Der Anschlag wurde, wie man heute weiß, vom nicaraguanischen Innenminister Tomás Borge eingefädelt. Damals machte Borge den US-Geheimdienst CIA verantwortlich. Präsident Luis Alberto Monge hatte schon 1982 versucht, sein Land durch die Erklärung der »immerwährenden aktiven und unbewaffneten Neutralität« aus dem Konflikt herauszuhalten. Das misslang. Da die USA darauf drangen, die Konterrevolutionäre zu unterstützen, trat der 1986 gewählte sozialdemokratische Präsident Óscar Arias die Flucht nach vorn an und legte einen nach dem guatemaltekischen Wallfahrtsort Esquipulas benannten Friedensplan vor, der die bewaffneten Konflikte in Nicaragua, El Salvador und Guatemala nach einem gemeinsamen Schema politisch beenden sollte. 1987, noch bevor der Plan umgesetzt war, wurde Arias dafür mit dem Friedensnobelpreis geehrt.

Korruption und Freihandel

Die folgenden Präsidenten werden vor allem durch ihre Verwicklung in einen Korruptionsskandal in Erinnerung bleiben. Miguel Ángel Rodríguez (1998–2002) wurde 2011 sogar zu einer mehrjährigen Haftstrafe verurteilt, weil er Bestechungsgelder des französischen Telekommunikationsunternehmens Alcatel angenommen hatte. Sein Vorgänger José María Figueres Olsen entzog sich einem Prozess durch einen Auslandsaufenthalt bis zur Verjährung. Dessen Vorgänger Rafael Ángel Calderón Fournier wurde wegen Annahme von Geld zu drei Jahren Haft verurteilt. Ins Gefängnis musste keiner der Ex-Präsidenten.

Rodríguez konnte die Annullierung des Schuldspruches wegen Verfahrensfehlern erreichen und wurde in einem zweiten Verfahren freigesprochen. Da die Staatsanwaltschaft Berufung einlegte, war Mitte 2016 noch immer kein abschließendes Urteil gefällt.

Auch Óscar Arias hatte sein Image des demokratischen Staatsmannes eigenhändig demontiert. Zuerst manipulierte er die Justiz, um das Verbot der Wiederwahl aus der Verfassung zu tilgen. Selbst Parteikollegen qualifizierten diese Reform als »technischen Staatsstreich«, der es Arias erlaubte, 20 Jahre nach seinem ersten Wahlsieg neuerlich in den Präsidentenpalast einzuziehen. Im Amt setzte er dann alle erlaubten und selbst illegale Mittel ein, um via Referendum die Zustimmung zu einem Freihandelsabkommen mit den USA zu bekommen. Die Protestbewegung wurde kriminalisiert und mit für Costa Rica ungewöhnlich harten Methoden unterdrückt. Trotzdem ging der Volksentscheid im Oktober 2007 nur um Haaresbreite zugunsten des heftig umstrittenen Abkommens aus.

Seit 2014 wird Costa Rica vom gemäßigt linken Universitätsprofessor Luis Guillermo Solís Rivera von der Partei Partido de Acción Ciudadana (PAC) regiert. Sein deutlicher Wahlsieg in einer Stichwahl beendete das Zweiparteiensystem der sozialdemokratischen PLN und der christdemokratischen PUSC, die seit der Revolution von 1948/49 sämtliche Präsidenten gestellt hatten. Solís versprach gesellschaftsliberale Reformen wie die Anerkennung gleichgeschlechtlicher Partnerschaften und die Lockerung des Abtreibungsverbots. Er erfüllte die Vorgabe der eigenen Partei, das Kabinett zu 50 Prozent mit Frauen und zu 30 Prozent mit Vertretern der jungen Generation zu besetzen, verringerte das Fiskaldefizit und beendete einen von der Vorgängerin Laura Chinchilla geerbten Lehrerstreik. Die unter der Vorgängerregierung verschärften Reibereien mit dem Nachbarn Nicaragua setzten sich fort. Zur Halbzeit seiner vierjährigen Amtszeit erfreute sich Solís dennoch hoher Popularitätswerte.

Die Schweiz Zentralamerikas

Costa Rica ist ein ganz besonderes Land, das nur durch eine Bosheit der Geschichte in Zentralamerika »gelandet« ist. Diesen Eindruck erhält, wer die Selbstdarstellung der Ticos zu hören bekommt. Ticos nennen sie sich, weil sie das im Spanischen sehr häufig gebrauchte Diminutiv nicht auf -ito bilden, sondern auf -ico. Also: chiquitico, statt chiquitito, sehr klein. Das Klischee von der Schweiz Zentralamerikas wird auch oder vielleicht gerade in Zeiten wirtschaftlichen und sozialen Abschwunges gern gepflegt. Die Costa-Ricaner sind weißer, gebildeter und kultivierter als ihre Nachbarn. Sie sind fleißig, sauber und friedliebend. So die Selbsteinschätzung, die zumindest hinsichtlich des europäischen Blutes und des Bildungsniveaus zutrifft. Auch beim Human Development Index, dem vom Entwicklungsprogramm der Vereinten Nationen (UNDP) erhobenen Index der menschlichen Entwicklung, spielt Costa Rica mit Rang 69 (2015) in einer anderen Liga als die zentralamerikanischen Nachbarn (El Salvador: 116, Nicaragua: 125, Guatemala: 128, Honduras: 131).

Besonders von den Nicaraguanern grenzen sie sich deutlich ab. Die Nicas sind in Costa Rica die Tschuschen oder Kanaken, die legalen und illegalen Einwanderer, die die Wirtschaft am Laufen halten, die Drecksarbeit erledigen und wegen ihres fremden Akzents belächelt werden. Gern macht man sie auch für den Anstieg der Kriminalität, die Korruption und die Zunahme der Arbeitslosigkeit verantwortlich. Mehr als eine halbe Million Nicaraguaner schuften auf den Bananenplantagen am Sarapiquí, in Restaurants von San José und Liberia, bei Busunternehmen, als Gärtner oder Hausmädchen in Mittelschicht- oder Bürgerfamilien.

Die Vorurteile werden vor allem von der Unterschicht gepflegt, also jenen sozialen Gruppen, die am meisten zu verlieren haben. »Diese Leute projizieren ihre Ängste vor dem sozialen Ausschluss auf die Schwächsten«, meint Professor Carlos Sandoval García, der das Buch, »Otros Amenazantes«, über die nicaraguanischen Einwanderer geschrieben hat. »Die Nicaraguaner sind das, was wir nicht sein wollen«, schreibt der Professor der Universidad de Costa Rica, »die anderen, gegenüber denen sich die Costa Ricaner als *wir* bezeichnen.« Man schreibt ihnen Eigenschaften zu, die man ablehnt: gewalttätig, betrunken, ungebildet, kriminell, Schürzenjäger.

Costa Rica hatte im zentralamerikanischen Bund immer eine Sonderstellung. Dem Land fehlte eine Oligarchie. Genauso untypisch für die Region: Mit Juan Rafael Mora wurde 1825 nicht ein General, sondern ein Lehrer zum ersten Präsidenten gewählt. Es ist das einzige Land des Isthmus, in dem, ähnlich wie in Europa, eine sozialdemokratische und eine christsoziale Partei das politische Geschehen bestimmten und einander mit schöner Regelmäßigkeit in der Regierung abwechselten.

Zu Guatemala steht Costa Rica in einem Konkurrenzverhältnis, denn Costa Rica beansprucht kraft seiner jahrzehntelang ungebrochenen Demokratie und seiner wirtschaftlichen Entwicklung eine Art unausgesprochene Vorherrschaft auf dem Isthmus. »Ihr glaubt, wir leben noch im Generalkapitanat«, heißt ein oft geäußerter Vorwurf an Guatemalteken, die nicht verstehen wollen, dass die Zeit vorbei ist, da ihr Land als Verwaltungssitz der fünf Provinzen eine besondere Rolle spielte. Bis zur Unabhängigkeit 1821 war Guatemala nicht nur das administrative, sondern auch das kulturelle und intellektuelle Zentrum der Region zwischen Mexiko und Kolumbien. Erst im 20. Jahrhundert konnte sich Costa Rica durch seine demokratische Revolution und die Abschaffung der Armee mit moralischem Anspruch über die nördlichen Nachbarn erheben.

Ökotourismus und Wellenreiten

Costa Rica hat sich weltweit zu einer beliebten Destination für Surfer entwickelt. Die privilegierte Lage zwischen zwei Ozeanen und eine Vielfalt an Möglichkeiten für alle Leistungsklassen werden erfolgreich beworben. Das Land hat auch früh die Zugkraft des Etiketts Ökotourismus entdeckt. Es gibt sanften Tourismus in den Urwäldern, Lodges zur Tierbeobachtung im Dschungel, und auch die Strände werden nach ökologischen Kriterien überprüft. Eine Initiative von öffentlichen Institutionen, Privatunternehmen und Bürgern der Strandgemeinden hat ein Gütesiegel, die Ökologische Blaue Fahne (Bandera Azul Ecológica), geschaffen, das an jene Strände vergeben wird, die sich durch die Qualität des Meerwassers, des Trinkwassers in der Gemeinde, Umweltschutz, Sicherheit, die Verfügbarkeit sanitärer Einrichtungen, eine umweltgerechte Abfallentsorgung und die Beschilderung mit Sicherheitshinweisen an den Stränden auszeichnen.

Panama – Kanal und Briefkästen

Was soll man von einem Land halten, das seine Existenz einem Kanal verdankt, den es nicht selbst gebaut hat und für den es einen Teil seiner Souveränität aufgeben musste? Panama liegt am schmalsten Teil des Doppelkontinents, dessen geostrategische Bedeutung schon die spanischen Eroberer erkannten. Hier erblickte Vasco Núñez de Balboa am 29. September 1513 als erster Europäer den Stillen Ozean und nahm ihn »bis zum jüngsten Gericht der Sterblichen« für die spanische Krone in Besitz. Wenige Jahre später schon überlegte Kaiser Karl V., ob man dort die Küsten der Neuen Welt durch einen interozeanischen Wasserweg miteinander verbinden sollte.

Seit den Enthüllungen um die Panama Papers im April 2016 ist Panama in aller Munde als Heimat der Briefkästen, als Oase für hinterzogene Steuergelder aus aller Welt. Nirgendwo auf dem Südteil des Kontinentes ist die Bankendichte größer als in Panama-Stadt. Der Mexikaner Angel Gurría, Generalsekretär der Industrieländervereinigung OECD, verortet dort gar »die letzte große Bastion für Steuerflüchtlinge«. Tatsächlich gehört das Offshore-Geschäft zu den wichtigsten Einnahmequellen des Landes. Was sich dort politisch tut, wird im Ausland nur wahrgenommen, wenn sich Turbulenzen oder Umstürze auf das Geschäft oder die Funktionsfähigkeit des Kanals auswirken.

Dennoch sollte diese Landbrücke auch als eigenständiger Staat mit wechselvoller Geschichte ernst genommen werden. Anfang des 16. Jahrhunderts diente Castilla de Oro, wie die vom sagenhaften Goldland besessenen Spanier die Provinz anfangs nannten, als Ausgangspunkt für die Eroberung von Costa Rica und Nicaragua einerseits und von Peru andererseits. Von Panama startete die Expedition der blutrünstigen Konquistadoren Francisco Pizarro und Diego de Almagro ins Inkareich, wo sie endlich die unermesslichen Schätze erschließen sollten, die Spanien zur führenden Weltmacht machten. Ein Königsweg (Camino Real) von 80 Kilometern Länge wurde von Ozean zu Ozean geschlagen, etwa dort, wo im 19. Jahrhundert die erste Eisenbahnlinie durch die Landenge entstand. Der Camino Real endete aber nicht an der heutigen Karibikmetropole Colón, sondern am Hafen Portobelo. Den hatte Christoph Kolumbus auf seiner vierten Reise 1502 als erste spanische Siedlung auf amerikanischem Festland gegründet, ohne zu ahnen, wie nah die andere Küste liegt. Portobelo erhielt das königliche Privileg, einmal jährlich eine Handelsmesse abzuhalten, wo Edelmetalle und tropische Produkte gegen Waren aus Europa getauscht wurden. Der französische Historiker Pierre Chaunu schätzt, dass von Mitte des 16. bis Mitte des 17. Jahrhunderts etwa 55 bis 60 Prozent des Warenaustausches zwischen Spanien und Amerika über Nombre de Dios (das spätere Colón) und Portobelo abgewickelt wurden. Deswegen waren diese Häfen auch bevorzugtes Ziel der englischen, französischen und niederländischen Freibeuter, die damals in der Karibik ihr Unwesen trieben. Sie waren lange Zeit mit Kaperbriefen, offiziellen Lizenzen ihrer Regierungen, ausgestattet, weil sie die aufstrebende Handelsmacht Spanien schädigten. Francis Drake brannte 1572 Nombre de Dios nieder und drang bis Panama-Stadt vor. Vertreter der englischen Krone erwiesen dem Korsaren noch im 20. Jahrhundert eine Meile vor Portobelo die Ehre, dort, wo er nach seinem Tod durch ein tropisches Fieber auf See bestattet worden war.

Nach dem Frieden von Utrecht 1713, der den Briten den Sklavenhandel nach Hispanoamerika erlaubte, wurde Portobelo zum Sklavenmarkt und zur Schmuggelbörse. Gegen Ende des 18. Jahrhunderts stellte man neuerlich Gedankenspiele über einen transozeanischen Kanal an. Der preußische Gelehrte Alexander von Humboldt griff sie auf und nannte 1811 Panama als eine der drei günstigsten Stellen für einen Durchstich. Es sollte aber noch einige Jahrzehnte dauern – die spanischen Kolonien hatten inzwischen ihre Unabhängigkeit erkämpft, und Panama war eine Provinz Kolumbiens –, bis französische Investoren die Lizenz für einen Kanalbau erwarben. Ferdinand de Lesseps, dem der Bau des Suezkanals Geld und Ruhm eingebracht hatte, war überzeugt, dass das Gelände einen Meeresniveaukanal – also einen ohne Schleusen – zulässt. Das Unterfangen endete im Sumpf des Tropenwaldes und der Korruption. 20 000 Arbeiter, die von Malaria und Gelbfieber dahingerafft wurden, bezahlten das Abenteuer mit dem Leben. Ihre Gräber können vor der Engstelle des sogenannten Culebra Cut heute noch besichtigt werden. Lesseps war 1889 bankrott. Frankreichs Innenminister Émile Loubet, der eine Untersuchung dieses frühen Bauskandals stoppen wollte, kostete das den Posten. Lange Zeit rief man in Frankreich »Quel Panama«, wenn man sich über ein heilloses Durcheinander erregte.

Inzwischen waren die USA zur Weltmacht aufgestiegen. Die Monroe-Doktrin von 1823 hatte den Anspruch der Vereinigten Staaten auf alleinige Vorherrschaft auf dem Kontinent angemeldet. Bereits zur Wende ins 20. Jahrhundert war der junge Staat in der Lage, diesen Anspruch durchzusetzen. Die Kontrolle über einen interozeanischen Wasserweg sollte die Kontrolle über den Kontinent komplettieren. Dass er durch Panama führen würde, war im Jahr 1900 noch keineswegs ausgemacht. Im Kongress gab es eine deutliche Mehrheit für einen Kanalbau in Nicaragua, zumal die parallel laufenden Verhandlungen mit Kolumbien sich schwierig gestalteten. Dass die Entscheidung dann doch zugunsten von Panama fiel, ist nicht zuletzt der intensiven Lobbyarbeit des französischen Ingenieurs Philippe Bunau-Varilla zu verdanken. Er antichambrierte nicht nur im Kongress in Washington, sondern konspirierte auch in Panama, wo eine Gruppe von Notabeln, die auf gute Geschäfte mit einem Kanal spekulierte, die Loslösung von Kolumbien plante. Ohne ein klares Signal, dass die USA einen Umsturz unterstützen würden, hätten die Verschwörer allerdings von ihrem Vorhaben abgelassen. Am 3. November 1903 erklärten die Separatisten die Unabhängigkeit, während je drei Kriegsschiffe der USA an den Küsten die Flanken sicherten und das Anlanden kolumbianischer Truppen verhinderten. Da

Kolumbien durch einen dreijährigen Bürgerkrieg geschwächt, auf Gegenwehr verzichtete, ging die Rebellion unblutig über die Bühne. Noch am Abend kabelte Rebellenführer Manuel Amador Guerrero an US-Außenminister John Hay in Washington: »Unabhängigkeit des Isthmus ohne Blutvergießen erklärt. Kanalvertrag gerettet.« Kaum zwei Wochen später unterzeichnete dann der junge Staat einen Vertrag mit den USA, in dem er »für ewige Zeiten« die Souveränität über die künftige Kanalzone abtrat und der Schutzmacht das Interventionsrecht auf dem gesamten Staatsgebiet einräumte.

Beim Kanalbau konnten die USA die modernste Technik und die besten Ingenieure einsetzen. Nach dem Scheitern von Lesseps mit dem Meeresniveaukanal entschied man sich für Schleusensysteme, die die Schiffe 26 Meter anheben sollten. Dafür brauchte man gigantische Mengen an Süßwasser, das aus dem zum Gatún-See aufgestauten Río Chagres geliefert wurde. 14 Dörfer verschwanden in dem künstlichen See von der Größe des Bodensees. Die 366 Meter langen, 49 Meter breiten und 12,8 Meter tiefen Schleusenkammern verbrauchten beim Heben und Senken eines Schiffes 200 Millionen Liter Wasser, die dann ins Meer abgeleitet wurden. Während der zehnjährigen Bauarbeiten, die 400 Millionen US-Dollar kosteten, starben 5000 Arbeiter an Sumpffieber oder bei Unfällen. Am 15. August 1914 war es dann soweit: Der Dampfer Ancona mit 200 Gästen und einer Musikkapelle an Bord durchquerte als erstes Schiff den Kanal.

Ozeanriesen wurden fortan so gebaut, dass sie gerade noch in die Schleusen passten. Schiffe der sogenannten Panamax-Klasse oder PanMax sind nach den Bestimmungen der Panamakanal-Behörde maximal 294,3 Meter lang, 32,3 Meter breit und haben einen Tiefgang von nicht mehr als 12,04 Metern. Spielraum für Fehler bei der Steuerung bleibt da kaum. Deswegen muss jedes Schiff einen Lotsen an Bord nehmen. Bis zu 14000 Schiffe jährlich passieren den Kanal, der ihnen einen Umweg von 15000 Kilometern und zwei Wochen Fahrt um Kap Hoorn erspart.

Patrioten und Putschisten

In Panama existierten zwei Parallelwelten: die 16 Kilometer breite und 80 Kilometer lange Kanalzone unter der Verwaltung der USA und der Rest des Landes beiderseits des Kanals. Die schmucken Häuser mit Klimaanlage, Swimmingpool und gepflegtem Rasen vor der Tür unterschieden sich kaum von denen einer Vorortsiedlung in Florida oder Kalifornien. Das Gesetz der USA sorgte für Ruhe und Ordnung, Panamaer wurden nur geduldet. Es wehte zunächst die Flagge der Stars and Stripes. US-Amerikaner bekamen für die gleiche Arbeit viermal so viel bezahlt wie die Kollegen aus Panama. Vierzehn Militärbasen und die School of the Americas erinnerten die Panamaer Tag und Nacht daran, dass sie in einem besetzten Land lebten. Panama hat nie eine eigene Währung gehabt. Aus Nationalstolz nennen die Panamaer den US-Dollar Balboa und prägen eigene Münzen mit dem Konterfei des Eroberers Vasco Núñez de Balboa.

Kein Wunder, dass Politiker, die an den Patriotismus ihrer Landsleute appellierten, großen Anklang fanden. Allen voran Arnulfo Arias Madrid, der 1940 erstmals zum Präsidenten gewählt wurde. Er hing einer krausen Rassenideologie an und bewunderte Europas Faschisten. Was ihn aber auf Konfrontationskurs zur Schutzmacht brachte, war sein Ansinnen, die Kanalverträge neu zu verhandeln. Das Stehaufmännchen Arias gewann unzählige Wahlen, wurde aber jedes Mal nach wenigen Monaten weggeputscht oder durch Wahlbetrug an der Machtergreifung gehindert. Seine rabiat antikommunistische Partido Panameñista stützte sich auf die nicht-weiße unterprivilegierte Bevölkerungsmehrheit, während die traditionellen Parteien die Interessen der kleinen weißen Oligarchie vertraten. Neben einigen Sozialreformen führte er auch das Frauenwahlrecht ein. Jedes Mal, wenn seine Amtszeit vorzeitig beendet wurde, standen die USA an der Seite der Putschisten.

Um patriotische Aufwallungen zu besänftigen, verfügte Präsident John F. Kennedy 1963, dass die panamaische Flagge auch in der Kanalzone – neben der US-amerikanischen – wehen durfte. Doch die Umsetzung erfolgte so zögerlich, dass nationalistische Studenten am 9. Januar 1964 selbst zur Tat schritten und vor der Balboa High School in der Kanalzone das panamaische Banner aufzuziehen versuchten. Sie scheiterten am tätlichen Widerstand von »Zonians« – US-amerikanischen Bewohnern der Kanalzone, die ein heiliges Recht auf dieses Land beanspruchten. Es folgten Unruhen, die nach drei Tagen 21 Tote auf panamaischer Seite und vier tote US-Soldaten hinterließen.

Die »Flaggentumulte« blieben nicht ohne Folge. US-Präsident Lyndon B. Johnson zeigte sich zu einer Revision der Kanalverträge bereit. Doch blieb es bei einem Entwurf, der nie zur Ratifizierung vorgelegt wurde. Was auf dem Tisch lag, hätte die US-Präsenz und -Kontrolle bis zum Jahr 2067 fortgeschrieben und den USA das Recht eingeräumt, einen zweiten Kanal auf Meeresniveau zu bauen. Dieses Projekt erhielt den Todesstoß, als General Omar Torrijos 1968 gegen den gerade wiedergewählten Arnulfo Arias putschte. Torrijos, der auf das Wohlwollen der USA zählen konnte, entpuppte sich als begnadeter Populist mit sozialer Ader. Nach Ausschaltung des Parlaments und Verbot politischer Parteien regierte er diktatorisch und äußerst pragmatisch. Einerseits zeigte seine Regierung mit der Verstaatlichung der Stromversorgung und des Fernmeldewesens, dem Schaffen von Staatsbetrieben in der Zucker- und Zementindustrie und der Förderung von Genossenschaften sozialistische Züge, andererseits nutzte der General die geschützte Lage des Landes als US-Protektorat, um ein internationales Finanzzentrum zu schaffen. Die Einführung eines strengen Bankgeheimnisses lockte Steuerflüchtlinge und Schwarzgeld aus aller Welt an. Praktisch über Nacht ließen sich in Panama-Stadt über hundert Banken nieder. In Colón, am anderen Ende des Kanals, entstand gleichzeitig eine Freihandelszone, die an Umsätzen nur von Hongkong übertroffen wurde. Eine Landreform blieb wenig erfolgreich, und die Investitionen in Gesundheitswesen, Bildung und Hausbau hinterließen einen enormen Schuldenberg.

Die Popularität, der sich der General erfreute, überzeugte auch Schriftsteller wie Graham Greene und Gabriel García Márquez. Auch Sozialdemokraten aus aller Welt hofierten den Diktator, der mit politischen Gegnern nicht zimperlich umging. Er ließ sie einsperren, in die Verbannung schicken oder – in wenigen Einzelfällen – töten. Die Loyalität der Nationalgarde sicherte er sich durch das Tolerieren einer endemischen Korruption, die viele Offiziere zu reichen Männern machte. Schmuggel, Drogenhandel oder der Handel mit Visa für die USA ließen Schwarzgeld lange Zeit sprudeln.

In Erinnerung bleiben wird Torrijos aber als der Mann, der den USA den Kanal abgetrotzt hat. »Ich will nicht in die Geschichtsbücher. Ich will in die Kanalzone«, hat er einmal einem Reporter beschieden. Er wusste nicht nur ganz Lateinamerika an seiner Seite, sondern auch die Vereinten Nationen, deren Sicherheitsrat 1973 bei einer Sondersitzung in Panama eine Resolution im Sinne des Landes fasste, die nur am Veto der USA scheiterte. Bei den Präsidentenwahlen 1976 in den USA war die Panamakanal-Frage ein zentrales Thema. Es setzte sich der Demokrat Jimmy Carter gegen den republikanischen Hardliner Ronald Reagan durch. Für ihn war die fortgesetzte Militärpräsenz in der Kanalzone wichtiger als die Kontrolle über den Kanal, der früher oder später seine Bedeutung verlieren würde. Panama hatte schließlich als Ausgangspunkt für praktisch alle Militärinterventionen auf dem Subkontinent gedient. Die raffinierten Abhöranlagen ermöglichten die Überwachung bis ins ferne Chile.

Der 1977 ratifizierte Kanalvertrag sah eine schrittweise Übergabe der Kanalzone und die ebenso schrittweise Übernahme der Kanalverwaltung durch Panama vor. Am 31. Dezember 1999 sollte der Wasserweg schließlich ebenso in panamaische Hände übergehen wie die letzten Militärbasen. Ohne Einwilligung Panamas durften die USA keinen weiteren Kanal bauen. Das Interventionsrecht blieb nur für den Fall aufrecht, dass die Neutralität des Kanals gefährdet sein sollte.

Nach Vollendung seines Lebenswerkes trat Torrijos 1978 als Regierungschef zurück und installierte den Juristen Arístides Royo als Präsidenten. Im August 1981 starb er unter bis heute ungeklärten Umständen bei einem Flugzeugabsturz. Roberto Díaz Herrera, ein ehemaliger Oberst unter Diktator Noriega und Cousin von Torrijos, behauptet in seinem 2009 erschienenen Buch »Estrellas Clandestinas«, dass der populäre General von Manuel Antonio Noriega im Auftrag des US-Geheimdienstes CIA ermordet worden sei.

Der Geheimdienstchef Noriega, ein enger Vertrauter Torrijos' und langjähriger Verbindungsmann der CIA in Panama, übernahm jedenfalls nach erfolgreichem Intrigenspiel drei Jahre später die Führung der Nationalgarde und damit de facto die Herrschaft im Lande. 1984 verhinderte er einen neuerlichen Wahlsieg des inzwischen 83-jährigen Arnulfo Arias durch offene Schiebung und setzte seinen Kandidaten, den willfährigen Ökonomen Nicolás Ardito Barletta in den Präsidentenpalast.

Jahrelang versuchte Noriega auf allen Hochzeiten zu tanzen: Er stand im Sold der CIA mit dem Auftrag, Drogenbosse im Land auffliegen zu lassen, mischte aber selbst im Kokaingeschäft mit. Er bediente die nationalistischen Kräfte in der Armee mit einem rabiat antiimperialistischen Diskurs, die Armen mit sozialistischen Parolen und sorgte gleichzeitig dafür, dass der Bankenplatz Panama gut im Geschäft blieb.

Als die panamaische Mittel- und Oberschicht 1986 begann, gegen die Willkür des Generals zu demonstrieren, zeigten die USA noch wenig Interesse an einem Regimewechsel. Die Nationalgarde machte großzügig Gebrauch von Tränengas und Knüppeln. Doch bei seinem Spagat zwischen Drogenhandel und Drogenbekämpfung rutschte Noriega zunehmend auf die Seite der Händler. Ein Abgang unter Wahrung des Gesichts, den die USA ihrem verdienten Mitarbeiter ermöglichen wollten, wurde abgelehnt. So wurden im Februar 1988 in Florida Prozesse wegen Drogenhandels und Geldwäsche gegen ihn eröffnet. Gleichzeitig machte Oberst Roberto Díaz Herrera ein langes Sündenregister Noriegas – Wahlbetrug, Mord, CIA-Kollaboration – öffentlich. Ein Putschversuch schlug fehl. Nach dem Scheitern geheimer Verhandlungen wurde in Washington ein Umsturzversuch ausgebrütet, der auch Noriegas Ermordung in Betracht zog. Der Geheimdienstausschuss im US-Senat blockierte das Vorhaben aber. Im Mai 1989 gewann Oppositionskandidat Guillermo Endara die Präsidentschaftswahlen. Noriega annullierte das Wahlergebnis, die USA zogen ihren Botschafter ab und schickten zusätzliche 2000 Soldaten in die Kanalzone. Als weder Wirtschaftssanktionen noch ein Vermittlungsversuch der Organisation Amerikanischer Staaten (OAS) Noriega in die Knie zwingen konnten und sich der General im Dezember 1989 zum Staatschef mit unbegrenzten Vollmachten ernennen ließ, kamen die USA immer mehr unter Zugzwang.

Operation »Gerechte Sache«

Am 20. Dezember 1989 beendete eine militärische Intervention mit 26 000 Mann das Kräftemessen. Die Hälfte der Soldaten war bereits in der Kanalzone stationiert gewesen. Obwohl die USA im 20. Jahrhundert dutzende Male in Lateinamerika militärisch interveniert hatten, war die »Operation Just Cause« in jeder Hinsicht außergewöhnlich. Mit dem massiven Truppen- und Materialeinsatz war es die größte Militäroperation seit dem Vietnamkrieg. Seit dem Kampf um die Rheinbrücken gegen Ende des Zweiten Weltkrieges hatte die berühmte 82. Luftlandedivision nicht so viele Fallschirmjäger abgesetzt, nämlich 4500. Ihre Aufgabe war es, den internationalen Flughafen, das Elektrizitätswerk und den Madden-Damm, dessen Speichersee das Wasser für den Kanal liefert, zu sichern. In 14 Stunden registrierte die Erdbebenstation der Universität von Panama nicht weniger als 417 Bombeneinschläge. Die meisten von ihnen gingen in den und um die ärmsten Stadtteile nieder, die in unmittelbarer Nachbarschaft zu panamaischen Militärbasen lagen.

Obwohl die Operation nach unabhängigen Schätzungen zwischen 4000 und 7000 Menschenleben kostete (das Südkommando der US-Streitkräfte meldete den Tod von 314 panamaischen Soldaten und 202 Zivilisten), wurden die Invasoren in den meisten Landesteilen enthusiastisch begrüßt. Außer in einigen Kasernen gab es kaum Widerstand. Der gewählte Präsident Guillermo Endara wurde in der Kanalzone als neuer Staatschef vereidigt. General Noriega flüchtete in die apostolische Nuntiatur. Es folgte ein mehrtägiges diplomatisches Tauziehen. Am 3. Januar 1990 setzte der Nuntius der Belagerung ein Ende, als er den gestürzten Diktator auslieferte. 1992 verurteilte ihn ein Gericht in den USA wegen Drogenhandels, Schutzgelderpressung und Verschwörung zu einer 40-jährigen Haftstrafe, von der er 17 Jahre absaß. 2010 wurde er an Frankreich ausgeliefert, wo eine weitere Verurteilung zu sieben Jahren folgte. Aber schon 2011 gaben die Franzosen dem Ansuchen der Republik Panama statt und lieferten den prominenten Häftling aus. Seither sitzt er in der Haftanstalt El Renacer direkt am Panamakanal. Über die wirklichen Gründe für die Invasion ist viel diskutiert worden. Mit Noriega als Geheimdienstinformant hatten die USA lange Zeit gut gelebt. Selbst seine Drogengeschäfte wurden lange Zeit toleriert, waren seine Beziehungen doch auch nützlich, als man die nicaraguanischen Konterrevolutionäre heimlich mit Kokaingeschäften finanzierte. Der damals regierende George Bush senior hatte vorher als Vizepräsident unter Ronald Reagan und als CIA-Chef enge Beziehungen zum panamaischen General unterhalten. Bush hatte die Zusammenarbeit befürwortet, obwohl man in Washington von den Drogengeschäften wusste. Bush soll Noriega sogar als Mittelsmann benutzt haben, um vor der Invasion auf der Karibikinsel Grenada im Oktober 1983 Fidel Castro zum Stillhalten zu überreden.

Noriega selbst sah sich als Opfer einer Interventionspolitik der USA, die die Kanalverträge annullieren und über das Jahr 2000 hinaus in Panama militärisch präsent bleiben wollten. Er als standhafter Nationalist habe diesen Plänen im Wege gestanden. Einiges spricht dafür, dass der unberechenbare Diktator tatsächlich als Hindernis für die Erfüllung der Kanalverträge gesehen wurde. Die Befürchtung, dass die Übergabe des Kanals von Washington boykottiert werden sollte, hat sich inzwischen erledigt. Die USA zogen am 31. Dezember 1999 ihre verbliebenen Truppen ab und übergaben den Kanal in panamaische Verwaltung.

Der große Kanal und der Wirtschaftsboom

Panama hat sich nach Jahren der Isolation in Lateinamerika als Schoßhündchen der USA zu einem normalen Land entwickelt. Parteien, die sich in der sozialreformatorischen Tradition von Omar Torrijos sehen, und politische Kräfte der alten Oligarchie wechseln einander an der Regierung ab. Auf Martín Torrijos, einen Sohn des Generals, folgte 2009 der Supermarkt-Millionär Ricardo Martinelli. Während seiner Amtszeit sonnte er sich in der Begeisterung der Business-Community. Die Wirtschaftsblätter *Wall Street Journal* und *The Economist* sangen Lobeshymnen auf den dynamischen Unternehmer, der das Land wie einen Konzern verwaltete. Die Wirtschaft boomte mit jährlichen Wachstumsraten zwischen 6 und 9,7 Prozent, den höchsten auf dem Kontinent. Die Rating-Agenturen belohnten diese Performance mit Upgradings. Auch die Armutsrate sank. Selbst die Einkommensschere zwischen den Reichsten und den Ärmsten verkleinerte sich messbar. Da wurde auch gern über die gewerkschaftsfeindliche Gesetzgebung und den Einsatz honduranischer Streikbrecher hinweggesehen. Martinelli bat durch neue Steuergesetze sogar die Reichen zur Kasse. Das Business Center von Panama-Stadt erlebte eine neue Hochblüte. Mit dem luxuriösen 284 Meter hohen 70-stöckigen Trump Ocean Club wurde das höchste Gebäude Lateinamerikas hochgezogen. Der Bau der ersten U-Bahn Zentralamerikas in Panama-Stadt und die 2008 durch Volksabstimmung abgesegnete Erweiterung des Kanals schufen tausende Jobs, durch die auch Geld in die ärmeren Haushalte kam.

Doch nach Martinellis Amtszeit bestätigte sich die vorher nur von der linken Opposition und ausländischen Nichtregierungsorganisationen vorgebrachte Kritik. Der Millionär soll an der Spitze eines Korruptionsnetzwerkes gestanden haben, das bei jedem öffentlichen Auftrag kräftig kassierte. Der Ex-Präsident beteuert zwar seine Unschuld und wittert eine Intrige seines seit 2014 amtierenden Nachfolgers Juan Carlos Varela, entzog sich der Justiz aber durch die Flucht ins Ausland. Martinelli, so Ramón Ricardo Arias, der panamaische Vertreter der Antikorruptionsorganisation Transparency International, habe die im Lande schon immer endemische Korruption »auf ein neues Niveau« gehoben. Außerdem wurde bestätigt, dass er oppositionelle Politiker, konkurrierende Unternehmer und unbequeme Journalisten systematisch abhören ließ.

Die noch unter Martín Torrijos beschlossene Kanal-Erweiterung wurde nach acht Jahren Bauzeit und vielen Verzögerungen Mitte 2016 abgeschlossen. Sie machte den Kanal fit für Schiffe der Post-Panamax-Klasse, die die Schleusen des alten Kanals nicht mehr passieren konnten. Seit dem 26. Juni 2016 dürfen diese Ozeanriesen mit bis zu 14000 Containern an Bord bis zu 366 Meter lang und 49 Meter breit sein und einen Tiefgang von 15,2 Metern haben. 110 Millionen Kubikmeter Erde und Gestein mussten bewegt, neue Zufahrten und zwei neue Schleusen gebaut werden. Die engste Stelle des Kanals, der Culebra Cut, wurde verbreitert und vertieft. Der neue Kanal wird sogar eine Spur ökologischer sein, da 60 Prozent des Wassers, das aus den Schleusen abfließt, wieder hochgepumpt werden kann. Dennoch wird der Wasserverbrauch sich verdoppeln, da kleinere Schiffe immer noch durch die alten Schleusen gelotst werden.

Der Plan, den vergrößerten Kanal 100 Jahre nach der Eröffnung des Panamakanals seiner Bestimmung zu übergeben, schlug fehl. Das unter spanischer Federführung stehende Baukonsortium Grupo Unidos por el Canal (GUPC) hatte vor steigenden Kosten gewarnt und forderte über eine Milliarde US-Dollar an Mehrkosten ein. Die veranschlagten 5,25 Milliarden würden nicht reichen. Während monatelang über das Geld gestritten wurde, standen die Arbeiten still.

Die Bedeutung des erweiterten Kanals für den Warenverkehr ist nicht zu unterschätzen. 1996 wurden laut offiziellen Angaben der Kanalbehörde 235 000 Container durch den Kanal geschleust. 2010 waren es schon 6,5 Millionen. Da die Post-Panamax-Klasse jetzt auch diesen Weg nehmen kann, sollen im Jahr 2020 mehr als zwölf Millionen Container durch den Kanal befördert werden.

Der Kanal ist aber trotz mehrerer Gebührenerhöhungen in den vergangenen Jahren nicht mehr das wirtschaftliche Rückgrat des Landes. Vielmehr sind es der Finanzsektor und die Immobilienspekulation. Nach und nach wurde die kleine koloniale Altstadt in ein Freilichtmuseum verwandelt, Altbauten saniert und mit hohen Gewinnen als Büros verkauft oder vermietet. Nach und nach werden die ehemaligen Militäranlagen der Kanalzone für den Wohnungsbau erschlossen. Die Gentrifizierung nähert sich selbst den zentrumsnahen Armenvierteln. Praktisch alles, was in den vergangenen Jahren an Prestigebauten im modernen Teil von Panama-Stadt hochgezogen wurde, ist privat finanziert. Investoren aus den USA, Kanada und Kolumbien erwarten hohe Renditen. Es liegt nahe, dass ein guter Teil der hier investierten Gelder aus dubiosen Quellen stammt.

Die berüchtigten Geldwaschanlagen, die zuletzt durch die gehackten Panama Papers weltweit ins Gerede kamen, sind heute längst nicht mehr so sichere Häfen für schwarzes Geld wie vor einigen Jahrzehnten. Der von US-Präsident Barack Obama 2010 unterzeichnete Foreign Account Tax Compliance Act (FATCA), der ausländische Banken zur Offenlegung der Konten von US-

Staatsbürgern zwingt, soll die Steuerflucht bremsen. In Panama weigern sich seither viele Banken, für US-Bürger überhaupt Konten einzurichten. Die OECD hat Panama von ihrer schwarzen Liste gestrichen, weil neue Gesetze den automatischen Austausch von Steuerdaten garantieren, zu dem sich bislang 96 Staaten verpflichtet haben und der 2017 in Kraft treten soll. Zuletzt machte Panama, das um seinen Bankensektor fürchtet, allerdings einen Rückzieher. Dennoch: Die große Zeit des boomenden Offshore-Bankenparadieses in Panama dürfte vorbei sein. Finanzberater in den USA empfehlen ihren Klienten eine Geldanlage in Panama nur, wenn sie dort auch leben wollen. Für diskrete Konten raten sie, nach Hongkong oder Singapur auszuweichen.

Belize – karibische Exklave

Man stelle sich ein karibisches Eiland vor, das durch einen Wirbelsturm ans Festland gespült wurde und dort dauerhaft angedockt hat. Bewohnt wird dieses Fleckchen Erde, wie El Salvador kaum größer als Hessen, vom buntesten Völkergemisch Zentralamerikas. Das nur dem Atlantik zugewandte Belize ist für die meisten Menschen in Mittelamerika eine unbekannte exotische Welt mit einer eigenen Geschichte und einer seltsamen Sprache. Belize, das erst 1981 seine Unabhängigkeit von Großbritannien bekam, gehört zu den letzten aus dem Kolonialismus entlassenen Nationen. Staatsoberhaupt bleibt die britische Queen.

Das dünn besiedelte, kleine Land am nordöstlichen Ende Zentralamerikas hat weniger Einwohner als der Bezirk Berlin Mitte, doch seine Bevölkerung wächst weit schneller als die der Nachbarn. Zentrale Achse des Landes ist der fast 300 Kilometer lange Belize River, an dessen Ufern sich ein großer Teil der Bevölkerung angesiedelt hat. Während die flache und sumpfige Küste die etwas modrige Nonchalance der Karibik atmet, bietet das waldreiche Hinterland unzählige Ruinenstädte der alten Mayas – die meisten noch gar nicht aus der mehrhundertjährigen Vegetation freigelegt. Mehr als 2000 Jahre – von 1500 v. Chr. bis etwa 1200 – blühte hier die Maya-Kultur. Man schätzt, dass vor tausend Jahren etwa 400 000 Menschen auf dem Gebiet des heutigen Belize lebten. Also mehr als heute. Die Mayas gaben dem Land auch den Namen. »Belix« heißt »schlammiges Wasser« und bezog sich wahrscheinlich auf den Belize River. Die Mayas waren den Europäern in Astronomie und Mathematik voraus, betrieben aber auch eine vergleichsweise fortschrittliche Landwirtschaft mit komplexen Bewässerungssystemen. Über die Ursachen für den Niedergang der Maya-Kultur herrscht Unklarheit.

Christoph Kolumbus segelte zwar 1502 entlang der Küste von Belize, doch die Spanier bemühten sich wenig um das sumpfige und regenreiche Gebiet. Als spanische Siedler im 17. Jahrhundert schließlich vom Landesinneren her vordrangen, wurden sie von den Nachkommen der Mayas zurückgeschlagen. Englische und niederländische Piraten hingegen nutzten die Buchten als Ausgangspunkte für ihre Beutezüge in der Karibik. In der zweiten Hälfte des 17. Jahrhunderts stiegen die britischen Freibeuter in das profitable Holzgeschäft ein. Spanien, England und andere europäische Mächte hatten sich nämlich 1667 geeinigt, gemeinsam gegen die Piraterie in der Karibik vorzugehen. Über die Ansprüche auf das Territorium des heutigen Belize konnten sich Spanien und England jedoch nicht einigen. Im Frieden von Paris 1763 beanspruchte Spanien zwar die Souveränität über das Gebiet, erlaubte den Briten aber die Holzausbeutung.

Das Territorium wurde von englischen Holzfällern erschlossen, die dort zuerst Blauholz, auch Campeche-Holz genannt, schlugen und diese Arbeit dann afrikanischen Sklaven überließen. Blauholz wurde als Bindemittel für Farbstoffe verwendet und war in den englischen Textilmanufakturen stark nachgefragt. Als der Bedarf an Blauholz nachließ, begann man, die Mahagoni-Bestände aus dem Urwald zu holen. Mitte des 17. Jahrhunderts gründeten Holzfäller Belize City an der Mündung des Flusses, von wo aus die Ware nach Europa verschifft wurde.

Bald lebten viermal mehr afrikanische Sklaven als Weiße in diesem Land, das faktisch weder zu Spanien noch zu Großbritannien gehörte. Sie entwickelten eine eigene Kultur und Sprache, das Creole oder Patois, eine Art Englisch mit veränderter Grammatik und afrikanischen Elementen, das noch heute als Umgangssprache verbreitet ist. Da eine zentralstaatliche Verwaltung fehlte, schufen englische und schottische Siedler, die das meiste Land besaßen, ihre eigenen Gesetze. Ihr Regime verfolgte keine demokratischen Ziele, sondern in erster Linie die Durchsetzung der eigenen Interessen. So wurde sowohl freigelassenen Sklaven als auch Indigenen der Landerwerb untersagt. Deswegen konnte sich auch kein Kleinbauernstand entwickeln wie etwa in Jamaika oder British Guayana. Mehrmals gelang es den Siedlern, spanische Eroberungsversuche abzuwehren. Ausgerechnet die kriegserfahreneren Sklaven spielten dabei eine wesentliche Rolle. Der Jahrestag der entscheidenden Schlacht von St. George's Caye am 10. September 1798 wird noch heute gefeiert.

Der britische Emanzipationsakt, der 1838 die Sklaven befreite, brachte in Belize zunächst keine Verbesserung für die Afrikaner und deren Nachkommen. Denn sie hatten keine Arbeitsalternativen, da ihnen der Landerwerb nicht möglich war. Alle Lebensbereiche waren von Weißen kontrolliert, und so mussten die Freigelassenen zu ähnlichen Bedingungen wie vorher Holz schlagen. Nach der Unabhängigkeit Zentralamerikas von Spanien (1821) und der Auflösung der Zentralamerikanischen Union entschloss sich Großbritannien 1862, das strittige Gebiet als Kronkolonie zu übernehmen, und nannte es British Honduras. Bereits 1859 hatten Großbritannien und die Republik Guatemala einen Vertrag unterzeichnet, der die schnurgerade Grenze zwischen den Ländern festlegte.

Von der Kronkolonie zur Unabhängigkeit

Der Kolonialstatus lockte Investoren an. Die Belize Estate and Produce Company kaufte im großen Stil Land auf und herrschte bald über die Hälfte des Privatlandes. Arbeitskräfte waren billig, denn den Garífunas und Mayas blieb der Landbesitz verboten. Die Holzgesellschaften vertrieben weiterhin mit großer Selbstverständlichkeit die indigenen Einwohner aus ihren Dörfern, wenn sie weiter in den Regenwald vordrangen. Diese Praxis wurde bis Mitte des 20. Jahrhunderts geübt. Die Creoles, also die Nachkommen der afrikanischen Sklaven, wurden hingegen seit 1892 schrittweise an der politischen Willensbildung beteiligt, wenn die Weißen auch die Kontrolle nicht aus der Hand gaben.

Mit der Weltwirtschaftskrise ab 1929 sackte die Nachfrage nach Edelholz ab, die Wirtschaft von British Honduras schlitterte in die Krise. Dann zerstörte ein Hurrikan die Hauptstadt, und die erhoffte Hilfe aus London blieb aus. Die britische Regierung nutzte die Notlage der Kolonie vielmehr, um den Gouverneur mit Sondervollmachten auszustatten und ihre Kontrolle zu stärken. Eine Initiative zur Legalisierung von Gewerkschaften und zur Einführung eines Mindestlohns wurde abgelehnt. Eine Serie von Streiks, Demonstrationen und Unruhen im Jahr 1934 stärkte nationalistische Gefühle und wurde zum Vorboten einer Unabhängigkeitsbewegung, die dann nach dem Zweiten Weltkrieg Fahrt aufnehmen sollte.

1949 machte der Gouverneur von seinen Sondervollmachten Gebrauch, um am Legislativrat vorbei die Währung abzuwerten. In der von Importen abhängigen Wirtschaft waren Preiserhöhungen die Folge. Vor allem die Armen mussten für die Entscheidung, die nur Exporteuren half, bezahlen. Die von den Briten nicht beabsichtigte Folge war ein Erstarken der Unabhängigkeitsbewegung. Ein Volkskomitee wurde gegründet, das sich ein Jahr später in eine politische Partei, die People's United Party (PUP), verwandelte, die sich die Unabhängigkeit auf ihre Fahnen schrieb. 1954 erhielt die PUP bei Legislativwahlen mehr als 66 Prozent Zustimmung und gewann acht von neun Sitzen in der Gesetzgebenden Versammlung.

1961 stimmten schließlich auch die Briten einer Unabhängigkeit ihrer Kolonie zu. Mit der Selbstverwaltung ab 1964 und der Umbenennung in Belize war der erste Schritt getan. Es sollte noch fast 20 Jahre dauern, bis der letzte Schritt vollzogen war. Da Guatemala weiterhin Belize als Teil des eigenen Staatsgebietes beanspruchte, musste man eine Resolution der Vereinten Nationen abwarten, die im November 1980 verabschiedet wurde. Auch in Lateinamerika hatten sich die Kräfteverhältnisse verschoben. Hatten die iberoamerikanischen Staaten traditionell Guatemala den Rücken gestärkt, so stimmten jetzt Kuba, Nicaragua, Mexiko und Panama für die Unabhängigkeit der Kolonie. Das kleine, mit eher symbolischen Streitkräften ausgestattete Land wäre aber einer guatemaltekischen Invasion schwerlich gewachsen gewesen. Deswegen beließ Großbritannien ein Kontingent von 3000 Soldaten im Land. Belize trat also am 21. September 1981 eine Zukunft als eigenständiger Staat an, belastet von der paradoxen Tatsache, dass seine Unabhängigkeit von der ehemaligen Kolonialmacht garantiert werden musste. Die britischen Truppen zogen bis auf ein symbolisches Kontingent 1994 ab, nachdem Guatemala den kleinen Nachbarstaat zwei Jahre zuvor formal anerkannt hatte. Dass Guatemala seinen Anspruch auf das Gebiet aber bis heute aufrechterhält, zeigen die dortigen nationalen Landkarten, auf denen Belize als 23. Departamento ins Staatsgebiet integriert ist. Zuletzt zog Guatemala nach einem Grenzzwischenfall im April 2016 in einer Drohgebärde 3000 Soldaten an der Grenze zusammen.

Belize ist traditionell zur Karibik orientiert und pflegt gute Beziehungen zu den anglophonen Antillenstaaten. Doch die zunehmende Integration in die zentralamerikanischen Strukturen trägt den demographischen Verschiebungen Rechnung.

Ethnische Spannungen

Lange Zeit regierte die Mitte-links orientierte PUP mit satten Mehrheiten. 1993, als der Neoliberalismus seinen Siegeszug in Zentralamerika antrat, übernahm die wirtschaftsliberale United Democratic Party (UDP) für fünf Jahre die Regierung. Seither wechseln sich die beiden Parteien einander in schöner Regelmäßigkeit ab.

2008 stellte die UDP mit Dean Oliver Barrow den ersten schwarzen Premierminister. Das ursprünglich von Creoles dominierte Völkergemisch hatte sich inzwischen verschoben. Durch Einwanderung aus Mexiko und Zentralamerika sind heute etwa 50 Prozent der 352 000 Einwohner Mestizen und nur mehr 21 Prozent Kreolen. Ein Zehntel sind Mayas, fünf Prozent Garífunas. Die restlichen neun Prozent verteilen sich auf Europäer, Inder und Chinesen. Weitere 160 000 Belizer leben im Ausland, vor allem in den USA. Etwa ein Drittel davon wurde dort bereits eingebürgert.

Das Idyll des friedlichen Zusammenlebens der Völker hielt den wirtschaftlich schwierigen Zeiten zu Beginn unseres Jahrhunderts nicht stand und entpuppte sich als Mythos. Vor allem die Kreolen sahen sich auf der Verliererseite eines Migrationsstroms. Nach dem Ende der bewaffneten Konflikte in Zentralamerika werden die Menschen aus den Nachbarstaaten allgemein als Wirtschaftsflüchtlinge betrachtet, die vom höheren Lohnniveau in Belize angelockt werden. In der Folge nehmen fremdenfeindliche Parolen und selbst Handgreiflichkeiten zu. Mestizische und indianische Zuwanderer aus Guatemala werden als Wetbacks etikettiert, weil sie den Grenzfluss Río Sanstún schwimmend überwunden haben. Für Mexikaner haben sich Schimpfwörter wie Tacos und Enchiladas eingebürgert. Parallelen zu Europa im Jahre 2016 drängen sich auf.

Probleme mit dem Spracherwerb gibt es kaum. Im Gegenteil: Mexikaner und Zentralamerikaner schreiben ihre Kinder in englischen Schulen ein, damit sie die offizielle Landessprache lernen. Ziel ist aber für viele nicht die volle Integration, sondern das Schaffen besserer Voraussetzungen für eine Emigration in die USA. Das wird von vielen Belizern als Opportunismus gesehen und heizt die ethnischen Spannungen noch an.

Der Rassismus als koloniales Erbe bleibt latent. Auch bei den Mayas, die sich in erster Linie als solche und erst in zweiter Linie als Belizer sehen, herrschen Vorurteile gegen Schwarze.

Weitgehend unberührt von negativen ethnischen Vorurteilen sind die Mennoniten, die 1958 von Mexiko in den Westen von Belize eingewandert sind. In British Honduras waren die fleißigen Deutschen willkommen, weil sie einen Ruf als tüchtige Landwirte haben und tatsächlich das Land mit Nahrungsmitteln versorgen. Die etwa 6000 Wiedertäufer pflegen auch 400 Jahre nach ihrer Flucht vor religiöser Verfolgung aus Deutschland noch ihren plattdeutschen Dialekt und verweigern Integration ebenso wie den Gebrauch moderner Technologie. Das trifft zumindest auf die orthodoxe Gemeinschaft von Barton Creek zu, wo weder elektrischer Strom noch Motorfahrzeuge Einzug gehalten haben. Man fährt noch immer mit dem Pferdewagen und pflügt den Acker mit dem Ochsengespann. In der streng patriarchalen Gesellschaft haben die Frauen, die lange Kleider und Strohhüte tragen, wenig zu sagen. Sie bekommen in eigenen Schulen nur das Grundrüstzeug für das Leben. Die meisten sprechen nicht einmal Englisch oder Spanisch. Musik, Tanz, Fußball und andere Vergnügungen gelten als Teufelszeug. Die Freizeit wird dem Bibelstudium gewidmet. Radio und Fernsehen bleiben verbannt. Die Kolonie von Spanish Lookout hat sich hingegen der Moderne geöffnet. Hier werden Traktoren eingesetzt, es gibt Radios und Handys, und der wirtschaftliche Erfolg ist nicht ausgeblieben.

Der junge Staat

Als 1931 ein Wirbelsturm zwei Drittel von Belize City dem Erdboden gleichmachte, starben über tausend Menschen. Nach der neuerlichen Verwüstung von Belize City durch Hurrikan Hattie im Jahre 1961 folgte man dem Beispiel Brasiliens und gründete eine neue Hauptstadt. Die 80 Kilometer landeinwärts gelegene Reißbrettstadt Belmopan sollte nicht nur dem Wüten der Hurrikane entzogen sein, sondern auch einen demographischen Effekt auslösen. Man erwartete sich eine Magnetwirkung auf die an der Küste und den Flussufern konzentrierte Bevölkerung und die Stärkung des Ackerbaus. Nicht zuletzt standen die Pläne auch in Zusammenhang mit der nationalistischen Bewegung.

Die Architektur der neuen Hauptstadt orientiert sich an den Maya-Pyramiden der Umgebung. Doch die Hoffnungen wurden enttäuscht: Fast 50 Jahre später ist der Regierungssitz noch immer eine Kleinstadt mit kaum 17 000 Einwohnern gegenüber den mehr als 60 000 Bewohnern von Belize City. Selbst Politiker pendeln lieber täglich von dort nach Belmopan, wo es fast unerträglich heiß ist. Nachtleben und Unterhaltung gibt es kaum. So bleibt die Stadt von zentralamerikanischen Zuwanderern geprägt. Belmopan ist seit 1. August 1970 Hauptstadt. Der Name ist ein Kunstwort, das sich aus den Flüssen Belize und Mopan zusammensetzt.

Belize bleibt ein waldreiches Land, mehr als 50 Prozent der Fläche ist mit Wald bedeckt. Ackerland und Siedlungen machen wenig mehr als 20 Prozent aus. Die Bedeutung der Holzwirtschaft ist aber geschwunden. Wichtigstes Exportprodukt ist heute der Zucker, größter Arbeitgeber sind die Bananenplantagen. Der Tourismus als Wirtschaftsfaktor nimmt an Bedeutung zu. Die fast 500 der Küste vorgelagerten Inseln und das 320 Kilometer lange Barriereriff werden von Tauchern geschätzt. Die Flüsse eignen sich für Rafting und Kajak-Fahren. Das größte Höhlensystem Zentralamerikas, Naturparks und die Maya-Ruinen locken Urlauber ins Landesinnere.

In Corozal, nur 15 Kilometer südlich der mexikanischen Grenze gelegen, haben sich in den vergangenen Jahren Pensionärgemeinschaften aus den USA und Europa angesiedelt. Das milde Klima und die vergleichsweise geringen Lebenshaltungskosten versprechen einen angenehmen Lebensabend.

Belize, das traditionell ein Kifferparadies war, ist in den vergangenen Jahren auch in den internationalen Drogenhandel hineingezogen worden. Die Zunahme der Gewaltkriminalität beunruhigt Bevölkerung und Touristen gleichermaßen. Der Ruf nach der Todesstrafe, die nie abgeschafft, aber seit 1985 nicht mehr vollstreckt wurde, wird wieder laut.

Gesellschaftspolitisch ist Belize noch auf konservativem Kurs. Homosexueller Verkehr wird mit bis zu zehn Jahren Haft bestraft. Ausländischen Homosexuellen und Prostituierten ist die Einreise verboten. Eine 2013 von UNAIDS (Joint United Nations

Programme on HIV/AIDS; Gemeinsames Programm der Vereinten Nationen zu HIV/AIDS) erhobene Umfrage ergab zwar 68 Prozent Akzeptanz von Homosexuellen. Doch der Premierminister sieht sich in seiner Ablehnung einer Legalisierung von den Kirchen unterstützt.

Die Macho-Kultur hat sich den Winden der Erneuerung, die von Europa und den USA hereinwehen, widersetzt. Nach wie vor kommt jedes zweite Kind unehelich zur Welt, weil die Männer feste Bindungen scheuen und oft mehrere Geliebte haben. Der Alltag ist vom afrikanischen Wunder- und Geisterglauben geprägt. Unglücksfälle werden schnell der schwarzen Magie zugeschrieben, Kinder müssen gegen den bösen Blick abgeschirmt werden.

Helden und Halunken

Jedes Volk braucht seine Helden. Zentralamerikas Geschichte ist voll von ihnen. Denn gerade für junge Nationen ist die identitätsstiftende Funktion von Nationalhelden von besonderer Bedeutung. In Mittelamerika gibt es die Institution des offiziellen Nationalhelden, dessen an einem bestimmten Tag – in der Regel ist es der Tag, an dem er sein Blut für das Vaterland vergoss – gedacht wird. Manche Länder haben sogar mehr als einen offiziellen Helden. Nur El Salvador hat gar keinen, aber immerhin einen inoffiziellen Heiligen. Der Bulevar de los Héroes, eine zentrale Geschäftsstraße in San Salvador, ist nach den namenlosen Gefallenen im sogenannten Fußballkrieg gegen Honduras (1969) benannt. Es ist auch nicht relevant, dass man über das Leben und die Taten mancher dieser Helden sehr wenig Gesichertes weiß. So von den Anführern der präkolumbischen Völker, die sich der Eroberung – von den Spaniern später zur »Begegnung zweier Welten« glorifiziert – widersetzten. Zum Helden gehört natürlich auch der Heldentod, oft mythisch verklärt. Und oft genug auch der Halunke, die andere Seite der Medaille. Hier folgen einige Helden und ihre Widersacher in zeitlicher Reihenfolge.

Tecún Umán

In Guatemala stellte sich dem Eroberer Pedro de Alvarado im Jahre 1524 der Kazike Ahau Galel vom Volk der Quiché oder K'iche' entgegen, der später als Tecún Umán in die Geschichtsbücher einging. Alvarado beschreibt ihn in seiner Chronik der

Eroberung als in prächtige Federn gekleidet. Die Legende erzählt, dass der stolze Häuptling in der Schlacht das Pferd des Spaniers mit seiner Lanze durchbohrte. Doch der habe sich erhoben und dem Kaziken sein Schwert ins Herz gerammt. Dessen Blut – so heißt es – habe das Brustgefieder des Quetzals rot gefärbt. Daher stamme das bunte Federkleid des Nationalvogels. Diese Schlacht spielte sich in der Nähe der Stadt Xelajú ab, die später in Quetzaltenango umbenannt wurde. Auch nach Tecún Umán ist eine Stadt benannt, allerdings eine weniger bedeutende. Sie liegt an der Grenze zu Mexiko und ist vor allem durch ihre Schmuggler und die blühende Prostitution in Verruf geraten.

Lempira

In Honduras führte der Kazike Lempira, dessen Name »Herr der Berge« bedeutet, 1537 einen Aufstand mit einer Streitmacht von 30000 Mann vom Volk der Lenca an. Er soll den Angriffen der Spanier mehrere Monate standgehalten haben. Von seinem Tod gibt es zwei Versionen. Nach der weniger heroischen fällt er in der Schlacht und wird vom einfachen Soldaten Rodrigo Ruiz enthauptet. Lempira soll sich spanische Kampfmontur angelegt und daher für unverwundbar durch spanische Kugeln gehalten haben. Die Legende hingegen, die in allen Schulbüchern zu finden ist, spricht von Verrat. So soll der Häuptling zu Verhandlungen aus seiner Festung gelockt und aus dem Hinterhalt erschossen worden sein. Daraufhin hätten sich die Lenca ergeben. Lempira hat der honduranischen Währung und dem Atlantikhafen Puerto Lempira seinen Namen gegeben.

Diriangén und Nicarao

In Nicaragua ehrt man den Kaziken Diriangén als Anführer des Widerstandes gegen die Conquista. Er herrschte über die Nahuas im Gebiet westlich des Cocibolca, heute auch Nicaragua-See genannt. Diese Landenge bildet die Verbindung zwischen dem heutigen Costa Rica und dem Rest Zentralamerikas. Ihre Kontrolle war daher für die Spanier von strategischer Bedeutung. Gil Gonzalez de Ávila traf 1523 bei Gotega auf den Häuptling, der mit einem prächtigen Hofstaat von 500 Personen Eindruck zu machen versuchte. Besonders die 17 mit Gold bedeckten Jungfrauen dürften die Aufmerksamkeit der Spanier erregt haben. Diriangén erbat sich drei Tage Bedenkzeit, um auf die Forderung der Spanier, er möge sich taufen lassen, einzugehen. Nach drei Tagen kehrte er aber mit einer Streitmacht von 4000 Kriegern zurück und zwang die Spanier zum Rückzug. Sechs Jahre lang konnte er Widerstand leisten und die Eroberung Nicaraguas hinauszögern. Über die Umstände seines Todes in der Nähe von Chinandega ist nichts bekannt.

Gerade in Nicaragua gibt es für fast jeden Helden auch einen Halunken, einen Verräter. Diese Rolle spielte der Kazike Nicarao, der südlich des Herrschaftsbereiches von Diriangén der mächtigste Häuptling gewesen sein soll. Ob er wirklich existiert hat, ist unter Historikern umstritten. In der Legende jedenfalls übernimmt er die Rolle des Mannes, der den Spaniern sein Land auf dem Silbertablett präsentierte und die Eroberung erleichterte. Er habe ihnen güldene Geschenke überreicht und die Taufe für sich und seine Leute angenommen. Sein Hintergedanke, so die Chronisten, sei gewesen, mit Hilfe der Spanier, die er für unsterblich hielt, seinen Rivalen Diriangén zu besiegen.

Rafaela Herrera y Sotomayor

Heldinnen sind rarer gesät. Aber es gibt auch Frauen, die durch heldenhafte Taten in Erinnerung geblieben sind. So Rafaela Herrera, die Tochter des Kommandanten der Festung El Castillo am Río San Juan. Diese Festung hatten die Spanier errichtet, um zu verhindern, dass feindliche Schiffe über den Fluss ins Landesinnere der Provinz Nicaragua vordringen. Mehrmals schon hatten englische Piraten die Hauptstadt Granada geplündert.

Man schrieb das Jahr 1762, als wieder einmal eine Flotte im Auftrag seiner Majestät König George I. von der Karibik her den Río San Juan flussaufwärts segelte. Bei El Castillo wurden die Engländer aufgehalten, sie belagerten die Festung. Plötzlich starb der Festungskommandant. Die Soldaten hatten bereits beschlossen, sich zu ergeben, da soll die 19-jährige Rafaela die Fahne ergriffen und die Männer gescholten haben. Sie übernahm das Kommando und verstärkte den Widerstand gegen die Belagerung. Da die Feuerkraft nicht ausreichte, um die überlegene Flotte zurückzuschlagen, griff sie zu einer List. In der Nacht befahl sie, Laken und alte Fetzen in Petroleum zu tränken und auf Treibholz und Ästen im Fluss zu platzieren. Die Tücher wurden dann in Brand gesteckt und trieben auf die englischen Schiffe zu, von denen einige tatsächlich Feuer fingen. So traten die Briten den Rückzug an. Es heißt, Lord Horatio Nelson, der spätere Sieger über Napoleon bei der Seeschlacht von Trafalgar, habe sich als junger Offizier an Bord befunden.

Francisco Morazán

Die Ablösung von Spanien lief in Zentralamerika wenig heroisch ab. Das Generalkapitanat Guatemala mit den fünf Provinzen Guatemala, El Salvador, Honduras, Nicaragua und Costa Rica erklärte gleichzeitig mit Mexiko am 15. September 1821 seine Unabhängigkeit und verblieb dann im kurzlebigen mexikanischen Kaiserreich unter Agustín Itúrbide. Mit dem Sturz des Kaisers und der Ausrufung der Republik Mexiko 1823 konstituierte sich die Zentralamerikanische Union.

Wenn es einen Helden gibt, der in ganz Mittelamerika verehrt wird, dann ist es Francisco Morazán, der sein gesamtes politisches Leben der Einheit Zentralamerikas gewidmet hat. Der in der späteren honduranischen Hauptstadt Tegucigalpa geborene Jurist diente zwei Perioden lang als Präsident der Zentralamerikanischen Union, war nach deren Zerfall 1838 kurze Zeit Staatschef von El Salvador und zuletzt von Costa Rica. Er wird von seinem Biografen Rafael Heliodoro Valle in dem Buch »Historia de las ideas contemporáneas en Centro-América« als Mann der Tat und weniger als Mann der Ideen beschrieben. Der Schriftsteller und Diplomat tut Morazán aber vielleicht unrecht, denn gerade seine liberalen Ideen waren es, die ihm eine Abfolge von Kriegen bescherten und schließlich zu seinem Ende vor einem Exekutionskommando führten.

1830 wurde Francisco Morazán erstmals zum Präsidenten der Zentralamerikanischen Union gewählt. Und bevor die Gesellschaft dafür reif war, dekretierte er eine Anzahl von Reformen, für die er heute gefeiert wird: Er ließ nicht nur Schulen und Straßen bauen, sondern erlaubte auch Zivilehe und Scheidung, Rede- und Pressefreiheit. Wirtschaftlich vertrat er den Freihandel und lud internationales Kapital ein. Morazán wollte seinem Volk mit einigen Jahrzehnten Verspätung die Errungenschaften der Aufklärung bescheren. Allgemeine Schulpflicht, Religionsfreiheit und soziale Gleichheit waren revolutionäre Neuerungen in einem Land, in dem die katholische Kirche jahrhundertelang eine dominierende Rolle gespielt hatte und der Glaube an eine gottgegebene Gesellschaftsordnung tief verankert war. Kirche und Staat wurden getrennt, der spanische Klerus seiner Privilegien entkleidet und der Einfluss der Kirche auf den Unterricht gestoppt. Durch die Abschaffung des Zehnts, den Gläubige zu entrichten hatten, trafen die Reformen die Kirche auch ökonomisch. Der Widerstand ließ nicht auf sich warten. Erzbischof Ramón Casaus und führende Mitglieder der Ordensgemeinschaften wurden unter dem Vorwurf, sie konspirierten gegen die Unabhängigkeit des Landes, deportiert.

Politisch hatte sich der Föderalist Morazán gegen die Zentralisten zu verteidigen. Und als er sich nach vier Jahren der Wiederwahl stellte, unterlag der Reformer dem Juristen und Journalisten José Cecilio del Valle, dem Verfasser der zentralamerikanischen Verfassung. Del Valle wurde auch »Der Weise« genannt, und Historiker meinen, er hätte die verfeindeten Liberalen und Konservativen versöhnen können. Doch er starb, noch bevor er den Amtseid ablegen konnte. Neuwahlen wurden ausgeschrieben, und Francisco Morazán setzte sich wieder durch. Aber seine zweite Amtszeit stand unter keinem glücklichen Stern. Eine Choleraepidemie in Guatemala, die vor allem in den indianischen Dörfern wütete, forderte tausende Opfer. Konservative Geistliche nutzten die Tragödie, um das Gerücht zu streuen, die liberale Regierung hätte die Quellen und Brunnen vergiftet, um die Indios auszurotten und das Land mit ausländischen Siedlern zu bevölkern. Indianische Aufständische begannen daraufhin zu brandschatzen, Liberale und Weiße zu ermorden. Mit Rafael Carrera, einem analphabetischen, aber charismatischen Schweinehirten und Wegelagerer, stellte sich ein Mann an die Spitze der Aufständischen, der den Konservativen als Geschenk des Himmels erschien. Geistliche redeten den Indios ein, der Mann sei Erzengel Raphael, der vom Himmel herabgestiegen sei, um an Liberalen und Häretikern Rache zu nehmen und die alte Ordnung wiederherzustellen. Vor den Augen staunender Indios schwebte ein Brief von einem Kirchendach, der angeblich von der Jungfrau Maria an den Rebellenführer gerichtet war und ihn mit einer Revolte gegen die Regierung beauftragte. Mit den Parolen »Lang lebe die Religion!« und »Tod den Ausländern!« zog Carrera in den Krieg.

Morazán konnte die aufständischen Truppen zwar immer wieder schlagen, doch der charismatische Anführer verstand es stets, sich rechtzeitig in die Berge zu retten und mit neuen Kräften zurückzukehren. 1838 regierte Morazán ein kaum mehr existierendes Staatswesen. Bevor er im Februar 1839 seine zweite Amtszeit beendete, waren Nicaragua, Honduras und Costa Rica aus der Union ausgetreten. Die Zentralamerikanische Föderation war Geschichte. Morazán wurde zwar anschließend zum Präsidenten der jungen Republik El Salvador gewählt, doch musste er schließlich dem Ansturm von Rafael Carrera, der Verstärkung durch Truppen aus Honduras und Nicaragua bekommen hatte, weichen. Er floh zunächst nach Costa Rica und ging dann ins Exil nach Südamerika. 1841 kehrte er zurück, um neuerlich für die Einheit Zentralamerikas zu kämpfen. In Costa Rica wurde er von ehemaligen Verbündeten zu Verhandlungen geladen, verraten und füsiliert.

Heute ist er eine Ikone. Nach ihm sind nicht nur Plätze und Städte benannt, sondern ganze Departamentos in El Salvador und Honduras. Morazáns Scheitern beweist, dass Menschen, die ihrer Zeit voraus sind, unverstanden enden. Er war wohl auch ein Romantiker, der den Widerstand gegen seine Reformen unterschätzt hatte und es verabsäumte, durch eine radikale Landreform die Macht der spanischen Großgrundbesitzer zu brechen. Ein tragischer Held.

William Walker, Juan Santamaría und Andrés Castro

Konflikte zwischen Liberalen und Konservativen wurden oft in blutigen Bürgerkriegen ausgetragen. In Nicaragua gelang es dem in Granada residierenden konservativen Caudillo Frutos Chamorro, die ganze Macht an sich zu reißen, weshalb sich die in León konzentrierten Liberalen entschlossen, in den USA eine Söldnertruppe anzuheuern, die unter dem Kommando des Arztes und Anwaltes William Walker stand. Der Südstaatler aus Tennessee, ein glühender Rassist und Verfechter der Sklaverei, hatte schon 1848 im Krieg um Texas gegen Mexiko gekämpft. Tatsächlich konnte er die Konservativen schnell besiegen, doch sah er seine Aufgabe damit noch nicht erfüllt. Vielmehr setzte er einen Mann namens Patricio Rivas zum Präsidenten ein, um sich wenig später selbst dieses Amt anzumaßen.

Walker galt fortan als Filibustero, also Freibeuter, wie man früher die Piraten der Karibik genannt hatte. Sein Schlachtruf lautete: »Five or none!«, denn er plante, alle fünf zentralamerikanischen Staaten zu unterwerfen und den USA, die gerade auf Kosten Mexikos ihr Staatsgebiet verdoppelt hatten, anzugliedern. Sein gefährlichster Gegner kam gleichfalls aus den USA: Der Unternehmer Cornelius Vanderbilt, der seit dem Beginn des kalifornischen Goldrauschs im Jahr 1848 ein profitables Transportunternehmen in Nicaragua betrieb. Der sicherste und billigste Weg von der Ost- zur Westküste der Vereinigten Staaten führte damals nämlich über Nicaragua: Von Greytown (San Juan del Norte) am Atlantik den Río San Juan hinauf und durch den großen See, anschließend per Kutsche und später mit der Eisenbahn über den nur 25 Kilometer breiten Landsteg nach San Juan del Sur am Pazifik, wo bereits der Ozeandampfer nach San Francisco wartete. Vanderbilt hatte das Transportmonopol für diese Route durch Nicaragua besessen. Als Walker es ihm entzog, mobilisierte der Tycoon den Präsidenten von Costa Rica, General Rafael Mora, der selbst auf die profitable Wasserstraße erpicht war, gegen den Abenteurer. Mora rüstete eine 5000 Mann starke Streitmacht aus, der sich Kontingente aus El Salvador, Honduras und Guatemala anschlossen. Eine Einheit nicaraguanischer Patrioten wurde von General José Dolores Estrada befehligt.

In Costa Rica erinnert man sich vor allem an die Schlacht von Rivas am 11. April 1856. Dort schlug die Stunde des Juan Santamaría. Der 25-jährige Soldat diente in den Truppen von General Rafael Mora aus Costa Rica. Eine Einheit unter dem Befehl des salvadorianischen Generals José María Cañas belagerte das Haus (Mesón de Guerra), in dem sich der Generalstab Walkers verschanzt hatte. Nachdem schon zwei Soldaten bei der Mission, das Haus in Brand zu setzen, gescheitert waren, meldete sich Juan Santamaría freiwillig. Zwar überlebte er das Himmelfahrtskommando nicht, doch gelang es ihm, im Kugelhagel die Fackel zu schleudern und das Hauptquartier des Feindes in Brand zu stecken. Juan Santamaría und Präsident Rafael Mora wurden später zu offiziellen Nationalhelden Costa Ricas ernannt. Der internationale Flughafen von San José trägt Juan Santamarías Namen.

Am 12. September 1856 legten endlich auch Nicaraguas Legitimisten (Konservative) und Demokraten (Liberale) ihren Streit bei und verbündeten sich gegen den Eindringling. Zwei Tage später stellten sie dessen Truppen erstmals bei San Jacinto, 35 Kilometer östlich der heutigen Hauptstadt Managua. Durch Kriegslist und glückliche Zufälle konnten die Patrioten den Feind in die Flucht schlagen. Der junge Bauer Andrés Castro erwarb sich dabei den Ruf eines unsterblichen Helden. Nachdem ihm die Munition ausgegangen war, soll sich der Campesino mit einem Stein in der bloßen Faust auf die Gegner gestürzt und den Oberbefehlshaber Byron Cole getötet haben. Der Tod Coles ist belegt, alles andere umgibt der Hauch der Legende. Doch der Jahrestag dieser denkwürdigen Schlacht, die mit dem Ruf von Walkers Unbesiegbarkeit aufräumte, wird noch heute in Nicaragua als Feiertag begangen. Andrés Castro mit dem Stein wird mit einem Denkmal bei San Jacinto gewürdigt. Eine Zeitlang zierte sein Bild auch den Zehn-Córdoba-Schein.

Die vereinten zentralamerikanischen Truppen konnten William Walker immer mehr in die Enge treiben. Zwar entschied er die zweite Schlacht von Rivas im April 1857 für sich, doch musste er bereits am 2. Mai 1857 kapitulieren und flüchtete aus Nicaragua. Später sollte er einen zweiten Versuch der Eroberung Zentralamerikas unternehmen, der 1860 in der honduranischen Hafenstadt Trujillo vor einem Erschießungskommando endete.

Benjamín Zeledón

Obwohl der Zank zwischen Liberalen und Konservativen Nicaragua fast den Verlust der Eigenstaatlichkeit eingebracht hatte, war die nationale Versöhnung im Gefolge der Walker-Kriege von kurzer Dauer. Von 1855 bis 1893 verbrauchte Nicaragua über 20 Präsidenten, von denen manche nur über einen Teil des Landes herrschten, andere nach wenigen Tagen schon aus dem Amt gejagt wurden. Stabilität kehrte erst nach einem Militärputsch ein, der den liberalen Oberst José Santos Zelaya an die Macht brachte. Zelaya ließ sich nach kurzer diktatorischer Herrschaft zum Präsidenten wählen und leitete eine Periode liberaler und demokratischer Reformen ein. Er modernisierte die Verfassung, investierte in Bildung und Infrastruktur und beschnitt die Privilegien der katholischen Kirche. Den Zorn der USA erregte er durch die Enteignung ausländischer Unternehmen und Kontakte zum Deutschen Reich sowie zum japanischen Kaiserreich, die er für einen Kanalbau gewinnen wollte. Als die USA 1909 einen Aufstand anzettelten, ließ er mehrere Rebellen hinrichten. Darunter auch zwei US-amerikanische Söldner. Das diente als Vorwand für die Entsendung von Interventionstruppen. Zelaya wurde abgesetzt, der Konservative Adolfo Díaz, Oberbuchhalter der Luz y Los Angeles Mining Company, als neuer Staatschef installiert.

Damit begann der Ausverkauf Nicaraguas an die USA, die dem Land Kredite aufdrängten und sich dafür des Zollwesens, der Eisenbahnen und weiterer Infrastruktur bemächtigten. Die ungezügelte Geldemission bescherte den Nicaraguanern eine Inflation bis dahin ungekannten Ausmaßes, die vor allem die Armen traf.

Somit konnten die Liberalen auf breite Unterstützung der Bevölkerung zählen, als sie zu einer Rebellion gegen die Yankees und deren konservative Marionetten aufriefen. Die vom ehemaligen Kriegsminister Luis Mena angeführten liberalen Truppen begannen immer weitere Teile des Landes zu kontrollieren, weshalb Díaz einen Hilferuf nach Washington sandte. Die erste reguläre

Invasionsstreitmacht der USA landete in Nicaragua und Mena ergab sich ohne Widerstand.

Nicht ergeben wollte sich der Arzt und Lehrer Benjamín Zeledón, der unter Präsident Zelaya in einem Krieg mit den Nachbarländern die Generalswürde erworben und dann als Kriegsminister fungiert hatte. Mit einer Truppe barfüßiger und schlecht bewaffneter Campesinos verschanzte er sich in der Festung Coyotepe bei Masaya. Obwohl er keine Chance hatte, wollte er sich den vielfach überlegenen Truppen des US-Marine Corps unter Oberst Joseph Pendleton nicht ergeben. Zeledón fiel am 4. Oktober 1912, an seinem 33. Geburtstag. Seinen Leichnam schleiften die Marines zur Abschreckung durch die Dörfer.

In der Ortschaft Niquinohomo beobachtete ein 17-jähriger Jüngling namens Augusto Calderón Sandino das barbarische Spektakel und gelobte sich, den Kampf gegen die Okkupationsmacht zu seinem Lebensinhalt zu machen.

Augusto C. Sandino

Sandinos Mutter Margarita Calderón diente als Magd auf dem Hof des Kaffeebauern Gregorio Sandino. 1895 kam Augusto zur Welt und trug zunächst nur den Namen seiner Mutter, wurde aber später vom Vater anerkannt und durfte nicht nur dessen Namen führen, sondern auch die Schule besuchen. Nach der Intervention der USA 1912 jobbte er zunächst in einer Zuckerfabrik an der honduranischen Atlantikküste und dann auf einer Bananenplantage in Guatemala. Schließlich verdingte er sich auf den mexikanischen Ölfeldern von Tampico und Veracruz, wo er mit Anarchosyndikalisten in Kontakt kam. Als nach dem Putsch des Konservativen Emiliano Chamorro ein Bürgerkrieg in Nicaragua losbrach und die USA nur fünf Monate nach ihrem Abzug erneut Okkupationstruppen sandten, eilte Sandino in die Heimat und schloss sich den liberalen Aufständischen unter José María

Moncada an. Als Sekretär des Zahlmeisters in einer US-amerikanischen Mine konnte er heimlich Männer für den Krieg anwerben und scharte schließlich eine kleine Truppe von 29 Mann um sich. Dabei verstand er es auch, die Medien zu nutzen. Zwei Monate lang begleitete ihn der US-Journalist Carleton Beals, der seine Berichte in *The Nation* veröffentlichte und Sandino damit populär machte.

Im Mai 1929 vermittelte der US-Sondergesandte Henry L. Stimson einen Waffenstillstand zwischen den Streitparteien, der den USA die weitere Kontrolle über Nicaragua und den liberalen Caudillos einen Anteil an den Ämtern und Pfründen garantieren sollte. Der Konservative Adolfo Díaz und der Liberale Moncada sollten einander mit der Präsidentschaft abwechseln. Trotz Moncadas Einwand, es sei sinnlos, »mit 300 Mann gegen die USA zu kämpfen«, verweigerte Sandino als einziger der liberalen Generäle die Unterschrift unter dem schändlichen Kuhhandel, der als Pacto del Espino Negro in die Geschichte einging. Mit seinen 300 Männern zog er sich in die Berge der Segovias im Norden Nicaraguas zurück und organisierte die erste Guerilla Lateinamerikas. Der Feind waren die US-Besatzungstruppen und die ab 1929 von diesen aufgebaute Guardia Nacional, als deren erster Kommandant der in den USA ausgebildete Anastasio Somoza García eingesetzt wurde.

1930 war fast die Hälfte des Territoriums Kriegsschauplatz, und der für seinen Verrat mit dem Präsidentenposten belohnte Moncada musste die Schulen schließen lassen, um den weiteren Ausbau der Nationalgarde zu finanzieren. Sandinos Guerilla hatte die Marines mit vielen schweren Schlägen gründlich zermürbt. Immer wieder schickte er abgeschnittene Köpfe von Okkupationssoldaten in die Garnisonen. Die auf zeitweise 6000 Mann angewachsene Rebellenarmee bewegte sich nicht nur auf bekanntem Terrain. Sandino wusste auch über die militärischen Pläne des Gegners Bescheid, denn seine Verlobte Blanca Aráuz war im Telegrafenamt der Ortschaft San Rafael del Norte beschäftigt, über das die Kommunikation in die Kampfgebiete lief. Der Blutzoll und die schwindende Unterstützung der Okkupation in den USA veranlassten Präsident Herbert Hoover schließlich im Dezember 1931, den Abzug der Interventionstruppen anzukündigen. Als dann mit Juan Bautista Sacasa der in seinen Augen einzige legitime Kandidat zum Präsidenten gewählt wurde, glaubte sich Sandino am Ziel seines Kampfes. Er vereinbarte mit Sacasa einen Waffenstillstand und zog sich mit etwa hundert Bewaffneten in die Segovias zurück, wo er eine Agrarkooperative aufzubauen begann.

Der neue Präsident besaß freilich keine Macht über die von Somoza geführte Nationalgarde, deren Verbündete immer wieder über das Gelände der Sandino-Genossenschaft herfielen und Campesinos verschleppten. Am 21. Februar 1934 folgte Sandino mit einigen seiner Vertrauten einer Einladung zu einem feierlichen Bankett beim Präsidenten. Auf dem Heimweg wurden er und seine Begleiter, die Generäle Estrada und Umanzor, von Nationalgardisten überwältigt und ermordet. Der Chef der Guardia handelte im Einvernehmen mit US-Botschafter Arthur Bliss Lane. Zwei Jahre später putschte Somoza den glücklosen Sacasa aus dem Amt und hängte sich selbst die Präsidentenschärpe um. Die längste Familiendiktatur in der Geschichte Lateinamerikas begann.

Sandino wurde zwar aus dem kollektiven Gedächtnis verbannt und wird in Geschichtsbüchern höchstens als Bandit erwähnt, doch sollte seine Rückkehr als Leitbild umso machtvoller werden. Eine revolutionäre Bewegung, die 1961 den bewaffneten Kampf gegen die Somoza-Diktatur aufnahm, gab sich den Namen Frente Sandinista de Liberación Nacional (FSLN) und regierte Nicaragua nach erfolgreichem Volksaufstand ein Jahrzehnt lang. Nach Sandino sind ein Hafen in Nicaragua und der internationale Flughafen von Managua benannt. Über sein politisches Vermächtnis ist viel geschrieben worden. Klar ist, dass seine gesellschaftlichen Vorstellungen über das Reformprogramm der Liberalen weit hinaus gingen. Mit dem Kommunismus hat er nie geliebäugelt, vielmehr bekannte er sich zu den anthroposophischen Ideen von Rudolf Steiner. Und aus Mexiko brachte er einen tief empfundenen Antiimperialismus mit. Denn die Arroganz, mit der die USA ihre Nachbarn im Süden beständig demütigten, wurde gerade in Mexiko als besonders unerträglich empfunden. Heute berufen sich sowohl der regierende Ex-Comandante Daniel Ortega von der FSLN als auch die die Mitglieder der oppositionellen Sandinistischen Erneuerungsbewegung (MRS) auf Sandino.

Carlos Fonseca

Augusto C. Sandino, der General der freien Menschen, wie ihn Henri Barbusse genannt hat, lag bereits zwei Jahre unter der Erde, als Carlos Fonseca Amador als unehelicher Sohn einer Hausangestellten und eines Verwalters von Somoza-Gütern in der Stadt Matagalpa zur Welt kam. Für das kränkliche und kurzsichtige Kind war die Welt die der Bücher. Das politische Bewusstsein von Carlos Fonseca erwachte spätestens, als 1954 eine von der CIA aufgestellte Söldnertruppe in Guatemala den reformistischen Präsidenten Jacobo Arbenz stürzte. Der hatte im Zuge einer Landreform auch die Brachländer des US-Bananenkonzerns United Fruit Company enteignen wollen.

Carlos Fonseca las alles an politischer Literatur, das die armseligen Buchläden seiner Heimat zu bieten hatten. Über Freunde kam er mitunter an marxistische Schriften heran. 1957 wurde er in die lateinamerikanische Delegation zu den VI. Weltjugendfestspielen in Moskau eingeladen. Für Somozas Geheimdienst war er damit zum kommunistischen Agenten geworden. Dass er schon damals den Realsozialismus durchaus kritisch sah, schützte ihn nicht vor der Verhaftung nach seiner Heimkehr.

Seine Erfahrungen mit dem repressiven Regime und eine Analyse der Geschichte machten Fonseca zum Revolutionär. Jeder

Machtwechsel zwischen den Liberalen und Konservativen, zwei Ausdrucksformen der Oberschicht, hatte sich gewaltsam vollzogen. Grundlegende Veränderungen mit politischen Mitteln, durchzusetzen musste also als aussichtsloses Unterfangen erscheinen. In seinem 1960 verfassten Pamphlet »Der Kampf für die Transformation Nicaraguas« schrieb er: »Nur eine bewaffnete Rebellion des Volkes kann die somozistische Diktatur liquidieren.«

Nicaraguas Kommunistische Partei (PSN) war damals auf friedliche Koexistenz mit dem Diktator festgelegt und tat jeden Gedanken an einen bewaffneten Aufstand als gefährliches Abenteurertum ab. So gründete Carlos Fonseca 1961 mit einigen Freunden die erwähnte Sandinistische Befreiungsfront (FSLN). »Wir ließen uns von fortschrittlichsten Grundsätzen leiten, der marxistischen Ideologie, Comandante Che Guevara, Augusto Sandino«, notierte Fonseca später. Bald kamen noch die befreiungstheologischen Ideale des 1966 in Kolumbien gefallenen Priesters Camilo Torres dazu. Eine Gruppe junger städtischer Intellektueller ging daran, in entlegenen Gebirgsregionen des Nordens unter den armen Bauern eine Guerilla-Streitmacht aufzubauen. Doch diese revolutionäre Bewegung blieb in ihren Ansätzen stecken, als Somoza (inzwischen Luis Somoza Debayle, ältester Sohn des Dynastiegründers) 1963 seinen Vasallen René Schick mit einem reformistischen Programm zum Präsidenten wählen ließ, um der Opposition den Wind aus den Segeln zu nehmen. Schick starb 1966, ohne etwas verändert zu haben. Luis Somoza erlag kurz darauf einem Herzanfall, und sein jüngerer Bruder Anastasio Somoza übernahm die Präsidentschaft.

Damals begannen die Sandinisten, bei Pancasán im zentralen Bergland von Matagalpa eine neue Guerilla zu formieren. Die elenden Lebensbedingungen der dortigen Campesinos, die drei Viertel des Jahres nur Hungerrationen im Topf hatten, schienen die idealen Bedingungen für einen revolutionären Neubeginn zu bieten. Die erste Begegnung mit Somozas Guardia brachte freilich ein Debakel. Neben anderen Kadern fiel auch FSLN-Gründungsmitglied Silvio Mayorga.

Carlos Fonseca musste ins Exil flüchten und wurde in Costa Rica verhaftet. Sein Freund Humberto Ortega, später Nicaraguas Verteidigungsminister, holte ihn heraus. Doch endete die Flucht für beide schließlich hinter Kerkermauern. Sie kamen erst frei, als ein sandinistisches Kommando vier US-amerikanische Techniker des Bananenkonzerns United Brands kidnappte.

Die folgenden Jahre verbrachte Fonseca in Kuba, wo er nach einiger Zeit zur Kenntnis nehmen musste, dass seine Autorität schwand und die Sandinistische Befreiungsfront sich in zwei Richtungen spaltete. Der für den bewaffneten Kampf völlig ungeeignete FSLN-Gründer kehrte gegen den Willen von Fidel Castro an die Guerilla-Front nach Nicaragua zurück. Er wollte seine in Frage gestellte Führungsposition wieder festigen und die Wiedervereinigung der rivalisierenden Fraktionen erzwingen.

Im November 1976 wurde sein Trupp bei Zinica an der Atlantikküste von Guardias entdeckt. Carlos Fonseca fiel in einem aussichtslosen Feuergefecht. Durch seinen frühen Tod konnte er zum Symbol der Einheit der FSLN werden, die von den Brüdern Daniel und Humberto Ortega Anfang 1979 wiederhergestellt wurde. Damit war politisch der Weg zur Endoffensive frei, die am 19. Juli 1979 zum Sieg der Revolution führte.

Carlos Fonseca liegt heute in einem Ehrengrab am ehemaligen Revolutionsplatz in Managua. Seine Überzeugung, dass die wahre Revolution nur in einem aufgeklärten Volk funktionieren könne, inspirierte die große Alphabetisierungskampagne, die 1980 den Analphabetismus von 50 auf unter 13 Prozent drückte.

Óscar Arnulfo Romero

Als Óscar Arnulfo Romero y Galdámez im März 1977 zum Erzbischof von San Salvador ernannt wurde, reagierte der sozial engagierte Klerus zunächst enttäuscht. Romero galt als Konservativer, der die Reformen des II. Vatikanischen Konzils (1962–1965) nur widerstrebend akzeptiert hatte und das auf der Lateinamerikanischen Bischofskonferenz von Medellín 1968 beschlossene soziale Engagement der Kirche ablehnte. Doch während der kurzen Zeit als Bischof der kleinen Diözese Santiago de María hatte sich eine Veränderung vollzogen, wie Romero selbst in seinen Erinnerungen festhielt. Das Leiden der landlosen Bauern unter der Willkür der Gutsherren und der Brutalität der Sicherheitskräfte hatte ein Umdenken ausgelöst. Kaum war Romero als Erzbischof angelobt, musste er die Totenmesse für seinen langjährigen Freund, den Jesuitenpater Rutilio Grande, lesen. Grande hatte als Fürsprecher der Bauern den Zorn der Mächtigen erregt und wurde brutal ermordet. Als Romero in einer dramatischen Geste des Protestes die Sonntagsmessen in der Hauptstadt suspendierte und die Bestrafung der Schuldigen forderte, wusste die Oligarchie, dass sie einen neuen Gegner hatte.

Sonntag für Sonntag wurde die Kathedrale in El Salvador eine Pilgerstätte für all jene, die Romeros engagierte Predigten gegen soziales Unrecht und Willkür der immer repressiveren Staatsmacht hören wollten. Der Bischof machte sich zum Sprachrohr all jener, die selbst keine Chance hatten, Gehör zu finden, er wurde zur Stimme der Stimmlosen. Über den Sender der Erzdiözese YSAX verbreitete sich das Wort des Oberhirten bis in den letzten Winkel des Landes. Und in einem Land, in dem jede Kritik am System und am endemischen Unrecht als subversiv galt, wurde Romero bald als Problemfall betrachtet.

Als sich am 15. Oktober 1979 eine reformorientierte Junta an die Macht putschte, signalisierte Romero anfangs seine Unterstützung. Die Ernüchterung stellte sich aber bald ein, denn die

Reformisten hatten keine Kontrolle über Armee und Sicherheitsapparat. Die Repression nahm sogar zu. Im Februar 1980 richtete Romero einen offenen Brief an US-Präsident Jimmy Carter, den er aufrief, die Militärhilfe an das Regime zu stoppen: »Wir haben genug von Waffen und Gewehrkugeln.« Romero wurde damit auch international als Menschenrechtskämpfer wahrgenommen und für den Friedensnobelpreis nominiert. Doch weder seine prominente Position noch die Kirche konnten ihn schützen. Sein Aufruf an die Soldaten, sich der Repression zu verweigern, verhallte ungehört, wurde aber bald landauf, landab zitiert: »Kein Soldat ist gezwungen, einem Befehl zu folgen, der gegen das Gesetz Gottes verstößt. Einem amoralischen Gesetz ist niemand unterworfen. Es ist an der Zeit, dass ihr euer Gewissen wiederentdeckt und es höher haltet als die Befehle der Sünde. Die Kirche, Verteidigerin der göttlichen Rechte und Gottes Gerechtigkeit, der Würde des Menschen und der Person, kann angesichts dieser großen Gräuel nicht schweigen. Wir fordern die Regierung auf, die Nutzlosigkeit von Reformen anzuerkennen, die aus dem Blut des Volkes entstehen. Im Namen Gottes und im Namen dieses leidenden Volkes, dessen Klagen jeden Tag lauter zum Himmel steigen, ersuche ich euch, bitte ich euch, befehle ich euch im Namen Gottes: Hört auf mit der Repression!« Einen Tag danach, am 24. März 1980, wurde der Erzbischof während einer Messe in der Kapelle der Krebsklinik zur Göttlichen Vorsehung (Divina Providencia) in San Salvador mit zwei Schüssen ermordet. Dieser Mord gilt als Auftakt des Bürgerkrieges in El Salvador, der in zwölf Jahren mehr als 75 000 Menschen, davon 70 000 Zivilisten, das Leben kostete. Schon während der Begräbnisfeier, an der etwa eine Million Menschen teilnahm, feuerten Scharfschützen vom Nationalpalast aus in die Trauernden und verübten ein Massaker mit 40 Toten.

Der Attentäter, der einer rechtsextremen Todesschwadron zugeordnet wurde, konnte entkommen und wurde bis heute nicht ermittelt. In den USA erkannte ein Zivilgericht den ehemaligen

Luftwaffenhauptmann Alvaro Saravia für schuldig und verurteilte ihn im Jahr 2004 in Abwesenheit zur Zahlung von zehn Millionen Dollar an die Hinterbliebenen.

Obwohl es schon früh deutliche Hinweise gab, dass den Auftrag Major Roberto D'Aubuisson gegeben hatte, wurde der Chef einer Todesschwadron nie vor Gericht gestellt. Der Oberste Gerichtshof war an der Vertuschung des Verbrechens beteiligt. Erst die Wahrheitskommission, die nach dem Friedensvertrag von 1992 die aufsehenerregendsten Verbrechen untersuchte, bestätigte die Beteiligung Saravias und die Rolle D'Aubuissons als Auftraggeber. Der war aber schon tot. 1984 war er als Präsidentschaftskandidat gescheitert, genoss aber bis zu seinem Tod an Zungenkrebs im Jahr 1992 als Abgeordneter der rechten ARENA parlamentarische Immunität. Saravia, der noch immer untergetaucht ist, bekannte in einem Interview, an der Verschwörung D'Aubuissons gegen Romero beteiligt gewesen zu sein, bestritt aber, die tödlichen Schüsse selbst abgefeuert zu haben.

Erzbischof Romero liegt in der Krypta der Kathedrale von San Salvador begraben. Der von der salvadorianischen Bischofskonferenz 1997 eingeleitete Seligsprechungsprozess wurde durch den damaligen Präfekten der Glaubenskongregation, Kardinal Ratzinger, zunächst wieder eingefroren. Ungeachtet dessen gilt Romero vielen in Lateinamerika als Märtyrer, er wird als Volksheiliger verehrt. Unter Papst Franziskus wurde der Bischof schließlich im Mai 2015 selig gesprochen.

Die Oligarchen

Unter Oligarchen versteht man heute vor allem skrupellose Männer osteuropäischer Transformationsstaaten, die dank Beziehungsnetzwerken und Insider-Informationen in den Wirren der politischen Umbruchjahre schnell zu viel Geld gekommen sind. Ganz ähnlich entstanden die lateinamerikanischen Oligarchen vor 200 Jahren. Mit ehrlicher Arbeit kann man kaum große Vermögen anhäufen. Fast immer beginnt es mit Landraub. In einigen Ländern vermochten sich die Machteliten seit den Zeiten der spanischen Eroberung zu halten. In anderen entstanden sie mit der Unabhängigkeit von Spanien. Sie haben den Winden der Veränderung entweder erfolgreich getrotzt oder sich ihnen angepasst. Das Ergebnis ist, dass die politischen Ämter in vielen Staaten immer noch von Mitgliedern derselben alten Familien besetzt werden.

Der südamerikanische Befreiungsheld Simón Bolívar, selbst Spross einer spanischen Adelsfamilie, hatte nichts weniger als eine Agrarrevolution im Sinne, als er in den Gebieten, die er den Spaniern militärisch abtrotzte, das Land konfiszierte und an seine Soldaten verteilte. Allerdings hatte er die Rechnung ohne seine Generäle gemacht, die den Soldaten statt der Landtitel nur Gutscheine in die Hand drückten. Diese kauften sie ihnen zu einem Bruchteil des Wertes ab und verkauften sie später zum Nennwert dem Staat. So entstand die venezolanische Oligarchie, die den neuen Staat als ihr Eigentum betrachtete und den Libertador Bolívar ins Exil schickte.

Der Reichtum der Eliten gründete auf Großgrundbesitz oder der Ausbeutung der mineralischen Rohstoffe. In beiden Fällen waren die europäischen Märkte, zunächst vor allem der britische, Ziel der Exporte von Zucker, Kaffee, Rindfleisch, Tabak, Gold, Silber, Zinn oder Kupfer. Die Weltwirtschaftskrise ab 1929 brachte dieses Modell ins Wanken. Mit den USA als neuem Absatzmarkt konnten sich die Oligarchien aber bald wieder erholen. Der Zweite Weltkrieg war da hilfreich.

Der US-amerikanische Soziologe Samuel Z. Stone hat vor 20 Jahren in Costa Rica, wo er lange lebte, nachgezählt und festgestellt, dass nicht weniger als 33 der bis dahin 44 Präsidenten von nur drei Erobererfamilien abstammten. Ähnliche Forschungen könnte man in anderen Republiken anstellen. Sehr kleine Cliquen lösen einander im Präsidentenpalast ab. Im Folgenden ein Überblick über die einzelnen Länder.

Vierzehn Familien in El Salvador

Von 14 Familien spricht man, die in El Savador den Reichtum und die politische Macht des Landes untereinander aufteilten. Der Dichter Roque Dalton listete in seinem 1965 erschienenen Buch »El Salvador (monografía)«, gereiht nach der Größe des Grundeigentums, 30 oligarchische Familien auf, darunter auch seine eigene.

Mit einer Selbstherrlichkeit, die heute schwer vorstellbar ist, betrachtete die Elite das Land als ihr Eigentum und die Landbevölkerung als Zubehör, über das man nach Belieben verfügen durfte. Geschätzte 0,5 Prozent der Bevölkerung kontrollierten damals 90 Prozent des Reichtums. Jede Krise wurde auf dem Rücken der indigenen Bevölkerung ausgetragen. So wälzte man den 1929 einsetzenden Preisverfall von Exportkaffee durch Lohnkürzungen auf die Landarbeiter ab. Das waren mehrheitlich Indigene vom Volk der Pipiles, die schon bis dahin nur dank extremer Genügsamkeit überlebt hatten.

Im Dezember 1931 putschte die Armee in El Salvador und

ersetzte den sozialdemokratischen Präsidenten Arturo Araujo durch den diktatorisch regierenden General Maximiliano Hernández Martínez. Einen Monat später braute sich ein Aufstand der verarmten Landarbeiter zusammen, den die Kommunistische Partei unter Agustín Farabundo Martí unterstützte. Martí wurde noch am Vorabend der Rebellion mit seinen Getreuen festgenommen und füsiliert, der Aufstand im Blut von wahrscheinlich 30 000 Bauern erstickt. Armee, Nationalgarde und Polizei, verstärkt durch die Pistoleros der Großgrundbesitzer, fielen über die Bauern her und machten ganze Dörfer dem Erdboden gleich. Augenzeugen berichten, wie alle, die durch ihre Kleidung als Indios zu erkennen waren, niedergemetzelt wurden. Das Massaker dauerte sechs Tage und vernichtete die indianische Kultur nachhaltig. Denn keiner wollte sich mehr durch Sprache oder Tracht als Angehöriger der Pipiles zu erkennen geben.

Die 14 Familien widersetzten sich erfolgreich der von US-Präsident John F. Kennedy nach der kubanischen Revolution in Gang gesetzten Reformwelle in Lateinamerika, bekannt als Allianz für den Fortschritt. Aber die sandinistische Revolution im benachbarten Nicaragua brachte die USA 1979 in Zugzwang. Sie förderten einen Putsch reformistischer Offiziere gegen den brutalen Militärherrscher Carlos Humberto Romero am 15. Oktober 1979 und schickten Berater, die eine Reformjunta unterstützen sollten. Die Verstaatlichung der Banken und eine Landreform, die Bauerngenossenschaften zu einer Lebensgrundlage verhelfen sollte, traf die Oligarchie nicht nur wirtschaftlich, sondern auch in ihrem Selbstverständnis als allein entscheidende Herrschaftsclique. Sie wehrte sich mittels der fast zur Gänze von ihren Mitgliedern kontrollierten Medien und mit Todesschwadronen, die auf Gewerkschaftsaktivisten, Bauernführer, Studenten und selbst sozial engagierte Geistliche losgelassen wurden. Regimegegner flohen ins Exil oder schlossen sich der Guerilla an, die 1981 zu einer »Endoffensive« ansetzte, welche als Beginn eines mehr als zehnjährigen Bürgerkriegs angesehen wird.

Die reichen Familien sahen sich von den USA verraten. Für eine Elite, die die Strände und Shopping Centers von Miami und Los Angeles besser kannte als das eigene Hinterland, war es unfassbar, dass Washington Reformen verlangte, die als kommunistisch betrachtet wurden. Dass ein Killerkommando 1981 nicht nur José Rodolfo Viera, den Direktor des Agrarreforminstituts (ISTA), sondern auch die beiden US-Berater Michael P. Hammer und Mark David Pearlman aus dem Weg räumte, war nur konsequent. Genauso wie die Ermordung von Erzbischof Óscar Arnulfo Romero am 24. März 1980. Sie standen dem oligarchischen Projekt im Wege. Der Versuch, 1984 über Wahlen an die Macht zu kommen, schlug fehl. Roberto D'Aubuisson, bekannt als Gründer einer Todesschwadron, unterlag dem Christdemokraten Napoleón Duarte. Der hatte in den 1960er-Jahren als Bürgermeister der Hauptstadt San Salvador große Popularität besessen und war 1972 um den Sieg in den Präsidentschaftswahlen betrogen und ins Exil getrieben worden. Mit seinem reformistischen Programm lag er in den Augen der reaktionären Elite in einem Bett mit den Kommunisten. Erst nach dem Scheitern des christdemokratischen Programms an der Realität des Krieges zog 1989 mit Alfredo Cristiani wieder ein Mitglied der 14 Familien in den Präsidentenpalast ein.

Alfredo Cristiani, Spross einer Kaffeepflanzerfamilie, war lange Zeit Generalvertreter des Saatgut- und Agrochemieriesen Monsanto. Unter seiner Regierung wurden die verstaatlichten Banken zuerst auf Staatskosten saniert und dann zugunsten oligarchischer Familien privatisiert. Aus den 14 Familien sind acht oligarchische Konglomerate geworden. Längst sind nicht mehr Latifundien die Grundlage ihres Reichtums, sondern die Banken. Heute ist die Konzentration des Reichtums, die vor 40 Jahren das Entstehen linker Guerillas ausgelöst hatte, noch extremer als vor dem Bürgerkrieg. Es regiert zwar die aus der Guerilla hervorgegangene Partei FMLN, doch gegen die geballte Wirtschaftsmacht der Oligarchie ist sie machtlos.

Turcos in Honduras

Im benachbarten Honduras wurde vorexerziert, was passiert, wenn ein Präsident glaubt, er könne die Wirtschaftsmacht der Elite schmälern oder gar brechen. José Manuel Zelaya, der 2009 die Privatisierungspolitik stoppen und Reichtum umverteilen wollte, wurde im Juni 2009 weggeputscht. Die Oligarchie wirtschaftet heute noch dreister auf Kosten der Allgemeinheit in die eigenen Taschen als vorher.

Die honduranische Oligarchie ist erst um die Mitte des vergangenen Jahrhunderts eingewandert – aus Palästina und anderen Ländern des Nahen Ostens. Anders als dort gibt es kaum Gegensätze zwischen Juden und Arabern. Für die Einheimischen handelt es sich um Turcos, denn Emigranten aus dem Nahen Osten, dem ehemaligen Osmanischen Reich und den Völkerbund-Mandatsgebieten reisten damals meist mit türkischem Pass. Die Zuwanderer, die sich mit kleinen Geschäften, Energiegesellschaften und Bergbau hocharbeiteten, verdrängten bald die alteingesessenen Familien spanischen und deutschen Ursprungs. Sechs Familien beherrschen heute die honduranische Wirtschaft: Rosenthal, Facussé, Larach, Nasser, Kafie und Goldstein. Sie sind der Kern jener drei Prozent der Bevölkerung, die 40 Prozent der Produktion kontrollieren. Jaime Rosenthal, der sich viermal erfolglos um die Präsidentschaft bewarb, besitzt Banken, einen Flughafen, Brauereien, Fußballteams und Zeitungen. Sein Kapital steckt auch in Telefongesellschaften, im Fleischexport, in Versicherungsgesellschaften.

Politisch erfolgreicher sind die Facussés. Carlos Flores Facussé war von 1998 bis 2002 Staatspräsident. Mehrere Minister trugen diesen Namen. Aber auch wenn sie kein politisches Amt bekleiden: Gegen den Willen des Patriarchen Miguel Facussé Barjum geht gar nichts. Der Clan dominiert die Textilproduktion, die chemische Industrie und den Handel mit Edelhölzern. An der Atlantikküste führt Facussé einen ebenso blutigen wie erfolgreichen Abwehrkampf gegen den Fortschritt der Landreform.

Die Oligarchen beherrschen nicht nur Wirtschaft und Politik, sie sind auch die Herren über die öffentliche Meinung. Denn die wichtigsten Radios, Zeitungen und Fernsehkanäle befinden sich in Händen der fünf Familien Ferrari-Villeda, Rosenthal Oliva, Andonie, Flores Facussé und Canahuati-Larach. Gegen dieses Meinungsmonopol aufzutreten ist gefährlich. In keinem anderen Land Lateinamerikas sind in den vergangenen Jahren so viele Journalisten ermordet worden wie in Honduras.

Rassismus in Guatemala

Die Rasse verbessern – das ist ein Auftrag, dem sich die Elite Guatemalas verpflichtet fühlt. In einem Land, in dem sich die Weißen und Mestizen gegenüber der indianischen Bevölkerung in der Minderheit wissen, spielt der Rassismus eine besondere Rolle. Anders als bei den zentralamerikanischen Nachbarn, wo die große Mehrheit aus der Vermischung von Kolonisatoren und Urbevölkerung hervorgegangen ist, achtet man in Guatemala auf die Reinheit der Rasse. Schon während der Kolonialzeit entstand eine Art Kastenwesen, das einen eigenen ethnischen Begriff entwickelte. Ladino steht in Guatemala und im Süden Mexikos für alle, die weder rein indianisch noch rein europäischer Herkunft sind.

Die Oligarchie Guatemalas verdankt ihr Vermögen dem Landraub, denn alles Land, das während der Kolonialzeit an spanische Konquistadoren und Siedler verteilt wurde, gehörte ursprünglich indianischen Eigentümern. Die neuen Großgrundbesitzer verstanden sich immer als Mittelsleute zwischen dem spanischen Mutterland und der Kolonie. Die Entwicklung des Landes war ihnen kein Anliegen, wie Carlos René Ixcot 1996 in seiner Studie über Gutsbesitzer und ihr Verhältnis zur Umwelt an der Universidad de San Carlos de Guatemala schrieb. Was auf den Latifundien angebaut wurde, war immer für den Export bestimmt. Um die Versorgung der Bevölkerung mit Grundnahrungsmitteln hatten sich die Kleinbauern zu kümmern. Das ist noch heute so. Während auf den Ländereien der Großgrundbesitzer Kaffee, Bananen, Zuckerrohr, Brokkoli, Erdbeeren oder Ölpalmen in Monokulturen für den Export angebaut werden, säen die mehrheitlich indianischen Kleinproduzenten auf ihren viel zu kleinen Äckern Mais, Bohnen, Kürbis, Maniok und Kochbananen – allesamt Grundnahrungsmittel.

Die Elite ist nicht nur wirtschaftlich nach außen orientiert. Wer auf sich hält, lässt seine Kinder in den USA oder Europa studieren. Die Schulbildung genießen die jungen Leute aus »besseren Kreisen« in Privatschulen. Auf Absolventen öffentlicher Schulen, wo schlecht bezahlte Lehrer die Kinder der weniger vermögenden Bevölkerung unterrichten, blicken sie herab. Diese Verachtung gilt auch der einheimischen Kultur. Carlos René Ixcot sieht das dadurch bestätigt, dass die großen Shopping Malls als Ausdruck US-amerikanischen Lebensstils bevorzugt auf den Überresten der antiken Maya-Städte errichtet werden.

Die Familien Chamorro und Pellas in Nicaragua

Wenn man von oligarchischen Familien in Nicaragua spricht, denkt man spontan an zwei Namen: Chamorro und Pellas. Die Somozas, die über 40 Jahre lang (1936–1979) das Land diktatorisch regierten und ein unvorstellbares Vermögen anhäuften, wurden von den traditionellen Familien stets als vulgäre Emporkömmlinge betrachtet. Man musste sich mit ihnen arrangieren, verachtete sie aber.

Die Chamorros, die im Laufe eines Jahrhunderts fünf Präsidenten hervorbrachten, stammen aus Spanien und sind in Nicaragua seit dem 18. Jahrhundert nachgewiesen. Sie ließen sich in der konservativen Hochburg Granada nieder und spielten in sämtlichen Bürgerkriegen des 19. Jahrhunderts eine Rolle. Präsident Frutos Chamorro (1853–1855) war ebenso Militär wie sein Nachfahr Emiliano Chamorro (1917–1921 und März bis November 1926). Nach dem Putsch gegen den liberalen Präsidenten José Santos Zelaya hatte er zunächst als Armeechef fungiert und unterzeichnete 1916 den berüchtigten Bryan-Chamorro-Vertrag, in dem Nicaragua das Recht, einen interozeanischen Kanal zu bauen, für alle Zeiten an die USA abtrat.

Violeta Barrios de Chamorro, die Nicaragua von 1990 bis 1997 regierte, war angeheiratet. Aber ihr Ehemann Pedro Joaquín wäre mit Gewissheit präsidiabel gewesen, hätte ihn nicht ein Mordanschlag am 10. Januar 1978 aus dem Weg geräumt.

Pedro Joaquín Chamorro mischte zwar in der Politik mit, wurde aber als Zeitungsherausgeber prominent. Die von ihm geleitete Tageszeitung *La Prensa* brachte er als Kampfblatt gegen die Somoza-Diktatur in Stellung, das Korruption und Brutalität aufdeckte und anprangerte. Seine Brüder Jaime und Javier zerstritten sich später über der Frage, ob die Zeitung die sandinistische Revolution unterstützen oder weiterhin einen scharfen Oppositionskurs fahren sollte. Das Ergebnis war die von Javier gegründete prorevolutionäre Zeitung *El Nuevo Diario*. Auch *Barricada*, das offizielle Organ der Sandinistischen Befreiungsfront, wurde einem Chamorro anvertraut, nämlich Carlos Fernando, dem jüngeren Sohn des Ermordeten.

Im modernen Zentrum Managuas steht ein gigantischer Glaspalast mit eigenem Heli-Port auf dem Dach. Es ist der Sitz der Privatbank Banco Centroamericano (BAC) im Besitz der Familie Pellas. Ein sichtbares Monument wirtschaftlicher Macht eines Clans, der sonst mit seinem Reichtum eher diskret umgeht.

Die Familie Pellas wanderte erst im 19. Jahrhundert aus Italien ein. Ihre Wurzeln finden sich in Sardinien und Südfrankreich. Als Pedro Joaquín Chamorro Alfaro regierte, ließ sich Carlos Federico Pellas in Nicaragua nieder. Sein Vater Napoleone Pellas war an der Caribbean & Pacific Transit Company Limited beteiligt, die den Export via Nicaragua-See und Río San Juan über den

Atlantik kontrollierte. Was die Pellas von den meisten Einwandererfamilien unterscheidet ist, dass sie ihr Vermögen nicht erst im Lande erwarben, sondern schon mit reichlich Kapital eintrafen, um zu investieren. Neben dem Transportwesen war es vor allem die Zuckerproduktion, die die Familie interessierte. Heute sind die Pellas unbestritten die reichste Familie Nicaraguas und in fast allen Branchen tätig. Neben der Zuckermühle San Antonio, wo auch der Flor de Caña-Rum destilliert wird, besitzen sie die größte Privatbank, sind Generalimporteure von Toyota und expandieren auf zentralamerikanischer Ebene im Agrobusiness.

Anders als die Chamorros und andere oligarchische Familien erlagen die Pellas nie der Versuchung, selbst in der Politik mitzumischen. Während der sandinistischen Revolution der 1980er-Jahre galten sie als patriotische Produzenten, weil sie sich weder politisch zu Wort meldeten noch durch Zurückhalten von Waren künstliche Knappheit erzeugten, um Unzufriedenheit in der Bevölkerung zu schüren. Politisch motivierte Warenboykotte waren Anfang der 1980er durchaus an der Tagesordnung und konnten die Verstaatlichung des Betriebes zur Folge haben.

Die Pellas bewiesen genügend politische Intelligenz und langen Atem, um aus der jeweiligen Situation das Beste zu machen. Als das Pendel nach der Wahlniederlage der Sandinisten 1990 wieder in die andere Richtung ausschlug und Privatisierung auf der politischen Agenda stand, hatten sie beste Voraussetzungen, um im Privatbankengeschäft eine große Nummer zu werden. Inzwischen gebieten sie über ein kleines Imperium.

Die traditionelle Kaffeeoligarchie Nicaraguas wurde im 20. Jahrhundert nachhaltig zurückgedrängt. Ab 1936 durch die raffgierige Somoza-Dynastie, die nach 43 Jahren an der Macht etwa ein Drittel des wirtschaftlich nutzbaren Landes und einen noch größeren Anteil der Vermögenswerte an sich gerissen hatte. Die traditionellen Familien schwankten jahrzehntelang zwischen Kollaboration und Opposition und fanden schließlich in den Revolutionären der FSLN den Verbündeten, der den verhassten Diktator hinwegzufegen versprach. Die Allianz war nicht so schwierig einzufädeln, denn die Söhne und Töchter der saturierten Oligarchen selbst hatten sich in Scharen dem bewaffneten Aufstand angeschlossen und bekleideten in der zweiten Reihe hohe militärische und später administrative Funktionen. Von einer »Revolution in the Family« sprach die mit dem Pulitzer-Preis ausgezeichnete *New York Times*-Journalistin Shirley Christian in ihrem gleichnamigen bitterbösen Buch über die internen Grabenkämpfe der frühen Revolutionsjahre.

Die Sprösslinge der Oligarchie predigten damals revolutionäre Moral und drohten den eigenen Vätern mit Enteignung. Doch die Moral verpuffte mit dem Ende der Revolution. Als im Februar 1990 die Wähler zugunsten der Oppositionsallianz UNO entschieden, brach bei vielen Anhängern und Protagonisten der Revolution die Panik aus. So wurden in den zwei Monaten vor dem tatsächlichen Machtwechsel noch enorme Vermögen verschoben.

Nutznießer waren nicht nur kleine Staatsangestellte, die ihren Dienstwagen mit nach Hause nehmen durften oder ihr Häuschen ins Grundbuch eintragen ließen. Auch hohe Offiziere und Kommandanten der Revolution, die ohne Existenzsicherung dastanden, sicherten sich eine wirtschaftliche Grundlage. Viel wurde dabei über Strohmänner abgewickelt. Deswegen ist es auch schwierig, verbindliche Aussagen über Entstehen und Wachstum des Vermögens der Familie Ortega zu treffen. Sicher ist, dass die zahlreichen Söhne und Töchter des Ehepaares Daniel Ortega/Rosario Murillo auf großem Fuß leben, mit Diplomatenpässen reisen und sich mit Statussymbolen schmücken, die von ihrem offiziellen Einkommen schwer zu bezahlen wären. Lokale Medien stellten Rechnungen auf, wie Laureano Ortega Murillo seine auf über 43 000 US-Dollar geschätzte Rolex finanziert haben könnte. Das Präsidentengehalt beträgt offiziell 3200 US-Dollar, und auch Laureano selbst, der in einer Werbeagentur angestellt ist und die Familie in der Kanalkommission vertritt, dürfte kaum über genügend Grundeinkommen verfügen, um den teuren Chronometer zum Marktpreis zu erwerben.

Dora María Téllez, Ex-Guerillakommandantin, Ex-Gesundheitsministerin und jetzt in der Sandinistischen Erneuerungsbewegung (MRS) engagiert, ist überzeugt, dass der Ursprung des Familienvermögens in den Ölgeschäften mit Venezuela liege: »Die Ortegas gehören jetzt zu jener Oligarchie, die sie eigentlich zu bekämpfen vorgeben. Sie sind eine der reichsten Familien des Landes. Sie haben Hotels, Fernsehkanäle, Unternehmen, Geschäfte, alles Mögliche gekauft«, so Téllez in der Oppositionszeitung *La Prensa*.

Das Ölgeschäft wird nicht über den offiziellen Haushalt abgewickelt, sondern über die von Daniel Ortega gegründete Aktiengesellschaft Albanisa, die von seinem Vertrauten Francisco López geleitet wird. Als Aktiengesellschaft ist Albanisa nicht zur Transparenz verpflichtet. Gelegentlich geraten Geschäfte aber doch an die Öffentlichkeit. So 2008 der Ankauf großer Rinderfarmen und eines Luxushotels für zehn Millionen Dollar, das von Rafael Ortega, dem Erstgeborenen des Präsidenten, gemanagt wird.

Kaffeefarmen in Costa Rica

Costa Rica, das sein Image als »Schweiz Zentralamerikas« pflegt, wo immer schon soziale Gleichheit herrschte, hat eine weniger ausgeprägte Oligarchie. Costa Rica war die ärmste und abgelegenste Provinz Zentralamerikas. Es gab keine bekannten Bodenschätze, die ausgebeutet werden konnten und zu wenige Indios, die man für die Plantagenwirtschaft hätte einspannen können. Die fast ausschließlich spanischstämmige Bevölkerung widmete sich dem Subsistenzbau und dem Handwerk. Große Haziendas entstanden während der Kolonialzeit genauso wenig wie lokale Oligarchien. Erst im 19. Jahrhundert begann das kleine Land durch den Kaffeeanbau für den Weltmarkt interessant zu werden. Es ist kein Zufall, dass es ein Deutscher war, der die ersten Zentner Kaffee exportierte. Denn Deutsche taten sich in ganz Zentralamerika als Pioniere des Kaffeeanbaus hervor. Georg Stiepel exportierte 1832 eine Ladung Rohkaffee nach Chile, von wo er als Café Chileno de Valparaíso weiterverkauft wurde. Erst elf Jahre später konnten die ersten 5505 Zentner Kaffee direkt nach Großbritannien geliefert werden. Die Privatisierung und Parzellierung des Landes in der für den Kaffeeanbau besonders geeigneten Meseta Central, dem zentralen Hochland, schuf die Voraussetzung für die Expansion der Plantagen. Damit gingen ein Prozess der Landkonzentration und die immer stärkere Abhängigkeit vom Weltmarkt einher.

Die großen Vermögen, die die Entstehung der costa-ricanischen Oligarchie ermöglichten, wurden mit dem Kaffee erwirtschaftet. Die Historiker stimmen weitgehend darin überein, dass mit dem Wachstum der Kaffee-Oligarchie auch der Militarismus im bis dahin weitgehend friedlichen Land zunahm. Die Familien der kleinen Elite sicherten ihren wirtschaftlichen und politischen Einfluss mit Hilfe der Militärs ab und schalteten sie ein, wenn es darum ging, Konflikte innerhalb der Elite auszutragen. Die Gebrüder Tinoco, die 1917 bis 1919 eine brutale Diktatur errichteten, stammten ebenso aus einer Kaffeepflanzer-Dynastie wie der Sozialdemokrat José Figueres, der als Einziger im 20. Jahrhundert das Land dreimal regieren sollte.

Nur die Revolutionen in Kuba und Mexiko haben die Oligarchien nachhaltig zerschlagen. In Venezuela, wo Hugo Chávez die oligarchischen Parteien in ungezählten Wahlen schlagen konnte, ist der Machtkampf noch immer nicht entschieden. In Kolumbien kämpfte die Guerilla 50 Jahre für eine sozialistische Revolution. Heute verhandelt sie mit der Machtelite über einen Frieden mit Reformprogramm. Man kann man davon ausgehen, dass die Wirtschaftsinteressen der Oligarchie nicht angetastet werden.

El Tío Sam – das Verhältnis zu den USA

Wer auf einem beliebigen Flughafen Zentralamerikas die Anzeigetafel studiert, wird feststellen, dass die Anzahl der Flüge nach Miami jene in die Nachbarstaaten weit übertrifft. So wie Zentralamerika von den USA traditionell als Hinterhof betrachtet wird, dient die Metropole in Florida der zentralamerikanischen Elite und Mittelschicht als Shopping-Paradies und Erholungsraum. Für Nicaragua war die stark von der exilkubanischen Kultur geprägte Stadt außerdem während der Revolutionsdekade 1979–1989 der zentrale Fluchtpunkt für Konterrevolutionäre und Regimegegner. Dank der Kaufkraft von Angehörigen, die in Florida ihre zweite Heimat gefunden haben, können heute viele Familien in Nicaragua überleben. In bestimmten Vierteln findet man Imbissbuden mit nicaraguanischen Spezialitäten und hört auf der Straße Spanisch mit nicaraguanischem Akzent.

Flüchtlinge aus El Salvador und Guatemala zog es eher nach Los Angeles und in andere Städte an der Westküste. Je stärker die USA in den 1980er-Jahren in Zentralamerika politisch und militärisch intervenierten, desto stärker schwoll der Strom der Flüchtlinge an. Aber auch in den vergangenen Jahren hat die Migration von Süden nach Norden neue Höhepunkte erreicht. Diesmal sind es nicht bewaffnete Konflikte, die die Menschen vertreiben, sondern die ökonomische Aussichtslosigkeit, der durch Alltagsgewalt, Arbeitslosigkeit oder das alltägliche Verkehrschaos verursachte Stress, die Hoffnung auf ein besseres Leben.

»Die Vereinigten Staaten scheinen dazu bestimmt zu sein, im Namen der Freiheit Unglück zu verbreiten.« Der südamerikanische Befreiungsheld Simón Bolívar misstraute dem großen nördlichen Bruder und warf ihm Gleichgültigkeit gegenüber den Freiheitsbewegungen in ihren schwierigen Momenten vor. Was auf die Beziehungen zu Spanisch-Amerika gemünzt war, können heute Iraker, Afghanen, Vietnamesen und vor allem auch die Zentralamerikaner bestätigen.

Präsident James Monroe diktierte 1823 die nach ihm benannte Doktrin, die Lateinamerika zum exklusiven Einflussgebiet der USA erklärte. Mexiko und die meisten Staaten Südamerikas hatten gerade die spanische Kolonialherrschaft abgeschüttelt, und die USA durchlebten eine rapide Wachstumsphase. 1819 erwarben die Vereinigten Staaten den Bundesstaat Florida für fünf Millionen Dollar von Spanien. Begehrlichkeiten anderer europäischer Mächte auf die westliche Hemisphäre wurden aber nicht ausgeschlossen. So fürchtete man die dominante Seemacht Großbritannien und russische Ansprüche an der Pazifikküste. Das Zarenreich besaß mit Alaska ein gigantisches Territorium in Nordamerika. Obwohl die USA damals noch in erster Linie mit der Expansion nach innen beschäftigt und sich militärisch nicht in der Lage sahen, ihre Hegemonialansprüche auch durchzusetzen, verkündete Monroe, die USA würden jeden Versuch der europäischen Mächte, ihr System auf einen Teil der westlichen Hemisphäre auszudehnen, »als gefährlich für unseren Frieden und unsere Sicherheit« betrachten. Im Gegenzug werde man sich weder in die inneren Angelegenheiten der europäischen Mächte einmischen noch bestehende Kolonien antasten.

Es sollte mehrere Jahrzehnte dauern, bis Monroes Doktrin praxistauglich wurde. Im vergangenen Jahrhundert hat Washington mindestens ein Dutzend Mal auf dem zentralamerikanischen Isthmus interveniert. In der Regel »zum Schutz amerikanischen Lebens und amerikanischer Interessen«. Präsident Theodore Roosevelt ergänzte 1904 die Monroe-Doktrin mit einem Zusatz, der als Roosevelt-Corollary bekannt ist. Darin beanspruchen die USA, »im Interesse der Ordnung und der Zivilisation« Polizeigewalt gegen die »schwachen und chaotischen Regierungen und

Völker im Süden« auszuüben. Die daraus abgeleitete Politik, die Wohlverhalten gegenüber der Expansion des US-amerikanischen Kapitals erzwingen sollte, nannte man anschaulich Politik des »big stick«. Schon 1903 hatte man während revolutionärer Unruhen in Honduras »zum Schutz des amerikanischen Konsulats und der Werft in Puerto Cortés« eingegriffen. 1925 landeten die Marines in Panama zur »Aufrechterhaltung der Ordnung und zum Schutz amerikanischer Interessen«. Nicaragua blieb nach der Truppenlandung 1912 gleich 20 Jahre besetzt – mit kurzer Unterbrechung. In Guatemala rüstete die CIA 1954 eine Söldnertruppe aus, weil die Landreform des demokratisch gewählten Präsidenten Jacobo Arbenz die Geschäftsinteressen von Außenminister John Foster Dulles störte. Die bisher letzte direkte Intervention im Dezember 1989 in Panama gipfelte in der Festnahme des Autokraten Manuel Noriega, der sich vergeblich in der Apostolischen Nuntiatur versteckt hatte. General Noriega, ein langjähriger Vertrauensmann der CIA, war, wie oben gesagt, außer Kontrolle geraten.

»Züge eines Piratennestes«

Mit welcher Arroganz die Vereinigten Staaten gegen die kleinen Republiken vorgingen, belegt ein Zwischenfall im Jahr 1854. Auf dem Río San Juan, der Nicaragua von Costa Rica trennt, rammte das unter US-amerikanischer Flagge segelnde Schiff Routh am 13. März ein Kanu und brachte es zum Kentern. Ein Nicaraguaner ertrank. Die Polizei von Greytown (heute San Juan de Nicaragua) an der Mündung des Flusses nahm daraufhin den Kapitän fest. Dagegen protestierte US-Botschafter Solon Borland, der als Passagier auf der Routh unterwegs war. Eine aufgebrachte Menge wollte diese Einmischung nicht hinnehmen und verletzte den Diplomaten. Die Regierung in Washington verlangte daraufhin Genugtuung in Form einer Entschädigung von 24 000 US-Dollar. Zahlbar binnen 24 Stunden. Widrigenfalls würde man Greytown in Schutt und Asche legen. Tatsächlich fuhr am 13. Juli die Kriegsschaluppe USS Cyane vor Greytown auf und bombardierte die Hafenstadt. 80 Häuser wurden dem Erdboden gleichgemacht, die restlichen auf Befehl von Commander Hollins von Marineinfanteristen niedergebrannt. Sein Vorgehen sei angemessen gewesen, rechtfertigte sich Hollins nach internationalen Protesten. Denn die Stadt habe »Züge eines Piratennestes« getragen.

Menschen kamen zwar nicht zu Schaden, weil sie sich rechtzeitig retten konnten, doch die weltweiten Proteste gegen diese mutwillige Bombardierung einer nicht befestigten Küstenstadt blieben nicht aus. Selbst die US-amerikanische Presse zeigte kein Verständnis für den hochoffiziellen Vandalenakt und sprach von Kriegsgräueln. Erst 1874 auf der Brüsseler Konferenz wurden solche Repressalien völkerrechtlich geächtet.

Die Vereinigten Staaten, selbst 1776 aus dem Joch der britischen Kolonialherrschaft entwichen, sahen sich im Recht, wenn sie Lateinamerika und ganz besonders das kleine Mittelamerika als ihren Hinterhof betrachteten. Bis 1848 hatten sie sich mehr als die Hälfte des mexikanischen Territoriums einverleibt, und die Fortsetzung der Landnahme war damals mehr als nur ein Gedankenspiel. So konnte William Walker – der Anwalt und Abenteurer aus Tennessee, der 1855 in einen Bürgerkrieg in Nicaragua eingegriffen hatte – auf Rückendeckung aus Washington hoffen, als er sich zum Präsidenten ausrief und den Anschluss Nicaraguas an die USA anstrebte.

Selbst als ein halbes Jahrhundert später die Entscheidung gefallen war, einen interozeanischen Kanal nicht in Nicaragua, sondern in Panama zu bauen, zwangen die USA Nicaragua einen Knebelvertrag auf. Präsident José Santos Zelaya, der mit Japan und dem Deutschen Reich als mögliche Investoren für einen Kanal kokettierte, wurde 1909 gestürzt. Mit seinem Nachfolger General Emiliano Chamorro unterzeichnete der US-Außenminister William Jennings Bryan 1914 den Bryan-Chamorro Vertrag, der den USA das exklusive Rechte zusicherte, in Nicaragua einen Kanal zu bauen. Da der Panamakanal damals bereits eröffnet wurde, diente der Vertrag keinem anderen Zweck, als jedem Dritten ein Konkurrenzprojekt zu verwehren.

Um das von Bürgerkriegen zerrissene Land gefügig zu halten, hatten die USA bereits 1912 Marineinfanteristen geschickt, die Nicaragua, mit kurzer Unterbrechung im Jahre 1926, besetzt hielten. Erst der Befreiungskampf des Augusto C. Sandino (siehe Kapitel »Helden und Halunken«), der im gebirgigen Norden einen zähen Guerillakrieg gegen die Besatzer führte, erhöhte die Kosten für die Ordnungsmacht derart, dass die Marines schließlich abgezogen wurden. Eine wesentliche Rolle spielten dabei die Presse der USA und eine breite Solidaritätsbewegung mit dem kleinen Volk in Zentralamerika.

Bananenrepubliken

William Walker aus Tennesse, der sich 1854 zum Präsidenten von Nicaragua ausgerufen hatte, wollte ganz Zentralamerika in die Vereinigten Staaten eingliedern. Versuche territorialer Annexion blieben danach aus. Aber Zentralamerika blieb in fast völliger Abhängigkeit von der Großmacht im Norden. Ende des 19. Jahrhunderts begann der Unternehmer Minor Keith, in Costa Rica Bananenplantagen anzulegen. Ursprünglich ging es ihm dabei vor allem darum, die von ihm finanzierte Eisenbahnverbindung von der Hauptstadt San José zum Karibikhafen Puerto Limón auszulasten. Eine eigens gegründete Dampfschifffahrtslinie nach New Orleans brachte die Früchte auf den US-amerikanischen Markt. Da sich das Unternehmen als hochgradig rentabel erwies, weitete Keith die Plantagen seiner United Fruit Company (UFCO) auf Panama und Kolumbien und später auch auf Honduras und Guatemala aus. Da die Wirtschaftsmacht der Company die der Kleinstaaten überstieg, konnten Keith und seine Nachfolger die politischen Entscheidungen nach ihren Interessen beeinflussen und selbst Präsidenten nach Belieben ein- und absetzen. Der guatemaltekische Schriftsteller Miguel Ángel Asturias verarbeitet diese für die Zentralamerikaner höchst demütigende Herrschaft der Obstgesellschaften in seinem Roman »El Papa Verde« (»Der grüne Papst«). Carlos Luis Fallas schildert den Kampf costa-ricanischer Bananenarbeiter um gewerkschaftliche Rechte in »Mamita Yunai« (»Die grüne Hölle«). Und der kommunistische Journalist Ramón Amaya Amador, der als politisch Verfolgter das heimatliche Honduras verlassen musste und in Guatemala Exil fand, schrieb mit »Prisión Verde« den großen Bananenroman aus Honduras.

Als der reformistische guatemaltekische Präsident Jacobo Arbenz Anfang der 1950er-Jahre für eine umfassende Landreform brachliegende Plantagen der United Fruit Company enteignen wollte, schalteten sich die USA ein. CIA-Direktor Allen Dulles war selbst UFCO-Aktionär und fand es empörend, dass die Entschädigung sich nach dem in der Steuererklärung deklarierten Wert der Liegenschaften richten sollte. Sein Bruder, Außenminister John Foster Dulles, entfesselte eine außenpolitische Kampagne gegen Guatemala und warnte vor einer kommunistischen Machtübernahme. Als eine von der CIA aufgestellte Söldnertruppe von Honduras einmarschierte und US-amerikanische Kriegsflugzeuge über Guatemala-Stadt bedrohten, gab Präsident Arbenz auf und floh ins Exil. Es folgten 30 Jahre Militärherrschaft, nur notdürftig verbrämt durch regelmäßige Pseudo-Wahlen.

Allianz für den Fortschritt

Viel zu oft setzten die USA im Umgang mit Lateinamerika auf Diktatoren und die Sprache der Bajonette. Einen anderen Weg versuchte Präsident John F. Kennedy zu beschreiten, als er im August 1961, dreieinhalb Jahre nach Beginn der kubanischen Revolution, zu einem großen Treffen in den uruguayischen Badeort Punta del Este lud. Dort bot er den lateinamerikanischen Staatschefs eine Allianz für den Fortschritt (ALPRO) an, die aus demokratischen Reformen, Investitionen in den Sozialbereich, den Ausbau der Infrastruktur und wirtschaftlicher Stabilisierung bestand. Dotiert mit der damals gigantischen Summe von 20 Milliarden US-Dollar (über zehn Jahre für den gesamten Subkontinent), sollte das Programm dazu dienen, den revolutionären Wind der kubanischen Revolution vom Festland fernzuhalten. Ein zentrales Element dabei waren Landreformen, die das Latifundium weitgehend beseitigen und Millionen Landlosen und Kleinbauern eine Lebensgrundlage verschaffen sollten. Den marxistischen Befreiungsbewegungen, die das gleiche Ziel verfolgten, wäre der Wind aus den Segeln genommen worden. Alle Regierungen mit Ausnahme Kubas, das durch den berühmten Revolutionär Ernesto Che Guevara vertreten war, unterzeichneten den Pakt, der ihnen auch mehr Waffenhilfe versprach. Die Ziele lasen sich durchaus anspruchsvoll: Jedes Jahr sollte das Einkommen pro Kopf um 2,5 Prozent wachsen, der Analphabetismus bis 1970 besiegt sein, Preisstabilität einkehren und die ungleiche Verteilung des Reichtums bekämpft werden. All das sollte durch demokratische Regierungen bewerkstelligt werden.

Das Projekt scheiterte allerdings an der Starrköpfigkeit der lateinamerikanischen Oligarchien, die nicht einen Quadratmeter Land abtreten wollten, und an der wenig konsequenten Haltung der USA, die nach Kennedys Ermordung im November 1963 zu wenig auf Reformen drängten und die militärische Komponente gegenüber der wirtschaftlich-sozialen aufwerteten. Zehn Jahre später tobten fast überall bewaffnete Kämpfe gegen starre politische Eliten, und in den wenigen demokratisch regierten Ländern putschten sich die Militärs an die Macht.

In Zentralamerika unternahm allein Honduras eine echte Agrarreform. Ein Generalstreik der Landarbeiter im Norden hatte 1954 auf das Elend der Landbevölkerung aufmerksam gemacht. Der größte Teil des fruchtbaren Landes befand sich in Händen ausländischer Großgrundbesitzer, allen voran die Bananenkonzerne. Deren Zorn wagten die Präsidenten allerdings nicht herauszufordern. Guatemala, wo 1954 die demokratische Reformregierung des Jacobo Arbenz – nach der Enteignung von Brachland der Bananenkonzerne – mit tatkräftiger Hilfe der CIA weggeputscht worden war, diente als warnendes Beispiel. Zur Verteilung kamen also nur Staatsland, kommunales Land und jene Ländereien, die Private freiwillig zum Kauf anboten.

Mehr als 30 Jahre Agrarreform haben in Honduras die ungleiche Landverteilung nicht beseitigen können. Zwar wurden im Laufe der Zeit 380000 Hektar umverteilt – das sind 14 Prozent des landwirtschaftlich nutzbaren Bodens – doch waren 1993 immer noch 44 Prozent der Familien auf dem Land landlos oder besaßen weniger als einen Hektar Fläche. Und die Großgrundbesitzer verteidigen ihr großenteils unrechtmäßig erworbenes Land mit Waffengewalt gegen jedes Ansinnen einer Enteignung.

Auf fruchtbaren Boden fielen die reformistischen Ideen der USA in Costa Rica, wo Präsident José Figueres 1949 nach einem Bürgerkrieg die Armee aufgelöst und alle Ressourcen auf Bildung und Entwicklung konzentriert hatte. Ja, Costa Rica, ein Land mit relativ gerechter Verteilung des Reichtums, einer starken Mittelschicht, hohem Steueraufkommen und einer funktionierenden repräsentativen Demokratie, war ein Modell, das die Allianz für den Fortschritt auf dem gesamten Subkontinent anstrebte. Figueres fungierte sogar als wichtiger Ideengeber für die ALPRO und traf mehrmals mit Kennedys engem Berater Adolf Berle zusammen. Kennedy selbst stattete dem Kleinstaat 1963 einen Besuch ab. Und gemeinsam mit Panama, der Dominikanischen Republik, Chile und Bolivien gehörte Costa Rica zu jenen Ländern, die die höchsten Zuschüsse pro Kopf erhielten.

Manche Autoren sind der Meinung, die Allianz für den Fortschritt sei von Anfang an ein militärisches Programm mit sozialer Verbrämung gewesen. Denn US-Truppen wurden in Lateinamerika mit dem Bau von Straßen und Brücken und selbst dem

Einführen von Sozialprogrammen betraut. Den Menschen sollte die Angst vor den Uniformierten genommen werden. Sicher ist, dass das Engagement für Demokratie und Reform in Lateinamerika abnahm, je mehr die USA durch den Vietnamkrieg ihr Interesse nach Südostasien verlagerten.

Kennedy selbst wird von seinem Biografen Arthur M. Schlesinger in »A Thousand Days« so zitiert: »Es gibt in absteigender Präferenz drei Möglichkeiten: ein ehrliches demokratisches Regime, die Fortsetzung eines Regimes von Trujillo oder ein Regime von Castro. Wir sollten das Erstere versuchen, ohne dabei auf das Zweitere zu verzichten, bevor wir nicht sicher sind, dass wir das Dritte vermeiden können.«

Rafael Leónidas Trujillo, der die Dominikanische Republik von 1930 bis zu seiner Ermordung 1961 diktatorisch regierte, galt zu seiner Zeit als Inbegriff des grotesken lateinamerikanischen Despoten.

Rebellisches Jahrzehnt

Mit dem baptistischen Erdnussfarmer James Earl Carter zog ein Mann ins Weiße Haus ein, der die Menschenrechte auf seiner Agenda hatte und von traditionellen Verbündeten der USA abrückte. Das bekam der Schah von Persien ebenso zu spüren wie der nicaraguanische Diktator Anastasio Somoza. Nach El Salvador, wo die Machthaber jede Opposition blutig verfolgten, schickte Carter den Botschafter Robert White, der sich bei der lokalen Elite den Spruch »White is red« einhandelte, weil er die flagranten Menschenrechtsverletzungen öffentlich anprangerte.

Carter verspielte eine zweite Amtszeit wegen der Ereignisse im Iran. Eine aufgehetzte Studentengruppe hatte die US-Botschaft in Teheran besetzt und das Personal als Geiseln genommen. Ein militärischer Befreiungsversuch scheiterte kläglich kurz vor den Wahlen. Der Republikaner Ronald Reagan, der Carter für den

Verlust von Iran und Nicaragua verantwortlich machte, siegte. Er sah es als seine Aufgabe, die Ausbreitung des Kommunismus in Zentralamerika zu verhindern. Das sandinistische Regime in Nicaragua, das einen neuen Weg zwischen Sozialismus und Kapitalismus einzuschlagen versuchte, wurde als totalitärer Vasall der Sowjetunion diskreditiert, die repressiven Regimes der Nachbarländer Honduras und El Salvador hochgerüstet. Das unbewaffnete Costa Rica, das sich durch eine Neutralitätserklärung dem Konflikt zu entziehen suchte, wurde unter Druck gesetzt, den nicaraguanischen Konterrevolutionären eine Basis zu bieten. Den Sandinisten warfen Washingtons Experten für psychologische Kriegsführung Pressezensur, Judenverfolgung, Unterdrückung von Minderheiten und Export der Revolution vor. In allen Vorwürfen steckte ein Körnchen Wahrheit, wobei die ins Exil geflohenen Juden nicht wegen ihres Glaubens, sondern als Verbündete des gestürzten Diktators ins Visier der Revolutionäre gerieten.

Aus den nach Honduras geflüchteten Resten von Somozas Nationalgarde schmiedeten Folterexperten der CIA den Kern einer konterrevolutionären Truppe, die zunächst Anschläge in Grenznähe verübte, im Laufe der Jahre aber immer schlagkräftiger wurde und sich auch im Landesinneren festsetzen konnte. Reagan setzte die brutalen Freischärler mit den patriotischen Gründervätern der USA gleich und erwirkte offizielle Finanzierung dieser Mörderbande durch den Kongress. Als die CIA in ihrer verdeckten Kriegführung gegen Nicaragua im Jahre 1985 die Häfen des Landes verminte und dabei auch Handelsschiffe verbündeter Staaten zu Schaden kamen, verweigerte der Kongress weitere Contra-Hilfe. Daraufhin wurde unter Leitung des Ex-Obersten Oliver North im Kellergeschoss des Weißen Hauses eine geheim operierende Gruppe eingerichtet, die sich um die verdeckte Finanzierung der Contras zu kümmern hatte. Die Verschwörer ersannen zwei Wege der Geldbeschaffung. Einerseits wurden dem verfeindeten Iran, der sich in einem von den USA angestifteten Krieg mit dem Irak aufrieb, Ersatzteile für Raketen geliefert, die noch der Schah gekauft hatte. Man bediente sich dabei einer Reihe von Mittelsmännern in Israel und arabischen Staaten, die den Deal verschleierten. Andererseits scheuten die Geheimdienstler auch nicht davor zurück, in den Kokainhandel mit dem kolumbianischen Drogenboss Pablo Escobar einzusteigen, um die Schützlinge des Präsidenten mit Geld und Waffen zu versorgen. Die später Iran-Contra-Affäre genannte Geheimdienstoperation flog auf, als im Oktober 1986 ein Versorgungsflugzeug für die Contras über Nicaragua abgeschossen wurde und ein Söldner aus den USA den Absturz überlebte: Eugene Hasenfus aus Wisconsin packte beim Verhör aus und wurde nach seiner Verurteilung im Schnellverfahren begnadigt. Diese Blamage für die USA sollte der letzte große Triumph der Sandinisten gewesen sein. Reagans Strategie, die Revolution durch eine Kombination aus wirtschaftlichem und militärischem Druck, ergänzt durch propagandistisches Begleitfeuer, zu erdrosseln, ging schließlich bei den vorgezogenen Wahlen vom Februar 1990 mit dem Sieg des von Washington gesponserten Oppositionsbündnisses UNO auf.

Flucht in den Norden

Gründe, die USA als arrogante und oft skrupellos ihre Machtinteressen durchsetzende Supermacht zu hassen, gibt es in Zentralamerika viele. Dennoch übt der Moloch im Norden eine ungebremste Anziehungskraft aus. Die Schlangen vor den Visaschaltern der Konsulate sind ein sichtbarer Beweis dafür. Obwohl die Aussichten auf das begehrte Einreisepapier ungewiss sind, nehmen die Menschen auch die Vorauszahlung von hundert US-Dollar für das Antragsformular in Kauf. Filialen von McDonald's, Pizza Hut oder Kentucky Fried Chicken sind Zeugen der Durchsetzungskraft des American Way of Life, und die Hollywood-Blockbuster, die in den Kinos der modernen Shoppingmalls keine Konkurrenz von lateinamerikanischen Produktionen fürchten müssen, erlauben die vorübergehende Flucht aus der Wirklichkeit.

Nach einer 2014 in El Salvador erhobenen Umfrage wollen 43 Prozent der Befragten das Land verlassen. Unter jenen, die bereits Angehörige im Ausland haben, sind es sogar 52 Prozent. Die meisten zieht es natürlich in die USA. Bemerkenswert ist, dass die Unsicherheit infolge der hohen Kriminalitätsrate wirtschaftliche Gründe als Hauptursache für die Auswanderungswünsche abgelöst hat. Dass sich hinter diesen Angaben nicht nur vage Träume verbergen, zeigen die Statistiken der illegalen Einwanderung in die USA. Da haben die Migranten aus Zentralamerika in den letzten Jahren die Mexikaner überholt. Eine regelrechte Migrationskrise hat die Anzahl der unbegleiteten Minderjährigen ausgelöst. Deren Anzahl allein aus den drei Ländern Honduras, Guatemala und El Salvador hat sich von 2012 mit 10 146 auf 51 705 im Jahre 2014 mehr als verfünffacht.

Die USA werden in Lateinamerika seit jeher durch Uncle Sam – el tío Sam – repräsentiert, jenen schlaksigen Yankee mit Zylinderhut in den Farben der Stars and Stripes, der dem Subkontinent seinen Willen aufdrückt. Gleichzeitig sehnen sich die meisten nach einem Land, in dem es Arbeit gibt, weitgehende Rechtsstaatlichkeit herrscht und die Menschenrechte gewahrt werden. Erst wenn sie mit der brutalen Grenzpolizei, Ausbeutung illegaler Arbeitskräfte, Diskriminierung und Polizeiwillkür Bekanntschaft machen, verlieren viele die Illusionen. Wenn sie sich aber einmal hinaufgearbeitet haben und einen Teil ihres Einkommens nach Hause schicken können, dann verblassen die schlimmen Erfahrungen. Fotos von glücklichen Einwandererfamilien vor dicken Autos oder dem schmucken Einfamilienhaus irgendwo in Suburbia wirken wie ein Magnet für die Zuhausegebliebenen.

Die sogenannten Rimessen aus den USA, also die Geldsendungen an die Familien in Zentralamerika, haben 2015 mit geschätzten 15,8 Milliarden US-Dollar und einem Zuwachs von sieben Prozent gegenüber 2014 Rekordniveau erreicht. Der Löwenanteil dieser Überweisungen von legalen und illegalen Immigranten in den USA wird über private Agenturen, nicht über Banken abgewickelt. Für Honduras machen diese Gelder 17,3 Prozent des Bruttoinlandsprodukts (BIP) aus, für El Salvador 16,7 Prozent, für Guatemala 12,5 Prozent und für Nicaragua immerhin noch 9,6 Prozent. Nur in Costa Rica spielen diese Geldsendungen eine geringe Rolle. Vielmehr ist das Land Quelle von Rimessen der rund 500 000 Nicaraguaner, die dort ihr Brot verdienen.

Gewalt – eine Frage der Kultur?

Der Ixcán ist so etwas wie der Wilde Westen Guatemalas – eigentlich der Wilde Nordwesten, wo die Grenze eine kerzengerade Trennlinie zu Mexiko zieht. Die Ölpipeline, die entlang der Straße, stellenweise durch die Vorgärten der Anwohner verläuft, verrät, dass hier enorme Bodenschätze lagern, die die entlegene Region nicht nur für Kleinbauern und Rinderbarone interessant machen.

Noch vor wenigen Jahren war der Ixcán praktisch nur aus der Luft oder über Saumpfade zu erreichen: ein ideales Gelände für Schmuggler jeder Art und vor weniger als 20 Jahren auch noch für die Guerilla. Heute ist die Asphaltstraße, die den Hauptort Playa Grande mit Cobán, der nächstgelegenen Provinzhauptstadt, verbindet, nahezu fertig. Trotzdem muss man für die 370 Kilometer aus der Hauptstadt gut und gern zehn Stunden einplanen, wenn nicht ein Felssturz oder ein Erdbeben einen Teil der Straße gar für Tage unpassierbar macht.

Nirgendwo kann man die Tragödie dieses landschaftlich und kulturell berückenden Landes besser nachzeichnen als im Ixcán, wo Angehörige verschiedener Maya-Völker aus mehreren Landesteilen die Agrargrenze vorangetrieben haben und den kargen Boden mit Mais, Bohnen und vielleicht etwas Gemüse bebauen.

Jerónimo Osorio Chen vom Volk der Achí war noch ein Kind, als die Soldaten in sein Dorf Río Negro bei Rabinal kamen und ein Massaker an Kleinbauern verübten. Sein Vater wurde verschleppt und tauchte nie wieder auf. Erst später verstand er, dass sich die Dorfbewohner gegen ein Staudammprojekt gewehrt hatten, das ihre Häuser und Äcker unter Wasser setzen sollte. Widerstand wurde mit Subversion gleichgesetzt. Die Militärs unterschieden nicht zwischen Guerilla-Kämpfern und Dorfbewohnern, die ihnen zu essen gaben oder auch nur im Operationsgebiet der Rebellen wohnten. Das Wasserkraftwerk von Chixoy war eines der Prestigeprojekte der Militärdiktatur und sollte einige Generäle sehr reich machen. Osorio konnte mit seinem großen Bruder fliehen. Nach Monaten, in denen sie sich von Wurzeln und Beeren ernährten, landeten sie in einem Widerstandsdorf im Urwald, wo Vertriebene jahrelang den Attacken der Armee auszuweichen verstanden. »Man durfte fast nie kochen«, erinnert sich der Mann, der heute in Playa Grande lebt. Denn tagsüber hätte sie der Rauch verraten und nachts das Feuer.

Heute geht von den Soldaten keine unmittelbare Gefahr mehr aus. Nach dem Friedensabkommen von 1996 musste sich die Armee in die Kasernen zurückziehen und beschränkte sich darauf, die eigenen Interessen zu schützen. Sie konnte aber nicht verhindern, dass die Massengräber der Massakeropfer nach und nach entdeckt und geöffnet werden. Guatemalas forensische Teams gehören inzwischen zu den besten in ganz Lateinamerika. Die meisten der insgesamt 187 Opfer der Ortschaft Río Negro wurden ausgegraben. Jerónimo Osorios Vater war nicht dabei.

Zwei Kommissionen arbeiteten nach dem bewaffneten Konflikt die blutige Geschichte auf: eine kirchliche unter Leitung von Bischof Juan Gerardi und eine offizielle der Vereinten Nationen unter dem deutschen Völkerrechtsprofessor Christian Tomuschat. Beide kamen zu dem Schluss, dass um die 90 Prozent der 150 000 Todesopfer auf das Konto von staatlichen Organen oder staatsnahen Todesschwadronen gingen. Eine geringe Anzahl konnte nicht zugeordnet werden. Für etwa sieben Prozent der Morde sei die Guerilla verantwortlich. Bischof Gerardi wurde 1998, wenige Tage nach Veröffentlichung seines Berichts, in der Garage des bischöflichen Palais erschlagen. Jahrelang wagte es darauf fast niemand, gegen Militärs oder Polizisten auszusagen.

Erst in den letzten Jahren gelang es, Zeugen zu finden, die vor Gericht zu ihren Beobachtungen standen. Der deutsche Anwalt Michel Mörth, der eine Menschenrechtsanwaltskanzlei in Guatemala berät, arbeitet mit Zeuginnen und Zeugen vor Verhandlungsterminen. So gelang es etwa, für die Überlebenden des Massakers von Río Negro umgerechnet 200 Millionen Euro Entschädigung zu erstreiten. Allerdings hat die Regierung nie gezahlt.

Maschinerie des Terrors

Es konnten aber auch Militärs vor Gericht Kriegsverbrechen nachgewiesen werden. So einem ehemaligen Offizier und drei Ex-Soldaten, die für ein Massaker an 201 Kleinbauern im Jahr 1982 zu 6000 Jahren Haft verurteilt wurden. Efraín Ríos Montt, der Guatemala nach einem Putsch im März 1982 fast anderthalb Jahre diktatorisch regierte, musste sich für Völkermord und Verbrechen gegen die Menschlichkeit verantworten und wurde im Mai 2013 zu 80 Jahren Haft verurteilt. Allerdings hob der Verfassungsgerichtshof das Urteil schon zehn Tage später wieder auf. Die Richter hätten unter unglaublichem Druck gestanden, berichtete die spanische Zeitung *El Mundo*. Der mächtige Unternehmerverband CACIF und die Vereinigung der Armeeveteranen Avemilgua hätten gedroht, 50 000 Paramilitärs zu mobilisieren. Der General konnte seinen 90. Geburtstag im Juni 2016 auf freiem Fuß feiern und wird wohl auch in Freiheit sterben.

Die Ermittler können sich inzwischen auf eine Quelle von unschätzbarem Wert stützen. Vor wenigen Jahren wurde durch Zufall das Archiv entdeckt, dessen Existenz von der Polizei immer geleugnet worden war. Millionen Akten, die die Polizeiarbeit von 1883 bis 1992 akribisch dokumentieren, liefern wertvolle Hinweise auf die Täter von Menschenrechtsverbrechen. Zuerst werden die Jahre 1975 bis 1985 aufgearbeitet. »Das war der Höhepunkt der Repression«, sagt Alberto Fuentes, der Leiter des Archivs. Dank der Protokolle konnten zwei Polizisten verurteilt werden, die im Februar 1984 den Gewerkschafter Fernando García mit einem Kollegen festnahmen. Nach drei Tagen im Polizeigewahrsam verliert sich deren Spur. Fuentes ist überzeugt, dass auch noch die Leute gefunden werden, die die Verdächtigen folterten und dann verschwinden ließen. Der ehemalige Polizeioffizier Pedro García Arredondo, der am 31. Januar 1980 den Befehl gab, die von indianischen Kleinbauern friedlich besetzte spanische Botschaft in Brand zu stecken, konnte dank Aufzeichnungen des Archivs zu 90 Jahren Haft verurteilt werden. Ihm werden insgesamt über 4000 Morde angelastet.

Ab 1978 wurden auch 23000 handschriftlich geführte Bücher archiviert, in denen man Details aus dem Arbeitsalltag der Polizei findet. Ein Beispiel, wie die Informationsteile einander ergänzen: Der sozialdemokratische Politiker Manuel Colom Argueta, der als Bürgermeister der Hauptstadt sehr populär war, erstattete einmal eine Anzeige, dass er von einem Motorradfahrer verfolgt worden sei. Er hatte sogar das Kennzeichen notiert und verlangte Auskunft über den Fahrzeughalter, die er natürlich nie bekam. »Wir haben jetzt hunderte Nummernschilder gefunden«, so Alberto Fuentes, »und in einem Buch fanden wir einen Eintrag, wie für dieses Motorrad eine Tankfüllung beantragt wurde. Kurz nach seiner Anzeige wurde Colom Argueta ermordet. Sein Kopf war von der Anzahl der Kugeln so zerfetzt, dass er einem Fleischklumpen glich. Das war eine Treibjagd, die von einem Hubschrauber aus koordiniert wurde.« In einem weiteren Buch fand sich Information über jemanden, der in ein Auto gezerrt und verschleppt wurde. Jemand konnte die Nummer aufschreiben und erstattete Anzeige. In einem weiteren Buch gab es eine Notiz, dass dieses Fahrzeug zur Reparatur in die Werkstatt geschickt wurde. Fuentes: »Damit ist bewiesen, dass es die Polizei war. Die Nationalpolizei ist für das Verschwinden dieser Person verantwortlich. Die Dokumente sprechen, liefern uns Beweise und erklären uns, wie die Maschinerie des Terrors funktionierte.«

Diese Maschinerie des Terrors hatte anfangs bei allen Leichen, die von der Polizei erkennungsdienstlich behandelt wurden, die vermutliche Todesursache festgehalten. Da wurden Schusswunden und grausame Verstümmelungen beschrieben, die mit Stacheldraht auf den Rücken gefesselten Hände oder die Verbrennungsspuren an verschiedenen Teilen des Körpers. Als die Repression ihrem Höhepunkt zusteuerte, gab es offenbar eine Order, diese Diagnose einzustellen. Fortan wurde allen Opfern des Polizeiterrors Herztod attestiert. Und die Leichen wurden als Unbekannte auf dem Friedhof La Verbena verscharrt. Dort wird auch die Mehrzahl der rund 40 000 Verschwundenen vermutet. Mehrere tausend Gebeine konnten bereits aus Massengräbern exhumiert werden. Die Identifizierung ist aber eine schwierige und teure Prozedur.

Jeder und jede hat das Recht und die Möglichkeit, Einsicht in die Archive zu bekommen. Auf Wunsch geht das Team von Alberto Fuentes auch Einzelschicksalen nach und schickt den Betroffenen eine Kopie der Dokumente, aus denen hervorgeht, was mit dem verschwundenen Vater geschah, oder wie der verschollene Sohn zu Tode gekommen ist.

Otto Pérez Molina, Präsident von Januar 2012 bis Oktober 2015 ehe er wegen Korruptionsvorwürfen zurücktrat, war selbst in der Armee und leitete in den 1980er-Jahren, als die Repression ihren Höhepunkt erreichte, als Major Operationen im indianischen Hochland. Kurz nach seiner Vereidigung stellte er klar: »Hier gab es keinen Völkermord. Hier fand ein bewaffneter Konflikt statt, den die Guerilla ins Landesinnere trug, wo sie die Maya-Völker hineinziehen wollte.« Trotzdem ließ er die Justiz arbeiten.

Mordrekorde

Pérez Molina wurde nicht zuletzt gewählt, weil er eine Politik der harten Hand versprochen hatte. Guatemala ist eines der gefährlichsten Länder der Welt. Laut dem jüngsten verfügbaren Bericht der UN-Organisation für Drogen und Verbrechen in Wien rangiert Guatemala mit 39,9 Morden pro 100 000 Einwohner weltweit an fünfter Stelle der Gewaltskala. Zentralamerika weist insgesamt mit 41 Morden pro 100 000 Einwohner einen siebenmal höheren Wert auf als das konfliktreiche Zentralafrika. Ein makabrer Rekordwert wurde 2015 aus der honduranischen Wirtschaftsmetropole San Pedro Sula mit 141 Tötungsdelikten je 100 000 Einwohner gemeldet. Jugendbanden, kriminelle Organisationen und die Drogenmafia fackeln nicht lange. Da über 95 Prozent der Verbrechen nicht bestraft werden, greifen aufgebrachte Dorf- oder Stadtteilbewohner oft zur Lynchjustiz, wenn sie einen Dieb oder Gewalttäter stellen.

Die Gewalt richtet sich heute kaum noch gegen politische Gegner. Sie ist allgegenwärtig, wo sich die Drogenmafia einnistet und in den marginalisierten Stadtteilen, wo die Jugendbanden ihr Unwesen treiben. Staatlicher Gewalt sehen sich aber auch jene ausgesetzt, die gegen Wirtschaftsprojekte protestieren. In der Stadt gibt es weniger Jobs, und auf dem Land wird die Lebensgrundlage der Bauern durch die Ausbreitung der Plantagenwirtschaft und durch Großprojekte vernichtet. Zuckerrohr und Ölpalmen für die Agrospritproduktion verdrängen indigene Gemeinden. Immer wieder kommt es zu gewalttätigen Räumungen, wenn Menschen gegen Kraftwerke oder Bergwerke demonstrieren, denen sie ihr Land opfern sollen.

Jerónimo Osorio Chen, dessen Dorf Río Negro vor 30 Jahren unter den Fluten des Stausees von Chixoy verschwand, widmet sich heute der Aufklärung von Dorfgemeinschaften, denen die Regierung Großprojekte schmackhaft zu machen versucht: »Die Regierung sagt, wir haben zu wenig Strom, und plant ein weiteres

Kraftwerk in Xalala, hier im Ixcán. Ich erinnere mich gut an die Hubschrauber und die Bomben. Es stimmt nicht, dass diese Projekte den Gemeinden Fortschritt und Arbeitsplätze bringen. Sie verlieren ihren Mais, ihre Bohnen, ihre Kardamomfelder. Die Regierung sagt, sie will vermitteln. Dann schickt sie einen Minister, der viel verspricht und nichts hält.«

Der damalige Innenminister López Bonilla hatte kein Verständnis für Widerstand gegen Großprojekte wie Staudämme oder Bergwerke. Er räumte zwar ein, dass die Regierungen vor 30 Jahren Fehler begangen hätten, dass die Landbevölkerung um den Chixoy-Damm bis heute nicht ans Stromnetz angeschlossen sei. Dass Bauern im Umkreis von Goldminen statt Teilhabe am Gewinn nur verseuchtes Wasser und unfruchtbare Äcker bekommen, ließ er aber als Argument nicht gelten: »Ohne das Kraftwerk Chixoy hätte 60 Prozent des Landes keinen Strom. Jetzt gehen wir anders vor als damals. Außerdem sind nur kleine und mittlere Kraftwerke geplant, die die Umwelt nicht belasten. Die Stauseen können nicht nur Energie erzeugen, sondern den Bauern gleichzeitig für die Bewässerung ihrer Felder dienen.« Er sieht hinter jedem Protest eine Organisation, die das Projekt zu Fall bringen wolle: »Die haben gar keine Mehrheit hinter sich. Der Staat muss diesen sozialen Konflikten begegnen und sie entschärfen. Aber nirgendwo auf der Welt wird es zugelassen, dass eine Organisation ein Projekt verhindert, das der ganzen Nation dienen soll.«

Oft sind es die Frauen, die sich an die Spitze der Proteste stellen. So auch Yolanda Oquelí in der Ortschaft San José del Golfo. Sie wurde zur Anführerin im Widerstand gegen eine Goldmine, als sie bemerkte, dass das Bergwerk der Gemeinde das wenige Wasser abgraben würde. In einem Workshop hat sie von Gandhi erfahren und sich für gewaltlosen Widerstand interessiert, wie die Feministin Paula Irene del Cid Vargas erzählt: »Die Frauen haben dann den Zugang zur Mine blockiert.« Anders als bei anderen Konflikten, wo die Betroffenen Straßensperren errichtet oder Baumaschinen abgefackelt haben, wurde in San José nur die

Arbeit im Bergwerk behindert. Die Frauen haben dort das Protestcamp La Puya errichtet. Eines Abends wurde Yolanda Oquelí angeschossen.

Guatemala sei, was Frauenmorde betrifft, durchaus mit der mexikanischen Grenzstadt Ciudad Juárez zu vergleichen, meint Paula del Cid. Neun von 100 000 Frauen werden umgebracht. Nur ein Prozent der Gewaltdelikte wird jemals aufgeklärt. »Viele der Frauen werden verstümmelt oder entstellt aufgefunden: mit abgeschnittenen Brüsten oder zerschnittenen Gesichtern«, so die Feministin, »manche Leichen sind grotesk geschminkt, wie Prostituierte. Es gibt viele Motive für die Frauenmorde. Wenn du die Frau oder Tochter eines Rivalen ermordest, signalisierst du, dass du in dessen Territorium ungestraft operieren kannst.« Manche Morde sind aber auch Teil von Initiationsriten in den Banden. Wer Mitglied sein will, muss einen grausamen Mord begehen.

Jugendbanden

Am 9. März 2012 schlossen die beiden größten Jugendbanden El Salvadors, die Pandilla Salvatrucha und die Mara 18, untereinander und mit den Behörden ein Abkommen, in dem sie darauf verzichten, Gebietsstreitigkeiten blutig auszutragen, und sich verpflichten, keine Sicherheitskräfte und Behördenvertreter mehr zu attackieren. Als einziges sichtbares Zugeständnis wurden 30 Bandenchefs vom Hochsicherheitsgefängnis in Zacatecoluca in Haftanstalten mit weniger rigorosem Vollzug verlegt. Danach sank die Todesrate durch Gewalteinwirkung von durchschnittlich 14 auf 5,2 Tote pro Tag.

Vermittelt wurde das Abkommen von Raúl Mijango und Militärbischof Fabio Colindres. Mijango ist ehemaliger Guerillakommandant und vertrat die FMLN, die aus der Guerillafront hervorgegangene Partei, mehrere Jahre als Abgeordneter im Parlament. Dann verdingte er sich als Händler von Butangaszylindern in der

Privatwirtschaft. Dabei war er in den städtischen Randbezirken auch mit Bandenmitgliedern in Kontakt gekommen. 2011 wurde er selbst von einer Bande ausgeraubt und verprügelt.

Am 3. Mai 2012 folgte eine weitere spektakuläre Erklärung. Die beiden Banden erklärten sämtliche öffentlichen und privaten Schulen zu Friedenszonen. Das heißt, dass dort keine Drogen angeboten und Mitglieder angeworben werden. Auch auf Zwangsrekrutierungen wollten die Banden verzichten. Innenminister David Munguía Payés, der das Abkommen mittrug, schnitt anschließend von allen Kabinettsmitgliedern in Umfragen am besten ab.

Ein soziales Phänomen

Das Problem der Jugendbanden in El Salvador, Guatemala und Honduras wurde bis dahin für unlösbar gehalten. Innenminister und Präsidenten überboten einander mit Androhungen einer Politik der harten Hand. Jeder Jugendliche, der sich durch Körpertätowierungen als Mitglied einer Mara zu erkennen gab, wurde von der Polizei angehalten, festgenommen und manchmal gleich umgebracht. Die von den Banden ausgehende Gewalt konnte dadurch nicht vermindert werden.

Die Banden entstanden, als nach den Friedensabkommen in El Salvador (1992) und Guatemala (1996) tausende Zentralamerikaner aus den USA abgeschoben wurden. Viele Jugendliche hatten sich dort nach dem Vorbild der einheimischen Gangs zusammengeschlossen. Die Bande bot Schutz und ersetzte oft die kaputte Familie. In ihren Heimatländern hatten die entwurzelten Jugendlichen weder Aussicht auf einen Job noch sozialen Anschluss. Den fanden sie wieder nur in der Gang, die durch Schutzgelderpressung und Drogenhandel auch für ein Einkommen sorgte.

Als besonders gewalttätig gelten die Maras in El Salvador, Honduras und Guatemala. Nur in Ausnahmefällen handelt es sich um obdachlose Straßenkinder. Studien haben gezeigt, dass die meisten Bandenmitglieder ein Zuhause haben, durchschnittliche bis überdurchschnittliche Schulbildung besitzen und dass viele sogar legalen Beschäftigungen nachgehen. Nicht alle beteiligen sich an Diebstählen oder Überfällen. Das Aufgehobensein in der Gruppe ist entscheidend. Für viele Jugendliche seien die Maras ein soziales Netz, schreibt die salvadorianische Soziologin Lorena Cuerno, »das ihnen Einkommen, Selbstwertgefühl und Solidarität verschafft«. Die überwiegende Mehrheit hat in der Familie Gewalt, Verwahrlosung oder Alkoholismus erlebt. Laut einer Untersuchung in El Salvador sind vier von fünf Befragten zu Hause misshandelt worden.

Etwa ein Drittel bis 40 Prozent der Mitglieder sind weiblich. Viele von ihnen haben Kinder. Zu den Aufgaben mancher Frauen gehört es, führenden Pandilleros sexuell zu Willen zu sein. Aber es gibt auch weibliche Bandenchefs. Gleichberechtigung, aber auch die Akzeptanz von Homosexualität sei in den Pandillas in weit höherem Maße gegeben als in der Gesellschaft, bemerkt eine Studie des guatemaltekischen Sozialforschungsinstituts AVANCSO. Die Hälfte der befragten Frauen bekannte sich in dieser Studie aus dem Jahr 1993 zu lesbischen Beziehungen.

Die Mareros kontrollieren in der Regel ein abgestecktes Territorium, wo sie Schutzgelder von Kaufleuten, Busfahrern und anderen Gewerbetreibenden erpressen. Mitgliedern anderer Pandillas ist der Zutritt verboten. Die meisten Toten gibt es bei Zusammenstößen mit rivalisierenden Banden.

Krise des Waffenstillstandes

Der Waffenstillstand zwischen den beiden größten Banden in El Salvador war nie vollständig eingehalten worden. Auch die Polizei ließ sich nicht davon abhalten, immer wieder gegen Pandillas einzuschreiten. Das Erheben von Schutzgeldern war nie Teil des

Abkommens. Obwohl in den 15 Monaten des Waffenstillstandes geschätzte 6000 Menschenleben gerettet wurden, drehte sich die Stimmung. Negative Berichterstattung in den Medien dürfte dazu beigetragen haben. So wurde die Vereinbarung bei der Bevölkerung zunehmend unpopulär. Erst wenn der Staat gangbare wirtschaftliche Alternativen anbieten kann, wollten die Banden auf ihre wichtigste Einkommensquelle verzichten. Und als sich der Wahlkampf für die Präsidentenwahlen 2014 näherte, tauschte Präsident Mauricio Funes Mitte des Jahres den Innenminister Munguía Payés gegen einen Mann der harten Hand aus. Schlagartig schnellten die Opferzahlen wieder in die Höhe, und die Politik rief nach Vergeltung. Die Bandenchefs, die ihre Organisationen vom Gefängnis aus weiter gesteuert hatten, wurden wieder in die Hochsicherheitshaftanstalt von Zacatecoluca, genannt Zacatraz, verlegt.

Die Konsequenz der neuen Politik blieb nicht aus. Lag die Mordquote in den Jahren 2012 und 2013 noch bei vergleichsweise niedrigen 40 pro 100 000 Einwohner, schnellte sie 2014 auf 62. Von den 3912 registrierten Mordopfern sollen nach Polizeiangaben 1481 den Strukturen der Jugendbanden angehört haben.

Präsident Salvador Sánchez Cerén, ein ehemaliger Guerillakommandant, der seit 2014 regiert, lehnt ein neuerliches Abkommen mit den Maras ab. In seinen nationalen Sicherheitsrat berief er weder Raúl Mijango noch den Militärbischof Fabio Colindres. Mijango wurde sogar 2016 verhaftet.

Kultur der Gewalt

Wann kann man von einer Kultur der Gewalt sprechen? Für den kolumbianischen Kolumnisten Juan Carlos Botero hängt die Gewaltkultur eng mit der Kultur des Machismo zusammen. »In Kolumbien haben wir es zugelassen, dass sie ins alltägliche Verhalten der Bevölkerung eingesickert ist«, schreibt er 2008 in der

Tageszeitung *El Espectador*. Man könne sie in der Art und Weise beobachten, wie die Menschen Auto fahren, ihre alltäglichen Konflikte bewältigen oder ihre Kinder züchtigen: »Ohne es zu wissen, sind wir nicht nur deren Opfer geworden, sondern reproduzieren sie auch.«

Amnesty International definiert die Kultur der Gewalt ebenfalls als eine Lebensweise, in der gewalttätige Antworten auf täglich auftretende Konfliktsituationen als natürlich, normal oder sogar einzig mögliche Reaktionen gesehen werden. Die hohe Anzahl an Gewalttaten, von denen viele tödlich enden, deuten darauf hin, dass im nördlichen Teil Zentralamerikas und in Mexiko eine solche Kultur herrscht. Wenn man die offensichtliche Geringschätzung von Menschenleben dazu zählt, kommt man dem Phänomen, das wir beschreiben wollen, einen Schritt näher. Die Popularität, die die mexikanischen narcocorridos auch in Guatemala genießen, kommt einer regelrechten Verherrlichung der Gewalt nahe. In diesen Liedern werden die blutigen Taten der Drogenbosse besungen und gepriesen.

Die Drogenkartelle, die von Mexiko nach Guatemala, Honduras und El Salvador eingesickert sind, setzen Gewalt gezielt ein. Wenn sie eine Stadt unter Kontrolle bringen wollen, dann steigt die Gewaltrate sprunghaft an. Allfällige Rivalen, aber auch Obdachlose, Homosexuelle, Prostituierte oder Kleinkriminelle werden im Zuge einer »sozialen Säuberung« ermordet. Dann sinkt der Gewaltpegel. Wenn die Herrschaft der Gruppe konsolidiert ist, reicht die Angst, um jeden Widerstand zu ersticken. »Der Drogenhandel dringt in die politischen Institutionen ein und bringt die demokratische Stabilität in Gefahr«, schreibt der mexikanische Gewaltexperte Carlos A. Pérez Ricart: »Da die politischen Institutionen es nicht schaffen, die Einhaltung der Gesetze abzusichern, wächst das Misstrauen gegenüber den Sicherheitsbehörden.« Auch für die Jugendbanden ist die Gewalt ein natürliches Mittel, ihre Autorität durchzusetzen. Philip Alston, Sonderberichterstatter der UNO für außergerichtliche Hinrichtungen, bezeichnete Guatemala in einem Bericht als »ein ideales Land, um einen Mord zu begehen«. 96 Prozent dieser Gewalttaten bleiben ungesühnt. Dass vor allem auf dem Land, wo Justiz und Polizei kaum vorhanden sind, die Fälle von Lynchjustiz zunehmen, ist eine der Folgen. Mehr als eine Kultur der Gewalt herrscht in Zentralamerika eine Kultur der Straffreiheit. Denn eine Kultur, die Gewalt als natürliche Reaktion ansieht, müsste man aus historischen oder ethnischen Gegebenheiten ableiten können. Warum ist die Gewaltkriminalität in Nicaragua so viel geringer als in Guatemala oder El Salvador, obwohl die Geschichte ähnlich blutig verlaufen ist? Warum liegt das Gewaltniveau in Südostasien, wo die Drogenmafia in Städten und Grenzgebieten regiert, nicht annähernd so hoch wie in Zentralamerika?

Viele der gegenwärtigen Probleme Guatemalas müssen in engem Zusammenhang mit den Defiziten des Friedensprozesses und der Schwäche der staatlichen Strukturen gesehen werden. Seit dem Bürgerkrieg ist das Land mit Kriegswaffen geflutet und viele der abgerüsteten Soldaten oder demobilisierten Guerillakämpfer haben nichts anderes gelernt, als Waffen zu bedienen. Die strukturellen Ursachen des Bürgerkrieges, wie die starke Konzentration des Landeigentums in den Händen einer kleinen Minderheit und die ungleiche Verteilung von Reichtum und Wohlstand, bestehen fort. Über die Hälfte der Bevölkerung lebt in Armut, besonders krass sieht man das bei der indigenen Landbevölkerung. Und die Eliten sehen keine Veranlassung, daran etwas zu ändern oder auch nur ihre Steuern zu zahlen. Mit einem Anteil von elf Prozent am Bruttoinlandsprodukt hat Guatemala eine der niedrigsten Steuerquoten weltweit. Diese strukturelle Gewalt kommt ohne Blutvergießen aus, um einen Teil der Bevölkerung in Knechtschaft zu halten.

Folklore, Widerstand und Genozid – Zentralamerikas indigene Völker

Es war ein historisches Urteil, das da am 26. Februar 2016 in Guatemala-Stadt am Gericht für Hochrisikofälle erging. Richterin Yasmin Barrios verhängte 120 Jahre Haft über den pensionierten Oberst Esteelmer Reyes und 240 Jahre Gefängnis über seinen Gehilfen Heriberto Valdez Asij. Sie wurden wegen Vergewaltigung und sexueller Versklavung schuldig gesprochen. Im Falle von Valdez kommen noch Verbrechen gegen die Menschlichkeit und der Mord an drei Frauen dazu. Das exemplarische Urteil hatten Rosa Tiul und Demecia Yat angestrengt, zwei von 15 Frauen, die am 25. August 1982 von den Militärs verschleppt und versklavt worden waren. Die Frauen gehören alle zum Volk der Kekchí, einem der größten der guatemaltekischen Maya-Völker.

Das Verbrechen spielte sich in der Gemeinde El Estor, rund 300 Kilometer nordöstlich von Guatemala-Stadt ab. Zuerst verschleppten die Militärs die Männer aus dem Dorf, dann machten sie den Frauen weis, dass sie anstelle ihrer verschwundenen Ehemänner den Militärdienst ableisten müssten. Sie wurden als Sexsklavinnen im Militärlager Sepur Zarco jahrelang missbraucht und mussten den Soldaten außerdem den Haushalt führen. Die Soldaten hätten sich wie Tiere verhalten, urteilte die Richterin auf der Grundlage von Gutachten, und hätten die Frauen ebenso wie Tiere behandelt. Die Verbrechen seien begangen worden, um im Dorf Terror zu säen, damit die Kleinbauern von ihrer Forderung nach Land ablassen. In der Region hatten sich Großgrundbesitzer besonders viel indianisches Land angeeignet.

Das Urteil wird von Juristen und Menschenrechtsaktivisten als exemplarisch für die Aufarbeitung der Verbrechen an der indigenen Bevölkerung gesehen. »Dieser Fall hat die Militärmafia in die Defensive gebracht«, freute sich der Menschenrechtsanwalt Edgar Pérez von der Nichtregierungsorganisation Bufete de Derechos Humanos.

Wenige Monate nach dem Urteil hat dasselbe Gericht, das für politisch besonders heikle Fälle eingerichtet wurde, auch die Verfolgung von Offizieren für die Morde in der Militärbasis der Stadt Cobán zugelassen. Die Überreste von 558 Menschen wurden dort exhumiert, 58 konnten dank forensischer Analysen identifiziert werden. Acht hohe Militärs, darunter der ehemalige Armeechef Benedicto Lucas García, wurden in Untersuchungshaft genommen. Wann der Prozess stattfindet, ist noch unklar.

Folklore und Ausgrenzung

Guatemala ist das einzige Land Zentralamerikas, in dem die Indigenen heute noch die Bevölkerungsmehrheit stellen. Die Angaben variieren zwischen 40 und 60 Prozent der Bevölkerung, je nach Quelle. Politisch rechts stehende Institutionen neigen dazu, die Anzahl zu minimieren, eher links angesiedelte Quellen glauben den maximalen Prozentsätzen. Zuverlässige Zahlen sind schwer zu bekommen, da sich in den Volkszählungen viele nicht zu ihrer ethnischen Identität bekennen. Wer in die Stadt zieht, Spanisch spricht und die traditionelle Kleidung ablegt, durchlebt einen Prozess, der als Ladinización bezeichnet wird. Ladino ist der in Guatemala gängige Begriff für Nicht-Indigene.

Man unterscheidet nicht weniger als 21 Maya-Völker, von denen die meisten auf wenige Dörfer konzentriert sind. Die vier größten sind die Quichés, die Kakchikeles, die Kekchí und die Mam. Daneben gibt es die aus der Karibik zugewanderten Garífunas, die aus einer Vermischung mit Afrikanern hervorgegangen sind, und die kleine Ethnie der Xinca, die hauptsächlich im Süden, nahe der Grenze zu El Salvador siedelt. Jede dieser Ethnien hat ihre eigene Sprache, auch wenn sie, wie etwa das auf ein Dorf beschränkte Itzá, nur von wenigen Dutzend alten Menschen beherrscht wird.

Noch vor wenigen Jahren verstand man in Guatemala unter dem Begriff Maya die Hochkultur, die zur Zeit der Ankunft der Spanier bereits untergegangen war. Die Mayas hinterließen grandiose Städte wie Copán im heutigen Honduras oder Tikal im Norden Guatemalas, das am Höhepunkt der klassischen Periode um das Jahr 500 mehr als 100 000 Einwohner gehabt haben dürfte. Der Tempel IV ist das höchste präkolumbische Bauwerk des Kontinents. Die mestizische Bevölkerung sah keinen Widerspruch darin, auf dieses kulturelle Erbe Stolz zu empfinden und gleichzeitig das indianische Hausmädchen mit Herablassung und Verachtung zu behandeln. Eben weil die Hochkultur mehr als ein halbes Jahrtausend vor der spanischen Eroberung verschwunden war, wurden die Nachfahren der alten Mayas als minderwertig betrachtet. Der Indio gilt bei Ladinos heute noch als dumm, faul, langsam und verschlagen.

Hochkultur im Urwald

Archäologen gehen davon aus, dass die Ursprünge der Maya-Kultur um das Jahr 1500 v. Chr. zu suchen sind. Es entstand eine Bauerngesellschaft, deren Ernährung auf Mais, Bohnen und Kürbis basierte. Kakao diente als Nahrungs- und Zahlungsmittel. Im Laufe der Jahrhunderte entstand eine differenzierte Gesellschaft mit Handwerkern, Händlern, Kriegern, Beamten und Priestern, die Hieroglyphenschriften, Kalender und Zahlensysteme entwickelten. In ihren Kenntnissen der Mathematik und Astronomie waren die Mayas ihren europäischen Zeitgenossen weit überlegen. Sie beherrschten den intensiven Ackerbau mit ausgeklügelten Bewässerungssystemen. Die Städte, die wir heute als Zeugen der Hochkultur kennen, entstanden in der klassischen Periode

(250–900 n. Chr.). Die Mayas errichteten kein expandierendes Reich wie etwa die Azteken, sondern waren in etwa 60 Stadtstaaten – ähnlich wie in der griechischen Antike – mit jeweils einem Gottkönig an der Spitze organisiert. Einige, wie Tikal, lagen im dichten Urwald, andere im Hochland oder an der Karibikküste der mexikanischen Halbinsel Yucatán. Den verschiedenen Göttern musste immer wieder geopfert werden. Menschenopfer waren die Ausnahme. Sicher ist, dass die einzelnen Stadtstaaten einander bekriegten, um Geiseln zu nehmen und Nahrungsmittel zu erbeuten. Obwohl die Hieroglyphen inzwischen entziffert sind, weiß man noch immer wenig über den Alltag, da die Spanier die Schriften – Códices genannt – verbrannten. Sie gingen dabei mit ähnlich religiösem Eifer vor wie die Gotteskrieger des sogenannten Islamischen Staates, die vorislamische Baudenkmäler dem Erdboden gleichmachen. Die Inschriften an Tempeln oder Ballspielplätzen der Mayas sind sakraler Natur.

Ein Rätsel bleibt auch der Untergang der Hochkultur im 10. Jahrhundert. Es gibt weder Hinweise auf Eroberung durch ein anderes Volk noch auf Naturkatastrophen, wie Erdbeben oder Vulkanausbrüche. Eine Theorie spekuliert über einen selbst verschuldeten ökologischen Kollaps. Über die Kosmogonie und die Geschichte des Volkes der Quiché berichtet das heilige Buch »Popol Vuh« (oder »Poopol Wuuj«), das von Maya-Priestern aus mündlichen Überlieferungen aufgeschrieben und über die Jahrhunderte vor der Zerstörungswut der Spanier gerettet wurde. Die Götter unternahmen demnach mehrere Versuche, den Menschen zu erschaffen, waren mit dem Ergebnis immer wieder unzufrieden und vernichteten ihre Kreaturen. Schließlich wird aber aus Mais der Quiché geschaffen und findet das Wohlgefallen der Götter.

Sicher ist, dass die Spanier, die ab 1514 in Zentralamerika Siedlungen anzulegen begannen, keine große Zivilisation antrafen, sondern eine Anzahl von Kleinkönigen regierte Völker. Binnen weniger Jahrzehnte wurde diese Bevölkerung durch Versklavung und Epidemien drastisch reduziert. Als Pedro de Alvarado seinen Eroberungsfeldzug 1524 begann, schätzte man die Bevölkerung auf dem Territorium des heutigen Guatemala auf eine Million Menschen. Mitte des 17. Jahrhunderts waren es rund 200 000.

Die Urwaldgebiete Guatemalas an der Karibik blieben bis ins 17. Jahrhundert unerforscht. Immer wieder lehnten sich die unterworfenen Mayas auf. Schon 1529 erhoben sich die Quiché in Uspantán. 1708 wurde im damals zu Guatemala gehörigen Chiapas die Kolonialherrschaft herausgefordert. Der berühmteste Aufstand war jener der Quiché von Totonicapán unter Atanasio Tzul im Jahre 1820. Die Rebellion wurde durch die Wiedereinführung der Tributzahlungen und der Kirchensteuer unter König Ferdinand VII. ausgelöst und war zunächst erfolgreich. Die auf Versöhnung zwischen Mayas und Ladinos ausgerichtete Herrschaft des Atanasio Tzul dauerte aber nur 20 Tage, bis sie von spanischen Truppen beendet wurde.

Das Kolonialsystem war von Anfang an auf der Ausbeutung der indianischen Urbevölkerung aufgebaut. Legitimiert wurde das durch die Vorstellung der »rassischen« Überlegenheit der Europäer. Daran sollte sich auch durch die Unabhängigkeit ab 1821 nichts ändern. Im Gegenteil: Die wenigen Schutzrechte, die die Krone den Indigenen gewährt hatte, um ihre Ausrottung zu verhindern, wurden aufgehoben, als die zunächst liberal regierte junge Republik das Land für die englischen Kapitalgesellschaften öffnete. Die auf die Macht der katholischen Kirche gestützten Konservativen hoben liberale Reformen wieder auf.

Nach Jahrzehnten der konservativen Despotie eroberten 1871 die Liberalen neuerlich die Macht. Ihrem Konzept von Fortschritt stand der Indio im Weg. Unter Modernisierung verstand man die Überwindung der indigenen Kultur, also die totale Assimilation. Selbst der kurze demokratische Frühling 1944–1954 brachte den Maya-Völkern keine Gleichstellung. Wohlmeinende Programme der ländlichen Entwicklung zielten auf die Überwindung der als rückschrittlich betrachteten Kultur ab. Gleichzeitig wurde durch das neue Arbeitsrecht und die Zulassung von Gewerkschaften der Grundstein für die indianische Organisationsarbeit gelegt.

Unter den Militärregimes ab 1954 wurde die alte Ordnung wiederhergestellt, die indigene Bevölkerung zu billigen Arbeitskräften degradiert, so wie es Friedensnobelpreisträgerin (1992) Rigoberta Menchú in ihrem autobiografischen Buch »Yo, Rigoberta Menchú« (»Enkelin der Maya. Autobiographie«) beschreibt. Auch das von der venezolanischen Historikerin Elisabeth Burgos aufgeschriebene Leben der Rigoberta Menchú (»Rigoberta Menchú. Leben in Guatemala«) lässt erahnen, was Millionen guatemaltekischer Indígenas erlitten haben: das Wirtschaften auf Parzellen, die die Familie nicht ernähren, die Notwendigkeit, jedes Jahr auf die Plantagen zu fahren, sei es zur Kaffee-, Zuckerrohr- oder Baumwollernte, die brutale Willkür der Vorarbeiter, das Misstrauen und der Hass, der den »Indios« von der mestizischen Bevölkerung entgegenschlug. Als sich die Menschen zu organisieren begannen, um die Rechte einzufordern, die die Verfassung ihnen garantierte, antwortete die Regierung mit mehr Brutalität. Kein Wunder, dass die Sympathien der indianischen Hochlandbevölkerung der Guerilla zuflogen, die ab Mitte der 1970er-Jahre gegen Unterdrückung und Ungerechtigkeit zu kämpfen versprach. Als sich die Mayas unter dem Einfluss der katholischen Kirche einerseits und unter der Anleitung der Guerilla andererseits zu organisieren begannen, uferte die Repression aus und mündete in den Völkermord an den Ixiles zu Beginn der 1980er-Jahre. Rebellische indigene Gemeinden wurden vernichtet, vertrieben oder in Modelldörfern unter Kontrolle der Armee angesiedelt. Alle Männer mussten sich in sogenannten Selbstverteidigungspatrouillen (PAC) organisieren und Spitzeldienste für die Armee leisten. Die Wahrheitskommissionen, die nach dem Friedensabkommen von 1996 eingesetzt wurden, listeten über 300 Massaker der Armee an indigenen Gemeinschaften auf.

Neues Selbstbewusstsein

Ein Wendepunkt im Umgang mit den Indigenen waren die Feiern zum 500. Jahrestag der sogenannten Entdeckung Amerikas am 12. Oktober 1992. Inszeniert als Begegnung der Kulturen trugen die auf dem gesamten Kontinent abgehaltenen Gedenkfeiern dazu bei, das Bild der amerikanischen Ureinwohner neu zu bewerten. Wenige Tage davor hatte das Nobelkomitee Rigoberta Menchú den Friedensnobelpreis zuerkannt.

Unter dem Druck der Vereinten Nationen musste die guatemaltekische Regierung mehrmals abgebrochene Verhandlungen mit der Guerillafront URNG wieder aufnehmen. Ein 1995 unterzeichnetes Teilabkommen galt den Rechten der indigenen Völker. Zwar wurde es auf dem ganzen Kontinent als vorbildliches Dokument gepriesen, doch ist die Regierung die vollständige Umsetzung bis heute schuldig geblieben.

Das Abkommen definiert die guatemaltekische Nation als nationale, multiethnische, plurikulturelle und mehrsprachige Einheit. Es anerkennt die Identität der Mayas, Garífunas und Xinca als Völker (pueblos) innerhalb der Einheit der Nation. Die Maya-Identität wird umfassend durch die Gemeinsamkeit von Herkunft, Sprache, Kosmovision, Kultur und Selbstbekenntnis definiert, gleichzeitig die soziokulturelle Pluralität der unterschiedlichen Maya-Ethnien anerkannt wird. Ethnische und rassische Diskriminierung werden erstmals als strafrechtlicher Tatbestand bezeichnet. Das gilt auch explizit für die Diskriminierung von Frauen. Die Ratifizierung des Abkommens Nr. 169 der Internationalen Arbeitsorganisation (ILO), das Grundrechte der indigenen Völker fixiert, wird in Aussicht gestellt. Zur strittigen Frage der Autonomie wird festgehalten, dass autonome Comunidades auf Gemeindeebene möglich sind und eine Regionalisierung (Dezentralisierung) angestrebt wird; ferner soll es eine Partizipation und Repräsentation der indigenen Völker auf allen administrativen Stufen bis hin zur nationalen Ebene geben.

Dem Abkommen war im Jahr 1990 als Konzession des Staates an die Bevölkerungsmehrheit die Anerkennung der 1987 gegründeten Academia de Lenguas Mayas de Guatemala (ALMG) vorausgegangen. Sie ist an die Universitäten angebunden, regelt die Schriftsprachen der 21 Maya-Ethnien und soll deren Gebrauch sowie die Kultur der Mayas insgesamt fördern. Rund um die ALMG hat sich eine Schicht indianischer Intellektueller und Nationalisten entwickelt, die den öffentlichen Diskurs wesentlich mitbestimmt. Das Pan-Maya-Denken ist jedoch über die Diskursebene der intellektuellen Kreise nicht hinausgekommen. Das zeigte auch der geringe Zuspruch für Rigoberta Menchú, die sich bei den Wahlen 2007 um die Präsidentschaft bewarb. Genauso wenig wie eine Frau automatisch mit den Stimmen ihrer Geschlechtsgenossinnen rechnen darf, musste Menchú erfahren, dass ihr die ethnische Herkunft keinen Vertrauensbonus bei der Maya-Bevölkerung bescherte. Und auch bei späteren Wahlgängen konnte ihre Partei WINAQ keine Rolle spielen.

Die Maya-Nationalisten lehnen Organisationen, bei denen Indigene und Ladinos sich gemeinsam für eine Sache einsetzen, ab. Einige hängen der Vierte-Welt-Theorie an. Sie besagt, dass Indigene und Ladinos grundsätzlich unterschiedlich sind. Die von der westlichen Kultur verdorbenen Menschen könnten die indigene Kultur nie verstehen oder respektieren. Guatemaltekische Indios würden in dieser Vierten Welt leben und wie Bauern auf dem Schachbrett herumgeschoben werden.

Nachfahren der Tolteken

Wer aus Guatemala den Anblick bunt gekleideter Indígenas kennt, wird in El Salvador vergeblich nach ähnlich gewandeten Menschen Ausschau halten. Erstens gibt es nur mehr wenige Indigene, zweitens haben sie längst ihre traditionellen Trachten abgelegt. Die Pipiles sind ein Volk, das von den mexikanischen

Tolteken abstammt und Nahua (oder Nahuatl, eine aztekische Sprache) sprachen. Sie wanderten um das Jahr 850 nach einem verlorenen Krieg aus Mexiko ein. Dabei verdrängten sie Chortí-Mayas und Lencas, von denen heute nur mehr wenige auf dem Staatsgebiet von El Salvador zu finden sind. Das vulkanreiche Land auf dem sich die Pipiles niederließen, nannten sie Cuscatlán, was in ihrer Sprache Land des Glücks bedeutet. Sie lebten vornehmlich in den klimatisch günstigen Gebieten mit fruchtbaren Böden. Wenige Kilometer südwestlich der heutigen Hauptstadt San Salvador befand sich die bedeutendste Siedlung der Pipiles. Sie verehrten den Regengott Tláloc und brachten dem Gott Xipe-Totec Menschenopfer dar. Als die Spanier kamen, hatten sich die Pipiles in vier Völkerschaften aufgespalten: Cuzcatlecos, Izalcos, Nonualcos und Mazahuas.

Unter der spanischen Kolonialherrschaft wurden die Pipiles zurückgedrängt, konnten aber ihre traditionellen Strukturen mit gemeinschaftlich bewirtschaftetem Land bewahren. 1882 beseitigte die Regierung von El Salvador per Gesetz das letzte verbliebene indigene Gemeindeland und ermöglichte so die Ausbreitung der Kaffeeplantagen mit der weiteren Konsequenz, dass die Landkonzentration um das Jahr 1900 extrem war. 90 Prozent der Güter des Landes befanden sich in den Händen von 0,01 Prozent der Bevölkerung. Der Großteil der Bauern war landlos und lebte in äußerster Armut. Kein Wunder, dass die 1930 gegründete Kommunistische Partei Salvadors (PCS) unter der Landbevölkerung schnell an Einfluss gewann. Der durch Putsch an die Macht gelangte General Maximiliano Hernández Martínez konnte sich nach Wahlen im Januar 1932 nur an der Macht halten, indem er die Abstimmung überall dort für ungültig erklärte, wo die Kommunisten gewonnen hatten. Schnell braute sich ein Aufstand der Landarbeiter, überwiegend indigene Pipil-Bauern, zusammen. Ihre wichtigsten Anführer, Farabundo Martí, Mario Zapata und Alfonso Luna, wurden aber am Vorabend der Erhebung verhaftet und füsiliert. Führerlos konnten die schlecht bewaffneten Campesinos den Aufstand nur wenige Tage aufrechterhalten. Die Kaffeebarone rächten sich, indem sie die Armee auf die wehrlosen Landarbeiter hetzte. Das Massaker an 30 000 Männern, Frauen und Kindern ging als La Matanza in die Geschichte ein und gilt als Ende der indigenen Völker El Salvadors. Denn Überlebende berichteten, dass die Soldaten vor allem jene töteten, die Pipil sprachen oder indianische Kleidung trugen.

Heute gibt es nur mehr wenige reine Pipiles in El Salvador, die auch noch ihre Sprache sprechen. Insgesamt wird die indigene Bevölkerung auf maximal fünf Prozent geschätzt. Dank der starken Vermischung der Bevölkerung fließt aber im überwiegenden Teil der Bevölkerung noch ein Anteil indianischen Blutes. Und in der Alltagssprache macht sich das indianische Erbe durch eine Unzahl an Nahuatismos bemerkbar – Worte, die aus dem Nahua stammen. Ortsnamen wie Izalco, Cuscatlán oder Nahuizalco erinnern an das einst stolze toltekische Volk.

Lenca gegen Konzerne

In Honduras machen die indigenen Gemeinschaften mit sieben Prozent einen nicht unerheblichen Teil der Gesamtbevölkerung aus. Die größte der insgesamt neun indigenen Gruppen sind die Lencas, ein Maya-Volk, das in mehreren Landesteilen zu Hause ist. Miskitos und Garífunas leben vor allem an der Karibikküste und auf den Bay Islands. Chortí, Pech und Xicaques haben sich nur in wenigen Dörfern erhalten.

Das wachsende Selbstbewusstsein der Indigenen hat sich vor allem im Widerstand gegen den Putsch von 2009 und die dahinter stehenden oligarchischen Wirtschaftsinteressen manifestiert. Über Organisationen wie COPINH (Consejo Cívico de Organizaciones Populares e Indígenas de Honduras) oder CONPAH (Confederación de Pueblos Autóctonos de Honduras) fordern sie ihre kulturellen, wirtschaftlichen und politischen Rechte ein. Der

Durchsetzungskraft der Lenca stand und steht die Vielzahl von Vertretungen im Wege. Von den meist als Nichtregierungsorganisationen organisierten Gruppen gibt es immer auch welche, die sich von der Regierung und der Unternehmerschaft vereinnahmen lassen. Wenn es dann darum geht, vor Projekten, die Landrechte oder andere Interessen der Indigenen betreffen, die gesetzlich vorgeschriebene Konsultation abzuhalten, verständigt man sich mit diesen handzahmen Gruppen und tut dem Gesetz Genüge.

Gegen diese Praxis ist in den letzten Jahren vor allem COPINH aufgetreten und hat sich als Sprecher aller indigenen Gruppen Respekt verschafft. Obwohl dessen Proteste meist friedlich verlaufen, werden einzelne Anführer immer wieder für Aufruhr und Widerstand gegen die Staatsgewalt verantwortlich gemacht und ins Gefängnis geworfen. Darunter auch Berta Cáceres.

In der Nacht vom 2. auf den 3. März 2016 drangen zwei Bewaffnete in ihr Wohnhaus im Bezirk Líbano des honduranischen Städtchens La Esperanza ein und erschossen sie. Berta Cáceres vom Volk der Lenca war schon vorher eine Ikone. Eine Ikone des indianischen Widerstandes gegen Umweltzerstörung, die bewiesen hatte, dass gewaltfreier Protest etwas bewirkt, auch wenn er immer wieder gewaltsam verfolgt wird.

Die COPINH-Mitbegründerin hatte sich sowohl die Regierung als auch die mächtigen Konzerne zu Feinden gemacht. Jahrelang hatte sie den Widerstand gegen das Kraftwerksprojekt Agua Zarca am Río Gualcarque angeführt und durch eine Straßenblockade erfolgreich verzögert. Immer wieder war sie von Sicherheitsleuten des Kraftwerksunternehmens DESA und Polizisten bedroht worden.

Umso befremdlicher, dass die Behörden nach ihrer Ermordung in eine einzige Richtung ermittelten: Das Verbrechen soll eine interne Abrechnung gewesen sein. Erst auf internationalen Druck wurden Wochen später vier Männer festgenommen und unter Anklage gestellt, die vor der Polizei schnell Geständnisse ablegten. Darunter ein aktiver Major der Infanterie und ein ehemaliger Armeehauptmann, der als Sicherheitschef für das Unternehmen DESA arbeitete. Auch der dritte Mann war ein Angestellter des Konzerns, der das umstrittene Staudammprojekt vorantreibt. Der Vierte wird als Auftragskiller beschrieben.

Inzwischen haben sich die europäischen Investoren aus dem Projekt zurückgezogen. Auch Siemens-Voith hat die Zusammenarbeit suspendiert. Das honduranische Unternehmen DESA lässt aber nicht locker und bedroht jetzt die Nachfolger von Berta Cáceres. Eine Demonstration vor der Baustelle am 15. April 2016 wurde von privaten Sicherheitsleuten auseinandergeprügelt, man drohte den COPINH-Aktivisten, sie würden das gleiche Schicksal erleiden wie Berta Cáceres.

Autonomie am Atlantik

Nicaraguas indigene Völker wurden von Ronald Reagan entdeckt. Die Propagandamaschinerie des damaligen US-Präsidenten erkannte 1982, dass die empfindlichste Flanke des jungen Revolutionsregimes der Sandinisten an der Atlantikküste lag. Die dort lebenden Völker der Miskitos, Mayangnas (damals noch Sumus genannt) und Ramas, die afroamerikanischen Creoles und die Garífunas waren in den Volksaufstand gegen die Tyrannei des Somoza-Clans 1978/79 nicht eingebunden und von den Härten der Diktatur kaum betroffen. Denn die der Karibik zugewandten Gebiete hatten historisch und wirtschaftlich eine ganz andere Entwicklung hinter sich als der mestizische und viel dichter besiedelte Westen des Landes.

Als nach dem Sieg der Revolution im Juli 1979 uniformierte Männer aus Managua kamen und den einheimischen Völkern vorschrieben, sie hätten sich zu organisieren und die Revolution zu unterstützen, trafen diese auf weitgehendes Unverständnis. Die auf Betreiben der Sandinisten gegründete Organisation Misurasata (Mískitos, Sumus, Sandinistas Aslatakanka) wurde von den wenigen Männern und Frauen der Atlantikküste geleitet, die an den Universitäten der Pazifikregion mit dem Aufstand und dem revolutionären Gedankengut vertraut wurden. Da sie es verstanden, die lokalen Autoritäten, namentlich die Mährische Kirche, einzubinden, erfreute sich die Organisation vor allem unter den Miskitos großer Beliebtheit und konnte auch gegenüber den Revolutionären in Managua wichtige Forderungen durchsetzen. Etwa, was die kollektiven Landrechte betraf oder die Alphabetisierung in den eigenen Sprachen. Ursprünglich war die Alphabetisierungskampagne des Jahres 1980 landesweit nur auf Spanisch geplant gewesen. Was die Stimmung zwischen FSLN und Misurasata nach und nach trübte, war das freundschaftliche Verhältnis, das Miskito-Führer zu den USA pflegten. Namentlich Misurasata-Chef Steadman Fagoth wollte sich die antiimperialistische Rhetorik der Sandinisten nicht zu eigen machen und wetterte bald gegen das kommunistische Regime in Managua. Damit traf er einen empfindlichen Punkt bei der traditionell antikommunistisch eingestellten Bevölkerung. Fagoth ließ sich überdies von der internationalen Indigenenbewegung beraten, die stark unter dem Einfluss nordamerikanischer Aktivisten stand. Als Fagoth immer radikalere Forderungen stellte, verhafteten Sicherheitskräfte die gesamte Misurasata-Führung und die meisten lokalen Vertreter der Organisation. Im Küstenort Prinzapolka kam es dabei zu einem Kampf in der Mährischen Kirche, der im Tod von vier Polizisten und vier Miskito-Zivilisten gipfelte. Als sich die Nachricht von diesem Zwischenfall verbreitete, flohen 3000 Miskitos, hauptsächlich junge Männer, über die Grenze nach Honduras. Steadman Fagoth folgte ihnen zwei Monate später nach seiner Entlassung aus dem Gefängnis und begann, in Honduras eine konterrevolutionäre Miskito-Armee unter dem Namen Legion 15. September zu organisieren.

Nach Überfällen dieser antisandinistischen Truppen, die über 60 Anhänger oder Mitarbeiter der Zentralregierung töteten, verfügte die Regierung Ende 1981 die Evakuierung der 42 Dörfer am Grenzfluss Río Coco. Die Operation wurde als »Rote Weihnacht« bekannt. Während rund 10 000 Miskitos etwa hundert Kilometer weiter südlich in eigens geschaffene Modelldörfer namens Tasba Pri umgesiedelt wurden, setzten sich ebenso viele nach Honduras ab, um der Zwangsumsiedlung zu entgehen. Die Atlantikküste wurde damit zum Kriegsgebiet und Ronald Reagan hatte seine indianischen Freiheitskämpfer, die sich gegen die kommunistische Diktatur in Managua erhoben. In einer maßlosen Übertreibung der Tatsachen beschuldigte Außenministerin Jeane Kirkpatrick die Sandinisten, 250 000 Miskitos in Konzentrationslager gesperrt zu haben. Das wäre mehr als das Doppelte der damals real existierenden Miskito-Bevölkerung. Der Bericht einer Kommission der Organisation Amerikanischer Staaten (OAS), der die militärische Notwendigkeit der Umsiedlung und den menschenrechtlich korrekten Umgang mit den Miskitos bescheinigte, konnte gegen die Propaganda aus Washington wenig ausrichten.

Jedenfalls verstanden die Sandinisten bald, dass dieser Krieg nicht militärisch zu gewinnen war und die Miskitos auch nicht ihr wahrer Feind waren, obwohl sowohl in Honduras mit Misura als auch von Costa Rica aus mit Misurasata eine konterrevolutionäre Miskito-Gruppe operierte. Mit der allgemein respektierten Ärztin Myrna Cunningham ernannte die Führung in Managua eine Miskito-Frau zur Gouverneurin der Atlantikregion, und Innenminister Tomás Borge nahm zunächst geheime Gespräche mit der Militärführung von Misura auf. Den Umgesiedelten in den Modelldörfern von Tasba Pri wurde die Rückkehr an den Río Coco, ihren natürlichen Lebensraum, in Aussicht gestellt. Tatsächlich mündeten die Gespräche im Mai 1985 in eine Waffenruhe, und wenig später begann die Rücksiedlung. Höhepunkt der Versöhnungspolitik war 1987 ein breit angelegter Diskussionsprozess über ein Autonomiestatut für die Atlantikküste, das schließlich durch ein Referendum abgesegnet wurde. Das Autonomiegebiet wurde in zwei Regionen mit ethnisch unterschiedlicher Zusammensetzung gegliedert: Región Autónoma Atlántico Norte (RAAN) mit der Hauptstadt Puerto Cabezas (Bilwi) und Región Autónoma Atlántico Sur (RAAS) mit Bluefields als Verwaltungssitz. Der Norden ist indianisch geprägt, im Süden überwiegt die afrokaribische Kultur. Allerdings haben mestizische Zuwanderer aus der Pazifikregion inzwischen in beiden Regionen schleichend für andere Mehrheitsverhältnisse gesorgt.

Karibische Mischung, pazifische Vielfalt

Miskitos, Mayangnas (Sumus) und Ramas gehören zur Sprachfamilie der kolumbianischen Chibchas. Ihre traditionelle Lebensweise gleicht der der südamerikanischen Tiefland-Indianer: eine Kombination von Jagd, Fischfang und Brandrodungsfeldbau. Ähnlich wie die Garífunas sind die Miskitos aus der Vermischung eines indianischen Volkes mit versklavten Afrikanern entstanden, als ein englisches Sklavenschiff 1641 vor der nicaraguanischen Karibikküste kenterte und sich ein Teil der menschlichen Ladung an Land retten konnte. Man schätzt, dass es im 18. Jahrhundert nicht mehr als 5000 Menschen waren. 1932 zählte man 15 000. Über die heutige Bevölkerungszahl gibt es kaum verlässliche Angaben. Bei der Volkszählung 2005 bekannten sich rund 300 000 Menschen zur Ethnie der Miskitos.

Sumu heißt in der Sprache der Miskitos dumm. Das lässt Rückschlüsse auf das Verhältnis der beiden benachbarten Völker zu und erklärt, warum die Mayangnas nicht Sumu genannt werden wollen. Ihre straffe Sozialstruktur hat es ihnen ermöglicht, ihre Bräuche und Traditionen zu bewahren. Jede Dorfgemeinschaft verfügt über einen Ältestenrat, einen Rat für die Verwaltung des Gemeinschaftslandes, einen Richter und Waldhüter. Sie siedeln vor allem im Minengebiet um die Städte Bonanza und Siuna sowie im Naturreservat Bosawás, das von illegalen Holzfällern bedroht ist. Ein von den Mayangnas selbst erhobener Zensus aus dem Jahr 2011 registriert in 66 auf zehn Regionen verteilten Dörfern knapp 20 000 Menschen.

Das kleine Volk der Ramas, das auf knapp tausend Individuen zusammengeschrumpft ist, lebt in neun Dörfern der RAAS. Die Ramas haben weder bei der Konterrevolution eine Rolle gespielt noch sonst auf sich aufmerksam gemacht, bis die Pläne für den interozeanischen Kanal öffentlich wurden, der durch ihr Gebiet führen und dort in den Atlantik münden soll. Jetzt sind sie im Widerstand gegen dieses pharaonische Projekt engagiert. Sie haben zwar ihre Traditionen in die Gegenwart retten können, ihre Sprache aber weitgehend verloren. Zuletzt soll noch ein knappes Dutzend alter Männer das Rama beherrscht haben. Sie sind in ein Projekt zur Rettung der Sprache eingebunden.

War während der Zeit der Revolution viel über die Völker der Atlantikküste zu hören, so führten die indigenen Völker der Zentral- und Pazifikregion ein Schattendasein. Lediglich die indianischen Stadtteile Monimbó in Masaya und Subtiava in León waren über die engen Zirkel von Experten hinaus bekannt, weil sie während des Volksaufstandes gegen Somoza eine Rolle gespielt hatten. In jüngster Zeit haben sich aber 22 Gruppen im Rat der indigenen Völker des Pazifik, der Zentral- und Nordregion Nicaraguas (Consejo de los Pueblos Indígena del Pacífico, Centro y Norte de Nicaragua) zusammengeschlossen, um gemeinsame Autonomieforderungen und die Anerkennung indianischen Gemeinschaftslandes durchzusetzen. Sie haben gemeinsam einen Gesetzesentwurf für ein Autonomiegesetz ausgearbeitet und der Regierung vorgelegt. Die Ethnien, die ihren Ursprung teilweise auf die Chibchas und zum anderen Teil auf die aztekischen Nahuas zurückführen, haben zwar ihre Sprachen verloren, bewahren aber die Tradition des Alcalde de Vara, des Dorfältesten, der als eine Art Bürgermeister fungiert.

Klein, aber wachsend

Costa Ricas indianische Bevölkerung nimmt zu. Die Volkszählung von 2011 registriert 104 143 Menschen, die sich als indigen verstehen. Das sind gerade 2,4 Prozent der Bevölkerung, der geringste Anteil in ganz Zentralamerika. Aber gegenüber dem Zensus aus dem Jahr 2000 mit 63 876 Indigenen bedeutet das einen Zuwachs von mehr als 60 Prozent. Allerdings konnten nur 78 073 angeben, welchem der acht Völker sie angehören. Diese Völker, von denen die Bribrí das größte sind, leben in Reservaten, die sie selbst lieber als Territorien bezeichnen. Sie sind vor allem im weniger entwickelten Süden Costa Ricas auf wenig fruchtbarem Land angesiedelt. Die indianischen Gebiete zählen daher zu den ärmsten des Landes. Laut einem Bericht des UNO-Entwicklungsprogramms UNDP aus dem Jahr 2013 befinden sich 38 Prozent des indigenen Territoriums in Händen von Weißen, im Fall der Térraba sogar 88 Prozent.

Das Bergbaugesetz von 1982 entzieht den indigenen Territorien die Kontrolle über ihre Bodenschätze, indem es das exklusive Verfügungsrecht des Staates festschreibt.

Indianisches Strandleben

Wer Panama als Tourist ansteuert, wird sicherlich die San-Blas-Inseln auf der karibischen Seite des Landes im Nordosten kennenlernen wollen. Dort findet man fast unberührte Strände, die noch nicht von der großen Tourismusindustrie in kommerziellen Beschlag genommen wurden. Das ist das Verdienst der Kuna, die seit Menschengedenken diesen Archipel bewohnen. Sie sorgen dafür, dass ihr Paradies nicht von Hotelklötzen, All-inclusive-Clubs und Event-Veranstaltern zerstört wird. Man übernachtet dort in Zelten, Hängematten, Privatzimmern oder Bungalows. Von den 378 Inseln und Inselchen sind nur 47 bewohnt.

Die Kuna sind ein Volk von 300 000 Menschen, die in Kolumbien, Panama und Costa Rica siedeln. Nur 50 000 leben auf den San-Blas-Inseln. Touristen dürfen nur einige der Inseln betreten. Ihnen werden dort frische Kokosnüsse angeboten – allenfalls in veredelter Form mit einem Schuss Rum. Neben dem Fischfang, dem Handel, ein bisschen Jagd und Landwirtschaft sowie dem Verkauf der bunten Stoffbilder, den molas, ist der Tourismus die Haupteinnahmequelle der Kuna von San Blas.

Diese Idylle hat nicht immer bestanden. Die 1870 von Kolumbien gewährten Rechte über das Kuna-Gebiet Comarca Tulenga wurden nach der Sezession Panamas und der Teilung des Kuna-Territoriums von der neuen Regierung nicht respektiert. Panama vergab Konzessionen für Bergbau und Bananenplantagen und schikanierte die protestierende Bevölkerung mit Polizeiübergriffen. Erst ein Aufstand der Kuna im Jahr 1925 konnte durchsetzen, dass die Republik Panama die angestammten Rechte anerkannte. Die Gesetzgebung aus dem Jahr 1938 war die erste Autonomieregelung für ein indigenes Volk.

Die Kuna verteidigen ihre Rechte mit großer Ernsthaftigkeit. Dauerhaft niederlassen dürfen sich auf San Blas nur Angehörige des eigenen Volkes und deren angeheiratete Partner. Sie bewahren ihre starken Traditionen, bei denen gemeinschaftlich getroffene Entscheidungen eine tragende Rolle spielen. Dabei übernehmen die Frauen zunehmend Verantwortung.

Heute wird der San-Blas-Archipel vom Klimawandel bedroht. Die flachen Eilande sind dem Ansteigen des Meeresspiegels ausgeliefert. Schützende Korallenriffe wurden zu großen Teilen zerstört, weil man das Material als Ersatz für Steine zur Befestigung von Land für den Hausbau verwendet hat. Einige Kuna sind auch den Verlockungen des Drogenhandels erlegen, der auf den großenteils menschenleeren Inseln einen idealen Umschlagplatz zwischen Kolumbien und Nordamerika findet.

Ein Kuriosum ist die hohe Anzahl von Albinos, die bei den Kunas auf dem Festland, aber auch auf den Inseln anzutreffen sind. Jeder 150. Kuna leidet unter dem Pigmentmangel. Weltweit hat nur ein Mensch unter 17 000 Albinismus. Unter der Tropensonne erkrankt mehr als jeder zweite Albino an Hautkrebs. Während der Kolonialzeit und bis Ende des 19. Jahrhunderts wurden die Albinos getötet, da man sie mit den spanischen Eroberern in Verbindung brachte. Jetzt betrachtet man sie als gesegnet und von Gott gesandt.

Außer den Kuna gibt es in Panama noch kleine Gruppen anderer indigener Völker: Bribrí, Emberá, Naso, Ngäbe und Wounan.

Starke und geschundene Frauen

Das Weltwirtschaftsforum in Davos hat Nicaragua unter die weltweit zehn Länder gereiht, in denen die Gleichstellung der Frau am meisten verwirklicht sei. In Lateinamerika liegt das Land sogar an der Spitze. Tatsächlich schreibt ein neues Gesetz für das Parlament und die Gemeindevertretungen vor, dass auf allen Parteilisten 50 Prozent Frauen nominiert sein müssen. Im Kabinett nehmen Frauen die Hälfte aller Ministerposten ein. Bei der Polizei sind Frauen mit einem Anteil von 33 Prozent besser vertreten, als irgendwo sonst in Lateinamerika. Und Polizeichefin Aminta Granera strebt die totale Geschlechterparität an.

Diese formale Gleichstellung bedeute gar nichts, meint die Journalistin und Feministin Sofía Montenegro. »Wir haben sehr darüber gelacht.« Dieses Ranking sei durch das Abhaken einer Checkliste zustande gekommen, habe aber »mit der Wirklichkeit nichts zu tun«. Wer dem Alltag näher kommen will, muss nur beim Miriam-Bildungsprojekt zur Frauenförderung vorbeischauen. Im Städtchen Somotillo, rund 200 Kilometer nordwestlich der Hauptstadt Managua, hat das Projekt ein Büro, wo Rechtsberatung, aber auch psychosoziale Betreuung für Frauen angeboten wird. Junge Frauen, die dank eines Stipendiums studieren konnten, werden ausgebildet, um in ihren Dörfern oder Stadtbezirken die häusliche Gewalt zu bekämpfen.

Auf einem Video sehen etwa 15 junge Frauen eine gestellte Szene: Eine Frau wird wegen einer nichtigen Sache vom Partner zuerst brüllend zur Rede gestellt und dann mit Schlägen und Fußtritten attackiert. Die meisten haben so etwas in der unmittelbaren Nachbarschaft schon erlebt.

Als wäre sie bestellt worden, kommt plötzlich Elba Moncada zur Rechtsberatung, die in einem winzigen Büro stattfindet. Die 54-jährige Landwirtin tritt sehr selbstbewusst auf: »31 Jahre war ich verheiratet. Fünf Kinder hab ich meinem Mann geboren. Was hab ich nicht alles aushalten müssen!« Ihr Leidensweg war lang. Prügel und sexuelle Gewalt gehörten jahrzehntelang zur Tagesordnung: »Er hat mich mit dem Messer bedroht und mir die Unterhose vom Leib gerissen, und ich ließ es geschehen. Diesmal dachte ich, er wird es nicht wieder tun. Aber er hat es wieder gemacht.« Sechs Monate habe er bereits wegen Gewalt gegen seine Frau im Gefängnis gesessen. Dann habe ihre Tochter sie bekniet, den Papa wieder rauszuholen, der Oma zuliebe. Aber bald fing alles wieder von vorn an. Als er wieder zu trinken und prügeln begann, rief Elba die Polizei. Vor Gericht gab der Mann zu, dass er sich auch an einer Nichte vergangen hatte, die im Hause wohnte. »Wie soll man als richtiger Mann so einer Versuchung widerstehen?«, soll er augenzwinkernd den Richter gefragt haben. Der Richter sah das anders und verhängte 13 Jahre Haft.

Elba Moncada stützt sich auf ein 2012 verabschiedetes Gesetz, bekannt als Gesetz 779, das es Menschen – im Normalfall sind es Frauen – ermöglicht, ihren gewalttätigen Partner anzuzeigen und bis zur Verhandlung einsperren zu lassen. Ein solches Gesetz war jahrelang von der Frauenbewegung gefordert worden, denn viele Frauen wagten es nicht, die Polizei zu rufen, weil der Gewalttäter sehr bald wieder zu Hause war und sich dann oft mit noch brutaleren Prügeln für die Schmach rächte.

Ana María Pizarro, Ärztin und Direktorin des Frauenzentrums SiMujer, zeigte sich daher im Prinzip befriedigt über diese frauenfreundliche Gesetzgebung. Aber lange duften sich die Frauen nicht über dieses Gesetz freuen: »Es gab dann eine wohlinszenierte Kampagne in der Presse von einigen Abgeordneten, Richtern und der Kirche. Die Familie würde geschwächt, wenn es keine Mediation mehr gebe. Der Grund, warum die verpflichtende Mediation abgeschafft wurde, war, dass vielen Frauenmorden eine Mediation vorausgegangen war.« Denn diese erlaube es den Aggressoren, so Pizarro, »sich mit dem Opfer zusammenzusetzen und Besserung zu versprechen. Was sie natürlich nie einhalten: Mit dem Effekt, dass es noch mehr Gewalt gibt.« Plötzlich fand sich im Parlament eine Mehrheit für eine Gesetzesänderung, die die Mediation wieder zulässt.

Die Gewalterfahrungen vieler Frauen beginnen bereits in der Kindheit. Es ist keine Seltenheit, dass kleine Mädchen die ersten sexuellen Erfahrungen mit dem großen Bruder, dem Vater, Stiefvater oder Onkel machen, sagt Zoraida Soza, die Direktorin der Organisation Aguas Bravas, die sich um Opfer sexueller Gewalt kümmert. Aguas Bravas heißt wörtlich Wildwasser und ist eine Kopie des gleichnamigen Vereins in Deutschland. Die Arbeit des Vereins Aguas Bravas ist mit zahlreichen Preisen ausgezeichnet worden. Von staatlicher Seite gibt es keine vergleichbare Einrichtung in Nicaragua. Und obwohl viele der Opfer ihr Leben lang traumatisiert bleiben, wird die sexuelle Gewalt nicht als gesellschaftliches Problem wahrgenommen. Am wenigsten auf dem Land.

»Wenn ein Mädchen auf dem Land vergewaltigt wird und der Täter sich dann seines Opfers annimmt, dann ist das kein Verbrechen. Auch wenn er 40 Jahre alt ist und sie 15.« Was Zoraida Soza da schildert, erinnert an konservative islamische Gesellschaften. Es heiße dann: »Er gibt ihr die Ehre.« Als sexueller Missbrauch zähle das nicht. Wie auch, wenn dieses Denken von allerhöchster Stelle gepflegt und gefördert wird?

Rosario Murillo, Ehefrau von Präsident Daniel Ortega und als Sekretärin für Kommunikation eine Art Propagandaministerin, feierte ein Kind, das als Frucht einer inzestuösen Vergewaltigung entstand, als »Geschenk Gottes«. Sie selbst veranlasste, dass die zwölfjährige werdende Mutter von der Karibikküste nach Managua gebracht und bis zur Niederkunft bewacht wurde. Murillo ist eine der vehementesten Anti-Abtreibungsaktivistinnen. 2006, wenige Tage bevor die Präsidentschaftswahlen den ehemaligen Revolutionskommandanten Daniel Ortega neuerlich an die

Macht brachten, hatte das Parlament eines der strengsten Abtreibungsverbote der Welt beschlossen. Auf Betreiben der sandinistischen Mehrheitsfraktion wurde die mehr als hundert Jahre alte liberale Gesetzgebung, die bei medizinischer oder sozialer Indikation eine Schwangerschaftsunterbrechung straffrei stellte, ausgehebelt. Seither ist das medizinische Personal verpflichtet, eine Frau, die mit Unterleibsblutungen eingeliefert wird, anzuzeigen. Mehrere Frauen sind bereits verblutet, weil kein Arzt es wagte, sie zu behandeln. Denn Frauen wie Ärzte werden mit acht Jahren Haft bedroht.

Zwischen 2008 und 2011 wurden 91 Frauen wegen Verstoßes gegen einen der fünf Abtreibungsparagraphen bei der Polizei angezeigt. »Was aus ihnen geworden ist, wissen wir nicht«, sagt Ana María Pizarro, »auch einige Männer, die ihre Frauen in die Klinik brachten oder für die Abtreibung zahlten, sind festgenommen worden. Auch von ihnen wissen wir nichts. Denn seit dem Jahr 2007 führt die Polizei nicht mehr Buch darüber. Und das Gesundheitsministerium hat damals den letzten Bericht über reproduktive Gesundheit veröffentlicht.«

Zahlen und Fakten von offizieller Seite sind also nicht zu bekommen. Informationsquelle sind daher in erster Linie die Medien, die aber selten an einem Fall dranbleiben. Sicher ist, dass Frauen, die das nötige Geld haben, genau wissen, an wen sie sich wenden müssen, um eine unerwünschte Schwangerschaft zu beenden. Diskretion garantiert.

Eine Ärztin in León, die aus verständlichen Gründen anonym bleiben will, erzählt von einer Schwangeren in ihrer Klinik, die einen lebensunfähigen Embryo im Leib trägt. Er ist schwer missgebildet und würde ohne Hirn zur Welt kommen. Ein klassischer Fall für einen therapeutischen Schwangerschaftsabbruch. Aber dem medizinischen Personal sind die Hände gebunden. Sie müssen warten, bis das Herz zu schlagen aufhört. Andernfalls würden sie sich strafbar machen. Obwohl mit jeder Woche, die vergeht, das Risiko für die Mutter wächst.

Keine Emanzipation in den Köpfen

Im Jahr 1979 hat ein Volksaufstand, angeführt von der Sandinistischen Befreiungsfront (FSLN), die Somoza-Dynastie hinweggefegt. Frauen waren daran führend beteiligt. Aber was ist von zehn Jahren Revolution, die 1990 an den Urnen endete, geblieben? Die Feministin Sofía Montenegro zieht eine gemischte Bilanz: »Die Revolution hat den Frauen eine historische Tür geöffnet. Und wir marschierten durch.« Aber nach der Revolution sei dasselbe passiert wie in Europa nach dem Krieg: »Die Männer kamen von der Front zurück und wollten ihre alten Machtpositionen wieder einnehmen.« Allerdings ließe sich das Rad der Geschichte nicht ganz zurückdrehen: Frauen stellen noch immer die Mehrheit derjenigen, die ein Universitätsstudium abschließen. Es gibt mehr Frauen mit akademischem Niveau.

Aber in den Köpfen habe sich auch damals nicht viel verändert, meint die Ärztin Ana María Pizarro: »Während der Revolution haben wir das Ausmaß der Gewalt nicht zur Kenntnis genommen. Es gab Gewalt in den Bataillons, in den Milizen, in den Dörfern und Stadtteilen, in den Institutionen. Es gab Gewalt gegen Schwule und Lesben, Gewalt gegen Schwangere, die gezwungen wurden, zur Abtreibung nach Kuba zu fahren.« Das alles sei nicht so aufgefallen, weil die Verteidigung der Revolution und der Souveränität im Vordergrund gestanden habe. »Erst danach konnten wir klarer sehen«, so Pizarro. »Und wir sahen, dass in diesen zehn Jahren die Gewalt nicht ernsthaft kritisiert wurde. Die wenigen Feministinnen, die in den letzten Jahren der Revolution ihre Stimmen erhoben, wurden aus der Partei ausgeschlossen oder, wenn sie keine Mitglieder waren, standen sie unter Beobachtung.«

Wer die Wirklichkeit in Nicaragua kennt, der muss den Feministinnen recht geben. Frauen sind selbstbewusst geworden und haben manch einflussreiche Position erobert. Auch auf dem Gebiet der Gesetzgebung sind die Fortschritte unübersehbar.

Aber die Praxis hinkt hinterher. Und von der gesellschaftlichen Wertschätzung, die sie verdienen, und dem Respekt vor ihrer körperlichen und psychischen Integrität sind Nicaraguas Frauen auch fast 40 Jahre nach den revolutionären Umbrüchen noch weit entfernt.

Spaß am Sex?

Wenn man einschlägigen Umfragen glauben darf, haben Nicaraguas Frauen häufiger Sex als ihre zentralamerikanischen Nachbarinnen und – angeblich – auch Spaß dabei. Das ist keine Selbstverständlichkeit und betrifft wohl eher die urbanen Schichten. Von den Campesinas ist nämlich aus feministischen Untersuchungen das Gegenteil bekannt. 1993 jedenfalls enthüllte eine Umfrage, dass die nicaraguanischen Frauen früher und häufiger Sex hätten als ihre Geschlechtsgenossinnen in den Nachbarländern. Viele Mädchen hätten mit zwölf ihre ersten sexuellen Erfahrungen und seien mit 14 zum ersten Mal schwanger. Die Durchschnittsfrau habe dreimal die Woche Geschlechtsverkehr, der Durchschnittsmann hingegen nur 2,4-mal. Diese offensichtliche Diskrepanz wird von den Demoskopen nicht interpretiert. Statt die Symptome einer gestohlenen Kindheit zu analysieren oder die furchterregend große Häufigkeit von sexuellem Missbrauch in der Familie zu thematisieren, freuten sich die meisten in der Umfrage angesprochenen Frauen, dass sie den Kolleginnen in Costa Rica und Honduras zumindest im Bett überlegen seien.

Die Wahrheit dürfte sein, dass man seit der sandinistischen Revolution über diese Dinge offener redet. Denn dass Männer fremdgehen, ist seit jeher sozial akzeptiert. Die Psychologin Auxiliadora Marenco schätzt, dass heute zumindest jede dritte Frau gelegentlich ein fremdes Bett aufsucht, während 99 Prozent der Ehemänner eine Freundin haben. Letzteres ist so selbstverständlich, dass man darüber kein Wort verliert, aber nicht mehr so selbstverständlich, dass sich alle Frauen damit abfinden. Viele ziehen es heute vor, sich mit ihren Kindern allein durchzuschlagen.

»Kindsmörderinnen« vor Gericht

Beatriz ist nicht ihr echter Name. Aber der »Fall Beatriz« hat die Absurdität der salvadorianischen Abtreibungsgesetzgebung weit über die Grenzen des Zwergstaates hinaus bekannt gemacht. Beatriz trug einen Fötus im Leib, der kein Gehirn entwickelt hatte und daher nicht lebensfähig war. Die Medizin spricht von Anenzephalie. Kinder, die mit dieser Anomalie geboren werden, sterben nach wenigen Stunden. Beatriz durfte trotzdem nicht abtreiben. Das verbietet das salvadorianische Strafgesetz, das jede Form des Schwangerschaftsabbruchs mit Mord gleichsetzt.

Die damals 22-jährige junge Frau musste 2013 14 lange Wochen auf eine Entscheidung des Obersten Gerichtshofes warten. Das höchste Gericht lehnte ihre Petition, eine Abtreibung ausnahmsweise zuzulassen, ab. Beatriz musste das Kind austragen. Das Kind starb, die Mutter überlebte.

Wie viele ähnliche Schicksale es in El Salvador gibt, ist nicht bekannt. Zu Bekanntheit gelangt sind 17 Frauen, die nach einer Fehlgeburt als vermeintliche Kindsmörderinnen zu Strafen von über 30 Jahren verurteilt wurden. Einige von ihnen sitzen schon seit über zehn Jahren in Haft. Amnesty International weist in jedem Jahresbericht auf das menschenrechtlich hochproblematische Gesetz hin und dokumentiert 2014 in einem Bericht die Konsequenzen für hunderte Frauen und Mädchen, die sich nur mit geheimen und daher lebensgefährlichen Abtreibungen zu helfen wissen. Ein Großteil der Betroffenen, die Amnesty für den Bericht befragte, gehört zu den Ärmsten der Gesellschaft. Das absolute Abtreibungsverbot trifft sogar Frauen, deren Leben durch die Schwangerschaft gefährdet ist, und stellt sie vor eine unmögliche Wahl: Eine lange Gefängnisstrafe, wenn sie die Schwangerschaft abbrechen, oder faktisch ihr Todesurteil zu unterzeichnen, falls sie es nicht tun.

Auf diese Frauen aufmerksam gemacht hat eine Bürgervereinigung für die therapeutische, ethische und eugenische Abtreibung, die vom Parlament die Begnadigung der Verurteilten fordert. Im Januar 2015 wurde eine von ihnen – bekannt unter dem Namen Carmen Guadalupe – nach einer extrem knappen Abstimmung der Nationalversammlung begnadigt. Die Abgeordneten waren mit einer Stimme Mehrheit der Meinung, das Gericht hätte die wissenschaftlichen Beweise, die die Angeklagte entlasteten, nicht gewürdigt.

Die übrigen 16 Frauen, bei deren Prozessen ebenfalls Verfahrensmängel festgestellt wurden, müssen weiter auf einen Gnadenakt oder eine Gesetzesreform warten. Das strikte Abtreibungsverbot wurde im Jahre 1997 in der Verfassung verankert. Konservative katholische Gruppierungen und extrem rechte Kreise hatten die von der rechten ARENA beherrschte Nationalversammlung unter Druck gesetzt. Die seit 2009 regierende FMLN, die aus der ehemaligen Guerillafront hervorgegangen ist, will zwar eine Rückkehr zur medizinischen und sozialen Indikationslösung, verfügt aber nicht über die nötige Mehrheit für eine Verfassungsänderung.

Inzwischen gibt es aber auch eine breite Bewegung, die sich für die verurteilten Frauen einsetzt. Mitte 2016 übergab die Bürgergruppe für die Entkriminalisierung des Schwangerschaftsabbruches (Agrupación Ciudadana por la Despenalización del Aborto) gemeinsam mit Amnesty International 185 000 Unterschriften aus aller Welt an das Justiz- und Sicherheitsministerium in San Salvador. Im Konkreten setzen sie sich für Teodora Vásquez ein, die wegen schweren Totschlags zu 30 Jahren Haft verurteilt wurde. Wie bei vielen Leidensgenossinnen erging das Urteil auf den bloßen Verdacht, dass die Fehlgeburt selbst provoziert gewesen sei.

Eine 2015 veröffentlichte Studie der Interamerikanischen

Menschenrechtskommission spricht von mehr als hundert Frauen, die zwischen 2000 und 2015 wegen abtreibungsbezogener Delikte verurteilt worden seien. Es wird ausdrücklich darauf hingewiesen, dass die große Mehrheit dieser Frauen in ländlichen Gebieten lebten und geringes Einkommens- wie Bildungsniveau aufwiesen.

Das Abtreibungsverbot hat gravierende gesellschaftliche Auswirkungen. So waren nach Angaben des Gesundheitsministeriums 2013 nicht weniger als 32 Prozent der Schwangeren noch minderjährig. Nach Schätzungen der Weltgesundheitsorganisation WHO werden in El Salvador jährlich 40 700 unsichere Schwangerschaftsunterbrechungen vorgenommen. Auf tausend Frauen im reproduktionsfähigen Alter zwischen 15 und 44 Jahren werden 29 geheime Abtreibungen hochgerechnet.

Feminismus auf leisen Pfoten

Der Feminismus gilt in den meisten Ländern Lateinamerikas als Hobby unterbeschäftigter Mittelstandsfrauen. Frauen, die sich als Feministinnen deklarieren, setzen sich schnell aggressiven Anfeindungen aus. In Wahrheit sind aber viele Frauen der ärmeren Schichten über schmerzhafte Lebenserfahrungen zu ihrer persönlichen Emanzipation gekommen. So erzählen Marktfrauen in der nicaraguanischen Stadt León, dass sie froh seien, keinen Mann im Haus zu haben. Fünf Kinder von drei verschiedenen Männern ziehen sie lieber alleine auf. Denn in der Regel sei der Alte nur eine zusätzliche Belastung. Bevor sie sich an die mühsame Umerziehung eines Lebenspartners machen, verzichten sie lieber auf männliche Begleitung.

In Guatemala gibt es seit 1998 mit *La Cuerda* sogar eine feministische Zeitschrift. Nach den Friedensverträgen von 1996 hätten sich Freiräume aufgetan, erzählt Paula Irene del Cid Vargas, Psychologin und Mitbegründerin der Publikation. Man verzichte aber auf ein Etikett, das auch von den Frauen selbst missverstanden werden könne. Wichtig seien die Inhalte. Statt öffentlich Büstenhalter zu verbrennen, wie einst die Feministinnen in Deutschland, versuchen vorausdenkende Frauen in Guatemala zuerst einmal die Rolle der Frau in der Gesellschaft sichtbar zu machen. Das Ziel, die hohe Müttersterblichkeit zu verringern, sei kein rein medizinisches. Die Rate liegt in Guatemala bei 160 pro 100 000 Geburten. In manchen Provinzen sogar bei 200. Keine Partei spreche von integraler Bildung, bei der auch das Thema der Familienplanung angesprochen wird. Niemand wolle kommunale Kindergärten zur Entlastung der Frauen schaffen. *La Cuerda* formuliert Vorschläge aus einer feministischen Motivation. Bei den Diskussionsrunden gehe es manchmal um abstrakte, aber auch oft um sehr konkrete Dinge, etwa um Sexualität. »Unser Feindbild sind nicht die Männer, sondern der Rassismus und die koloniale Denkweise«, so del Cid.

Frauenhass und Frauenmord

Nicht nur Aktivistinnen leben in Guatemala gefährlich. Das Land kann sich, was Frauenmorde betrifft, wie oben erwähnt, mit dem großen Nachbarn Mexiko messen. Neun von 100 000 Frauen werden umgebracht, doch nur wenige dieser Verbrechen werden aufgeklärt. Es gibt verschiedene Motive für die Tötungsdelikte an Frauen. Viele haben mit dem organisierten Verbrechen und dem Kampf um Territorien zu tun. Es gehe um Operationsgebiete für Drogenhandel, Geldwäsche, Waffen- oder Menschenhandel.

Berichte über grausam verstümmelte Kadaver und blutige menschliche Überreste füllen die Seiten der Skandalblätter, die sich auf groteske Mordgeschichten spezialisiert haben. Drastische Details werden geschildert, Spekulationen über Motive angestellt. Doch aufgeklärt wird fast keines der Verbrechen, und angesichts des nicht enden wollenden »Angebotes« täglich neuer

Leichen bleibt auch die Presse an den Geschichten nicht dran. Es sei denn, es handelt sich um Personen der besseren Gesellschaft, wie Cristina Siekavizza, die im Juli 2011 im Alter von 33 Jahren spurlos verschwand. Mordverdächtig war schnell der flüchtige Ehemann, der mehr als zwei Jahre später in Mexiko gefasst und ausgeliefert wurde. Obwohl der Leichnam der zweifachen Mutter nie gefunden wurde und der Verdächtige die Tat bis heute bestreitet, hat die Justiz ein Indizienverfahren eingeleitet, das bis dato nicht abgeschlossen ist. Der Fall beschäftigt die Medien immer wieder und hat zumindest insofern sein Gutes, als er in der Gesellschaft eine längst fällige Debatte über häusliche Gewalt und Frauenmorde ausgelöst hat.

Fußball- und andere Kriege

Als George W. Bush nach den Terrorattentaten vom 11. September 2001 weltweit zum Kreuzzug gegen den Terror aufrief und alle Welt in seine martialischen Vergeltungspläne einzubinden suchte, erzählte man sich in Zentralamerika folgenden Witz: George W. Bush ruft den salvadorianischen Präsidenten Francisco Flores an und teilt ihm mit, die CIA habe in San Salvador ein logistisches Zentrum der Al Qaida von Osama bin Laden entdeckt: »Leider müssen wir deine Hauptstadt bombardieren.« Dann setzt er nach: »Übrigens, wie heißt sie doch gleich, deine Hauptstadt?« Darauf Präsident Flores schnell: »Tegucigalpa.«

Tegucigalpa ist die Hauptstadt des Nachbarlandes Honduras. Jahrzehnte nach dem Waffengang, der als Fußballkrieg in die Geschichtsbücher Eingang fand, stößt man immer noch auf Ressentiments, die gegenüber dem damaligen Kriegsgegner gehegt werden. Der Fußballkrieg ist in der Geschichte seit der Unabhängigkeit der einzige klassische Krieg, den zwei zentralamerikanische Staaten untereinander ausfochten. Zwar führten Grenzstreitigkeiten immer wieder zu Säbelrasseln, doch wurden selbst Gebietsverluste unblutig abgewickelt. Kriege führte man innerhalb der Grenzen: in Form von Bürgerkriegen zwischen rivalisierenden Parteien, als Befreiungskriege gegen eine Tyrannei oder Fremdherrschaft oder als blutige Repression gegen die eigene Bevölkerung. Seit dem Ende der spanischen Kolonialherrschaft vor bald 200 Jahren bis zur jüngsten Jahrhundertwende verging kein Jahrzehnt, in dem nicht irgendwo in Zentralamerika gekämpft worden wäre. Lange Zeit waren Regierungswechsel, die unblutig über die Bühne gingen, die Ausnahme. Oft hatten ausländische

Mächte ihre Finger im Spiel. Selbst Costa Rica, das gern den Ruf der friedliebenden kleinen Demokratie pflegt, brachte es zwischen 1821 und 1948 auf die stolze Zahl von 103 Verschwörungen, Staatsstreichen, Rebellionen, Bürgerkriegen und Kriegen.

Als die Fußballmannschaften von Honduras und El Salvador im Mai 2010 zu einem Qualifikationsmatch für die WM in Südafrika in der honduranischen Wirtschaftsmetropole San Pedro Sula aufeinandertrafen, herrschte bei der FIFA Nervosität. Ein Abgesandter des Fußball-Weltverbandes besichtigte das Stadion und forderte die höchste Sicherheitsstufe. Die Schlachtenbummler aus El Salvador sollten einen abgegrenzten Sektor zugewiesen bekommen. Zusammenstöße könne man nicht ausschließen.

FIFA-Mann Hugo Estrada war nicht durch konkrete Hinweise auf mögliche Ausschreitungen beunruhigt, sondern einzig aufgrund der historischen Parallelen. Denn vier Jahrzehnte vorher hatte ein Krieg nach einem Fußballmatch begonnen.

Die Ausgangslage konnte dramatischer nicht sein, als am 26. Juni 1969 Honduras und El Salvador in Mexiko-Stadt aufeinandertrafen. Jede der Mannschaften hatte ihr Heimspiel gewonnen. Es ging jetzt um das Ticket für die WM in Mexiko. Nach 90 Minuten stand es 2:2. Als der Salvadorianer Mauricio Rodríguez in der Verlängerung das Siegestor schoss und Honduras aus dem Wettbewerb warf, kam es zu Tumulten, die auch Todesopfer forderten. Zwei Tage später brachen beide Regierungen die diplomatischen Beziehungen ab. 17 000 in Honduras angesiedelte salvadorianische Bauern flohen vor gewaltsamen Übergriffen in ihr Heimatland. Es begann ein viertägiger Waffengang.

Mit Fußball hatte das natürlich nichts zu tun. Schon im Laufe der 1950er-Jahre hatten sich Kleinbauern aus dem überbevölkerten El Salvador im dünn besiedelten Nachbarland niedergelassen, meist auf Brachland, das honduranische Großgrundbesitzer nicht nutzten. Viele besetzten auch gar kein Land, sondern verdingten sich auf den riesigen Bananenplantagen der transnationalen Konzerne. Um die 300 000 Campesinos aus El Salvador lebten bereits in Honduras, als Präsident Oswaldo López Arellano eine Agrarreform dekretierte und das Migrationsabkommen mit dem Nachbarland aufkündigte. Die Salvadorianer wurden dadurch über Nacht zu Landräubern und dienten als willkommene Sündenböcke. Schon am 30. April 1969 hatte López sie aufgefordert, das Land zu verlassen. Die paramilitärische Bande Mancha Brava verlieh dem präsidentiellen Auftrag durch Vertreibungen und Gewalttaten gegen die Immigranten Nachdruck. In El Salvador, wo eine kleine Oligarchie fast alles fruchtbare Land beanspruchte, befürchtete man Unruhen durch die Massen landloser Bauern. Während in dem Zwergstaat damals 2,5 Millionen Menschen auf 21 000 Quadratkilometern leben mussten, hatte das mehr als fünfmal so große Honduras nur 1,9 Millionen Einwohner. Statt im eigenen Land für eine gerechtere Verteilung des Landes zu sorgen, ließ Präsident und General Fidel Sánchez Hernández die Armee in Honduras einmarschieren und weite Teile des Landes besetzen. Das Kuriosum, dass in diesem Krieg zum letzten Mal Propellermaschinen aus dem Zweiten Weltkrieg im Luftkampf aufeinandertrafen, lässt die Tatsache in den Hintergrund treten, dass in nur hundert Stunden über 2000 Menschen getötet und dreimal so viele verletzt wurden. Der Vormarsch der salvadorianischen Truppen auf Tegucigalpa, so erzählte man später, soll allein dadurch gestoppt worden sein, dass den feindlichen Panzern der Sprit ausging. In Wahrheit dürften die Salvadorianer, die eine Art Blitzkrieg nach dem israelischen Vorbild des Sechstagekrieges planten, die Widerstandskraft der honduranischen Armee doch unterschätzt hatten. Die Organisation Amerikanischer Staaten (OAS), die El Salvador als Aggressor identifizierte, erzwang am fünften Tag eine Waffenruhe und den Abzug der salvadorianischen Truppen.

El Salvador reiste zwar 1970 erstmals zu einer Fußball-WM, schied aber nach einer blamablen Vorstellung in der Gruppenphase punkt- und torlos aus. In Honduras dürfte man das mit einer gewissen Schadenfreude beobachtet haben.

Der salvadorianische Bürgerkrieg der 1980er-Jahre, der das Leben im Land mehr als eine Dekade bestimmte, kann übrigens als Spätfolge des Fußballkrieges gesehen werden. Denn der soziale Druck, der sich durch die vielen landlosen Bauern aufbaute, schuf ein Klima, in dem die revolutionären Organisationen als Hoffnungsträger einer entrechteten Landbevölkerung Gehör fanden.

Costa Ricas Sonderweg

Ab Mitte der 1950er-Jahre wurden die zentralamerikanischen Staaten von Militärs regiert, die ihre autoritäre Herrschaft regelmäßig durch Wahlen legitimieren ließen. Einen Sonderweg ging nur Costa Rica, das nach einem kurzen Bürgerkrieg 1949 die Armee auflöste und via Verfassung abschaffte. Dem Bürgerkrieg lag ein Streit über die Wahlen vom Februar 1948 zugrunde. Der Sozialdemokrat Otilo Ulate reklamierte den Wahlsieg über den republikanischen Rivalen Rafael Ángel Calderón. Dieser wollte die Niederlage nicht anerkennen, da die Stimmzettel nach der Auszählung durch einen mysteriösen Brand vernichtet worden waren. So veranlasste Calderón, der während seiner Präsidentschaft (1940–1944) als Sozialreformer hohe Popularität genossen hatte, den Kongress, ihn zum Präsidenten zu erklären. Der Krieg, in den sich auf Ersuchen Calderóns auch der nicaraguanische Diktator Anastasio Somoza einmischte, dauerte 44 Tage, kostete rund 2000 Menschenleben und endete mit dem Sieg der von José Figueres kommandierten Aufständischen. Calderón floh ins Exil nach Nicaragua, Figueres übernahm als Chef einer Übergangsjunta für 18 Monate die Macht. Der Mut und die Weitsicht, das Land durch die Abschaffung der Armee der fatalen militaristischen Tradition Zentralamerikas zu entziehen, machte Figueres zum weithin gepriesenen Gründer der Zweiten Republik. In einem Land, das die Wiederwahl verbietet, wurde er zweimal zum Präsidenten gewählt.

Hundert Jahre zuvor hatte Costa Rica noch an der Seite Nicaraguas gegen die Invasionsarmee des US-amerikanischen Abenteurers William Walker gekämpft. Details siehe Kapitel »Helden und Halunken«.

Die neuen Bürgerkriege

Seit den Tagen der Unabhängigkeit hatten Konservative und Liberale in Zentralamerika einander ständig bekriegt. Friedliche Regierungswechsel durch Wahlen waren die Ausnahme. Und eine Machtablösung der Konservativen durch die Liberalen oder umgekehrt lief praktisch immer blutig ab. Die Konservativen, die sich meist Legitimisten nannten, stützten sich auf den Großgrundbesitz und die katholische Kirche. Die Liberalen, die in manchen Ländern auch unter dem Namen Republikaner agierten, vertraten die städtische Elite, die mit Handel zu Geld gekommen war und mit einer oft antiklerikalen Haltung den Einfluss der Kirche auf alle Lebensbereiche zurückzudrängen versuchte. Kompromisse waren da schwer zu finden und wurden meist auch gar nicht gesucht, obwohl die Geschichte lehrte, dass innenpolitischer Zwist jedes Land schwächt. Das musste vor allem Nicaragua erleben, wo der Bürgerkrieg von 1855/56 in die Machtergreifung des William Walker mündete und der Konflikt nach dem Sturz des liberalen Präsidenten José Santos Zelaya die Invasion der USA nach sich zog. Die Besatzungstruppen sollten 20 Jahre bleiben und das Land nachhaltig verändern. Darauf wurde bereits im Kapitel »Helden und Halunken« am Beispiel des Augusto C. Sandino näher eingegangen.

Im 20. Jahrhundert dominierten die diktatorischen Regimes, oft legitimiert durch Scheinwahlen, die die Opposition durch Repression im Griff behielten und zur Zufriedenheit der USA für Stabilität in deren geopolitischem Hinterhof sorgten. Erst die kubanische Revolution 1959 lehrte die Despoten des Subkontinents das Fürchten. US-Präsident Kennedys Rezept, den Protestbewegungen durch Sozialreformen den Wind aus den Segeln zu nehmen, befolgten die meisten halbherzig bis gar nicht, obwohl diese Reformen über die Allianz für den Fortschritt von den USA gefördert wurden. Als dann nach der Bischofskonferenz von Medellín 1968 die katholische Kirche als zuverlässiger Verbündeter der etablierten Ordnung wegbrach, wurde es für die alten Wirtschaftseliten und die von ihnen eingesetzten Diktatoren langsam ungemütlich.

Die Bischofskonferenz im kolumbianischen Medellín, zu der mit Paul VI. erstmals ein Papst nach Südamerika reiste, befasste sich mit den Reformen des II. Vatikanischen Konzils und sollte diese auf die lateinamerikanische Realität übertragen. Die Kirche volksnäher zu machen hieß notwendigerweise, auf die sozialen Nöte der Bevölkerung einzugehen. Die bevorzugte Option für die Armen, die dort als Auftrag an die Priester und Bischöfe formuliert wurde, machte Medellín zum Geburtsort der Befreiungstheologie. Was das in der Praxis bedeutete, wurde den Mächtigen erst nach und nach klar: Priester mussten die Armen und Geschundenen nicht länger auf den Lohn im Jenseits verweisen, sondern durften sich mit der Rückendeckung von ganz oben auch um die soziale Misere ihrer Schäflein kümmern. Viele gingen dabei so weit, die Ursachen für Armut, Ungerechtigkeit und Unterdrückung zu benennen und auch jene Kleinbauern oder Slumbewohner zu unterstützen, die gegen diese Verhältnisse etwas unternehmen wollten.

Teile der Kirche unterstützten die Gründung katholisch inspirierter Bauernorganisationen (Ligas Campesinas), die mit friedlichen Mitteln für ihre Rechte und gegen die Willkür der Großgrundbesitzer auftraten. Die Staatsmacht antwortete mit Gewalt und machte auch bald die Priester als Unruhestifter aus. Vom Jesuitenpater Rutilio Grande (1977) über Erzbischof Óscar Arnulfo Romero (März 1980), drei Ordensschwestern und eine Laienhelferin (Dezember 1980) bis zum Rektor der Jesuitenuniversität UCA und fünf weiteren Professoren-Patres (November 1989) zieht sich eine blutige Spur durch die jüngere Geschichte El Salvadors. Als wären sie darauf aus gewesen, Märtyrer zu schaffen, demonstrierten Regime, Armee und Sicherheitskräfte, dass der Spruch »Nur ein toter Pfaffe ist ein guter Pfaffe« nicht als flapsiger Ordnungsruf, sondern als Mordauftrag verstanden wurde.

Mit den Anführern sozialer Organisationen verfuhren die Repressionskräfte nicht weniger brutal. Friedliche Demonstrationen wurden zum lebensgefährlichen Aufbegehren gegen ein immer schonungsloser reagierendes System. Wer nicht ermordet werden wollte, musste ins Exil fliehen oder in den Untergrund abtauchen. 1972 brachte ein Wahlschwindel eine Mitte-links-Allianz unter dem Christdemokraten Napoleón Duarte um den Sieg. Vier Jahre später wurde abermals der Kandidat des Regimes durch Betrug installiert. So entstanden die Guerillaorganisationen aus der Erkenntnis, dass friedlicher Wandel nicht möglich war. In Organisationen wie den salvadorianischen Fuerzas Populares de Liberación (FPL) fanden das revolutionäre Gedankengut der kubanischen Revolution und christliche Weltanschauung zusammen. Ja, einige Priester waren aktive Mitglieder. El Salvadors heutiger Präsident Salvador Sánchez Cerén, einst bekannt als Comandante Leonel González der FPL, war ursprünglich Volksschullehrer und Gründungsmitglied des kämpferischen Lehrerverbandes Asociación Nacional de Educadores Salvadoreños.

In El Salvador und Guatemala organisierten sich im Laufe der 1970er-Jahre mehrere Guerillagruppen, die von unterschiedlichen strategischen Konzepten ausgingen und einander zum Teil ebenso heftig bekämpften wie den eigentlichen Feind, das Regime. Das eine Konzept setzte auf die vietnamesischen Erfahrungen des lang andauernden Volkskrieges, bei dem der Aufbau einer soliden sozialen Basis wichtiger ist als kurzfristige militärische Erfolge. Operationsgebiet waren bevorzugt die ländlichen Zonen, wo verarmte Kleinbauern für die Ziele der Revolution zu gewinnen waren. Im Spanischen spricht man vom verlängerten Volkskrieg (Guerra Popular Prolongada, GPP). Das andere Konzept entwickelte sich in den Städten, wo das revolutionäre Potential in den Gewerkschaften und auf den Universitäten leicht für den Kampf gegen Despotie und Imperialismus zu gewinnen war. In Nicaragua gab es mit der Sandinistischen Befreiungsfront (FSLN) zwar nur eine Organisation, doch die zerfiel 1975 nach diesem Schema in zwei Richtungen, die GPP und die Proletarios, die dann unter dem Eindruck der zunehmenden innenpolitischen Polarisierung durch eine dritte ergänzt wurden: die »Aufstandstendenz« der Gebrüder Daniel und Humberto Ortega. Diese hatten erkannt, dass durch ein Bündnis mit der bürgerlichen Opposition gegen die Diktatorendynastie der Somozas und mit einem Volksaufstand der angestrebte Umsturz beschleunigt werden konnte. Unter dem Druck Fidel Castros vereinigten sich diese drei Gruppierungen wenige Monate vor dem Sieg der Revolution.

Schwieriger war die Vereinigung von fünf Organisationen zur Befreiungsfront Farabundo Martí (FMLN) in El Salvador. Denn deren Protagonisten hatten einander nicht nur verbal, sondern auch physisch bekämpft. Mitglieder der Guerilla gingen damals bewaffnet auf die Uni, und jede der Organisationen beanspruchte für sich, Alleininhaberin der wahren Lehre zu sein. Arbeit mit den Massen oder Vorbereitung bewaffneter Zellen, Che Guevara oder Ho Chi-Minh, Moskau oder Peking, Bündnis mit progressiven Christen oder kubanische Kirchenfeindlichkeit – Streitpunkte gab es zu Hunderten, und keiner konnte es sich leisten, mit der falschen Literatur unter dem Arm erwischt zu werden. Francisco Jovel, später bekannt unter dem Pseudonym Comandante Roberto Roca, erzählt, dass er, um zu provozieren, gerne einen Trotzki mit sich führte. Er wurde 1976 Mitbegründer der ideologisch am wenigsten fixierten Revolutionären Arbeiterpartei Zentralamerikas (PRTC). Doch die meisten führten den ideologischen Kampf mit großer Verbissenheit, manchmal gar mit Waffengewalt. Der undogmatische Dichter Roque Dalton,

Mitglied des Revolutionären Volksheeres (ERP), eckte ständig an. Seine Arbeitsmanuskripte galten als nicht linientreu genug, seine Aufforderungen zur Diskussion wurden als ideologische Abweichung und Spaltungsversuche fehlgedeutet. Mit dem Vorwurf, im Sold des US-Geheimdienstes CIA zu stehen, waren die Linken damals gegen unbequeme Mitstreiter ohnehin schnell zur Hand. Dalton wurde 1975, wenige Tage vor seinem 40. Geburtstag, nach einem geheimen Femegericht von den eigenen Kameraden erschossen. Die Folge war, dass sich ein Teil der Organisation als Resistencia Nacional (RN) abspaltete.

Elf Jahre Krieg in El Salvador

Die Guerilla trat zunächst vor allem durch Geldbeschaffungsaktionen in der Stadt an die Öffentlichkeit: Banküberfälle und Kidnapping von Mitgliedern der Oligarchie, für die sie Lösegeld erpresste. Darunter Roberto Poma (vom ERP verschleppt) und Mauricio Borgonovo Pohl (gekidnappt von Kämpfern der FPL), beide im Jahr 1977. Das Regime schlug zurück mit der selektiven Ermordung von Anführern von Gewerkschaften und Bauernorganisationen, von Geistlichen, Journalisten und Menschenrechtsaktivisten. Dabei bediente man sich häufig rechtsextremer Todesschwadronen, die zwar nachweislich von Armee oder Polizei ausgerüstet und logistisch unterstützt wurden, formal aber keinerlei Verbindung zur Regierung hatten. Gegen die immer häufiger werdenden Massenaufmärsche der Volksorganisationen gab es Schießbefehl. Selbst die Beisetzung von Erzbischof Romero wurde zum Massaker.

Der Sieg der sandinistischen Revolution in Nicaragua im Juli 1979 wurde in El Salvador als Signal verstanden: Der Guerilla verschaffte der Umsturz im Nachbarland mehr als nur moralischen Auftrieb. Der Nachschub an Kriegswaffen ließ sich nun leichter bewerkstelligen. Gleichzeitig wurden die rivalisierenden

Organisationen unter Druck gesetzt, eine Einheitsfront zu bilden, was Ende 1980 auch gelingen sollte. Für das Regime begann ein Abwehrkampf, der durch den Putsch reformistischer Offiziere am 15. Oktober 1979 nur kurz unterbrochen wurde. Die Regie übernahmen nämlich die USA mit einer Kombination von Sozialreformen und Hochrüstung gegen die kommunistische Gefahr. Ronald Reagan, der im Januar 1981 ins Weiße Haus einzog, konnte mit dem menschenrechtlichen Diskurs seines Vorgängers James Carter wenig anfangen. Das Regime in El Salvador blieb ein zentraler Verbündeter, auch als sich zeigte, dass die soziale Komponente gegen die Interessen der Wirtschaftselite nicht durchzusetzen war. Nicht einmal der Mord an zwei US-amerikanischen Agrarreform-Beratern, Massaker an tausenden Zivilisten und die notorischen Folterpraktiken der Sicherheitskräfte vermochten die Propaganda Washingtons von ihrem Kurs abzubringen. El Salvador wurde als Modell demokratischer Entwicklung verkauft, die junge Revolutionsregierung in Nicaragua als satanisches Bollwerk des Weltkommunismus.

Die Großoffensive der inzwischen zur Befreiungsfront Farabundo Martí (FMLN) zusammengeschlossenen Rebellen im Januar 1981 galt als Produkt einer sowjetisch-kubanisch-nicaraguanischen Verschwörung, zu der die CIA ein selbst fabriziertes Dokument als angeblichen Beweis lieferte. Die Tatsache der nicaraguanischen Waffenhilfe ließ sich aber ebenso wenig leugnen wie die Beteiligung zahlreicher zentralamerikanischer Freiwilliger, die die Revolution in El Salvador beschleunigen wollten. Der als Endoffensive deklarierte Generalangriff zu Jahresbeginn 1981 sollte vollendete Tatsachen schaffen, bevor der neue US-Präsident Ronald Reagan vereidigt wurde. Von Reagan wusste man aus dem Wahlkampf, dass Zentralamerika ganz oben auf seiner Prioritätenliste stand. Die Offensive scheiterte, obwohl die FMLN mehrere größere Städte einnehmen konnte und eine ganze Kaserne samt ihrem Kommandanten zu den Rebellen des ERP überlief. Die FMLN-Truppen mussten sich zwar zurückziehen, doch konnten sie fortan in mehreren Landesteilen befreite Gebiete halten und dort eigene Gesellschaftsstrukturen aufbauen. Die Armee reagierte darauf, indem sie die Bevölkerung in solchen Regionen pauschal zum Feind erklärte und in mehreren Massakern an den Bauern Rache übte. Das bekannteste Massaker verübte das berüchtigte, in den USA ausgebildete Bataillon Atlacatl in der Ortschaft El Mozote, Departement Morazán, wo im Dezember 1981 mehr als 900 Zivilisten hingeschlachtet wurden. Präventiv. Denn zu diesem Zeitpunkt hatte das Dorf noch keinen Kontakt mit der Guerilla. Die Bluttat, von den Vereinten Nationen zum größten Massenmord der westlichen Hemisphäre in modernen Zeiten erklärt, wurde von Journalisten aus den USA und Mexiko aufgedeckt. Die Regierung leugnete beharrlich, dass das Massaker überhaupt stattgefunden habe, und gestand erst zehn Jahre später, nachdem argentinische Gerichtsmediziner unwiderlegbare Beweise ausgegraben hatten, zähneknirschend ein, dass in Mozote ein Verbrechen verübt worden war. Auch die USA versuchten diese von US-Journalisten aufgedeckte Bluttat ihrer Schützlinge lange Zeit zu vertuschen. Die Enthüller wurden als kommunistische Lügner diffamiert, das anstehende Paket Militärhilfe von der Reagan-Regierung wenige Tage nach der anklagenden Reportage in der *New York Times* durchgewinkt.

Die Zivilbevölkerung war längst dazu übergegangen, kollektiv die Flucht anzutreten, wenn die Armee in die Guerillagebiete vordrang. Diese Massenfluchten endeten für Zehntausende schließlich in den Flüchtlingslagern Colomoncagua oder Mesa Grande jenseits der Grenze auf honduranischem Gebiet. Diese Lager dienten auch der Guerilla als Rückzugsort. Man konnte dort Verwundungen ausheilen, sich vom Kampf erholen oder Kinder zur Welt bringen.

1984 setzte sich im zweiten Wahlgang Napoleón Duarte, Hoffnungsträger der USA, gegen den Rechtsextremen ehemaligen Major Roberto D'Aubuisson durch. Wenige Wochen nach seinem Amtsantritt überraschte er bei einer Rede vor der

UNO-Generalversammlung in New York mit seiner Einladung an die FMLN, eine politische Lösung am Verhandlungstisch zu suchen. Ein erstes Treffen mit Guerillakommandanten im Dorf La Palma in den Bergen von Chalatenango war nicht viel mehr als ein Presse-Event. Die Militärs ließen ihm aber wenig Spielraum. Auch weitere Runden blieben ergebnislos. Je länger der Krieg dauerte, desto stärker wurde die Armee hochgerüstet. Sie konnte zwar die Gebiete der Rebellen nicht einnehmen, doch gelangen auch der Guerilla, die in weitgehend entvölkerten Landstrichen operierte, keine bedeutenden Gebietsgewinne. Der Dialog war kaum mehr als ein taktisches Geplänkel.

Zwei Ereignisse sollten schließlich einen echten Verhandlungsprozess in Gang setzen: die Wahl von Alfredo Cristiani, Kandidat der rechtsextremen Republikanisch-Nationalistischen Allianz (ARENA) im März 1989 und die Großoffensive der FMLN im November desselben Jahres.

Cristiani verfügte als Spross einer der prominenten Kaffeepflanzerfamilien über jene Verhandlungsmacht, die dem aus kleinen Verhältnissen stammenden Christdemokraten Duarte abging. Die FMLN-Offensive brachte zwar nicht den erhofften militärischen Erfolg, führte aber auch der Elite in San Salvador vor Augen, über welche militärstrategischen Fähigkeiten die Rebellen verfügten und welchen Rückhalt sie in der Bevölkerung genossen. Tagelang konnte die Guerilla die elegantesten Wohnviertel der Hauptstadt – Escalón und San Benito – halten und sogar das exklusive Hotel Sheraton besetzen, wo US-amerikanische und deutsche Militärberater sich nicht aus ihren Zimmern wagten. Wie sehr die FMLN an den Erfolg ihrer Offensive geglaubt hatten, zeigt die Tatsache, dass sie keinerlei Rückzugspläne im Tornister hatte.

Mit den Umbrüchen in Osteuropa und dem Ende des Kalten Krieges einigten sich auch die Präsidenten der Großmächte, George Bush Senior und Michail Gorbatschow, auf eine Beilegung der Konflikte in Zentralamerika. Die Vereinten Nationen unter dem ägyptischen Generalsekretär Boutros Boutros-Ghali übernahmen die Regie und sorgten dafür, dass sich die Streitparteien nicht mehr vom Verhandlungstisch zurückziehen konnten. Am 31. Dezember 1991, wenige Sekunden vor Mitternacht setzten sie ihre Unterschriften unter ein Friedensabkommen, das das Land umgestalten sollte.

Pfaffen und Pastoren

Das größte Gebäude, das in Managua in den vergangenen Jahren errichtet wurde, gleicht eher einer Tennishalle als einem Gotteshaus: der Tempel der Gemeinschaft der Familienerneuerung Hosanna (Comunidad de renovación Familiar Hosanna) liegt an der Pista Jean Paul Genie, einer Gegend am südlichen Rand der Hauptstadt, wo die Reichen wohnen. Die 2500 Plätze füllen sich jeden Sonntag dreimal. Zusätzlich wird der Culto, der Gottesdienst, im Fernsehen übertragen. Die fundamentalistische Kirche, Sekte würden manche sagen, hat noch eine etwas kleinere Filiale im Nordosten der Stadt, die sich immerhin zweimal am Sonntag füllt. In Guatemala-Stadt wurde 2007 der bis dahin größte evangelikale Tempel Zentralamerikas eröffnet. 12000 Gläubige fasst er. In der honduranischen Wirtschaftsmetropole San Pedro Sula steht ein Bau von den Dimensionen eines Hangars des Ministerio Internacional La Cosecha Honduras, der gar 30000 Menschen Platz bietet. Für den jährlichen Kreuzzug der Erlösung und der Wunder mietet Pastor Misael Argeñal aber das Fußballstadion an. Die von ihm in den 1990er-Jahren gegründete Pfingstkirche unterhält in Honduras 71 Tempel und weitere 15 in anderen Ländern. Sie verfügt über 15 Radiosender und einen Fernsehkanal, um ihre Wahrheit unter das Volk zu bringen.

Der Protestantismus ist in ganz Lateinamerika auf dem Vormarsch, nirgendwo aber so schnell wie in Zentralamerika. Unter den evangelischen Glaubensgemeinschaften sind es vor allem die Pfingstkirchen, die sich in atemberaubender Geschwindigkeit verbreiten. Wenn der Trend anhält, dann wird demnächst Honduras das erste hispanoamerikanische Land mit protestantischer

Mehrheit sein. Das renommierte chilenische Sozialforschungsinstitut Latinobarómetro hat für das Jahr 2013 einen Anteil von 41 Prozent Protestanten in Honduras ermittelt. In Guatemala sollen sich 40 Prozent der Bevölkerung zu einer protestantischen oder evangelikalen Kirche bekennen, in Nicaragua 37 Prozent und in El Salvador immerhin 31 Prozent. In Südamerika führt Brasilien die Liste der protestantischen Hochburgen mit vergleichsweise bescheidenen 21 Prozent an.

In Nicaragua bekennen sich 73 Prozent der Protestanten zu einer der 860 Pfingstkirchen. In den anderen Ländern verhält es sich ähnlich. Die sogenannten historischen Kirchen, wie Lutheraner und Methodisten, Presbyterianer und Calvinisten, spielen eine untergeordnete Rolle. Eine Sonderstellung nimmt die Mährische Kirche an der britisch kolonisierten Atlantikküste ein. Die hussitische Missionskirche ist seit dem 18. Jahrhundert vor allem unter den Indigenen stark verankert. Experten unterscheiden zwischen Evangelikalen (Baptisten, Nazarener, Misión Centroamericana) sowie traditionellen Pfingstkirchen wie die Asamblea de Dios und Neo-Pfingstkirchen. Letztere finden vor allem in der städtischen oberen Mittel- und der Oberschicht Anklang, während sich die Pfingstkirchen an die untersten Schichten wenden.

Die Ausbreitung der Pfingstkirchen ist ein Phänomen, das in den 1970er-Jahren begann und sich seit den konfliktreichen 1980er-Jahren beschleunigt. Es sind fundamentalistische Glaubensgemeinschaften, die die Bibel beim Wort nehmen und konservativste Werte vermitteln. So wird die untergeordnete Stellung der Frau mit der Genesis und den Paulusbriefen begründet. Den Gläubigen wird nicht nur der Genuss von Alkohol und Tabak untersagt. Sie dürfen sich auch nicht modisch kleiden oder Tanzveranstaltungen besuchen. Für Musik und rhythmische Bewegung wird während der meist mehrere Stunden langen Gottesdienste gesorgt. Die Sozialforscherin Paola Bolognesi hat für die nicaraguanische Zeitschrift *Envío* eine umfassende Studie verfasst, für die sie auch an einem Bekehrungsseminar teilgenommen hat.

Dort konnte sie beobachten, wie der Pastor alle möglichen Tricks anwendet, um die Menschen in einen ekstatischen Zustand zu versetzen und ihnen den Eindruck zu vermitteln, der Heilige Geist sei in sie gefahren. Zuerst werden ihre Schuldgefühle verstärkt: Eine vergewaltigte Frau spricht sich der Unzucht schuldig, eine vom Ehemann verlassene Frau hat die Scheidung mitzuverantworten. Über öffentliches Bekennen der eigenen Verfehlungen und Reue wird dann die Befreiung vermittelt.

Besonders erfolgreich sind die Missionierungskampagnen unter der ärmeren und wenig gebildeten Bevölkerung. Die massiven Migrationsströme vom Land in die Elendsgürtel der Großstädte begünstigen das Wachstum der Evangelikalen. Denn die entwurzelten Menschen suchen Halt und Orientierung, die ihnen von den straff organisierten Kirchen angeboten werden. Die Pastoren und Prediger, die meist selbst über keine höhere Bildung, auch nicht über theologische Ausbildung verfügen, aber ihre Botschaften in einfachen Bildern zu vermitteln verstehen, werden zu verehrten Vaterfiguren. Wer zu einer der Pfingstkirchen übergetreten ist, macht seinen oder ihren Glauben auch in der Öffentlichkeit sichtbar: Man trägt die Bibel unter dem Arm, hört den ganzen Tag religiöse Sender, streut in die Alltagssprache Bibelzitate oder Gottesanrufungen ein und gibt seinen Kindern seltsame alttestamentarische Namen.

Eintrittskarte Erdbeben

In Guatemala bot das große Erdbeben vom Februar 1976 eine Eintrittskarte für evangelikale Kirchen aus den USA, die mit Hilfsgütern ins Land kamen. Vorher war der neue Protestantismus vor allem auf den Bananenplantagen der US-amerikanischen United Fruit Company im Departament Escuintla zu Hause.

Der bewaffnete Konflikt bereitete den Boden für weiteres Wachstum. Denn katholische Priester, von denen viele der Befreiungstheologie anhingen, galten als subversiv. Wer katholisch war, stand im Verdacht, mit den linken Rebellen zu sympathisieren. Mehr als 300 indianische Dörfer hat die Armee deswegen mit grausamen Massakern ganz oder teilweise ausgelöscht. Die unpolitischen evangelikalen Kirchen, die die Legitimität der Herrschenden nicht in Frage stellen, boten dagegen einen gewissen Schutz. Deswegen konnten sich damals gerade in den indigenen Gemeinden viele Pfingstkirchen festsetzen. General Efraín Ríos Montt, der sich am 23. März 1982 an die Macht putschte, gehörte der kalifornischen Neo-Pfingstkirche El Verbo an und zog mit dem Furor eines Predigers gegen die rebellischen Dörfer zu Felde. Ríos Montt holte evangelikale Prediger ins Land, um die ungehorsame Bevölkerung zu bekehren. Mit Jorge Serrano Elías kam 1991 über freie Wahlen ein Neo-Pfingstler an die Macht. Allerdings dürfte das protestantische Stimmverhalten eine untergeordnete Rolle gespielt haben.

Mehrere Autoren weisen auf die positiven Auswirkungen der evangelikalen Wende hin: Der Alkoholkonsum, der gerade bei den unteren Bevölkerungsschichten ein gravierendes soziales Problem ist, wird ebenso zurückgedrängt wie die physische Gewalt in der Familie und im öffentlichen Raum. Besonders die Frauen wissen es zu schätzen, wenn ihre Männer nicht mehr fremdgehen und einen größeren Teil ihres Lohns zu Hause abliefern. Frauen sind daher im Allgemeinen im Protestantismus stärker präsent und treten, wie der deutsche Theologe Heinrich Schäfer bemerkt, »als Vorkämpferinnen einer religiösen Rationalisierung familiärer Ökonomie auf«. Die finanzielle Ersparnis muss allerdings an die Kirche weitergegeben werden. Der Zehnt erlebt eine Wiedergeburt, da den Gläubigen zehn Prozent ihres Einkommens abverlangt werden. Dazu kommen die Auslagen für Missionierung, die von den Einzelnen selbst getragen werden müssen. Die Verbreitung des Glaubens durch Hausbesuche und Werbung im eigenen Wohngebiet ist ein Teil der Pflichten, die die Bekehrten auf sich nehmen. Die meisten, so hat die Forscherin

Paola Bolognesi herausgefunden, finden es auch nicht anstößig, dass ihr Zehnt fast zur Gänze in die Privatschatulle des Pastors fließt.

Eine zunehmend wichtige Rolle spielen Pfingstkirchen bei der Rehabilitierung von Bandenmitgliedern. Wer in einer Mara, einer Jugendbande, aktiv ist, verpflichtet sich, bis zum Tod dabeizubleiben. Ein friedlicher Ausstieg ist kaum möglich. Die Ausnahme bildet die grundsätzliche Abkehr von Gewalt und Verbrechen im Zuge der Bekehrung zum protestantischen Glauben. Die Glaubensbrüder sorgen dafür, dass das neu gewonnene Mitglied nicht rückfällig wird und den ehemaligen Kameraden durch eigene Drogen- oder Erpressungsgeschäfte Konkurrenz macht. Ein Beitritt zu einer der Kirchen kann sogar die Gefängnistore vorzeitig öffnen. Deswegen sind die Pfingstkirchen in der Gefängnismission besonders erfolgreich.

Unbestritten ist, dass das Fortschreiten des evangelikalen Protestantismus die Gemeinschaften spaltet. Selbst in kleinen Gemeinden Guatemalas stehen fünf oder mehr Tempel verschiedener Denominationen, die alle die Verkündung der einzigen Wahrheit für sich beanspruchen. Da die meisten aus diesem Wahrheitsanspruch und dem Auftrag zur Missionierung die Zusammenarbeit mit anderen Kirchen ablehnen, wird die ökumenische Bewegung geschwächt. Sozialer Zusammenhalt wird nur mehr innerhalb der eigenen engen Kirchengemeinschaft gepflegt, nicht mehr in der Gesellschaft insgesamt.

Erste Basisgemeinden

Von aggressiver Missionierung zu sprechen ist sicher übertrieben, wenn man an die Verbreitung des Christentums vor 500 Jahren denkt. Wie die Priester, die im Schlepptau der Konquistadoren aus Spanien in die Neue Welt kamen, ihr Geschäft betrieben, unterscheidet sich wenig von den Methoden islamistischer Fanatiker im Nahen Osten der Jetztzeit. Indios, die den neuen Gott nicht annehmen wollten, starben scharenweise den Feuertod.

Lateinamerika galt über Jahrhunderte als solideste Bastion des katholischen Glaubens. Und die Kirche diente traditionell der Aufrechterhaltung der Strukturen. Das begann sich erst in den 60er-Jahren des vergangenen Jahrhunderts zu ändern. Da leitete Papst Johannes XXIII. mit seinen Sozialenzykliken und den Reformen des II. Vatikanischen Konzils ein Umdenken ein. Gleichzeitig drängte US-Präsident John F. Kennedy mit der Allianz für den Fortschritt auf Reformen, welche sozialen Bewegungen, die neidvoll ins revolutionäre Kuba blickten, den Wind aus den Segeln nehmen sollten. Das auf nachholende Entwicklung orientierte Modell – der Desarrollismo – wurde auch von den Vereinten Nationen gefördert. Es ging um ausgewogenen kapitalistischen Fortschritt, abgefedert durch Sozialprogramme und Förderung benachteiligter Gruppen. Da die staatlichen Strukturen und die herrschenden Eliten aber in den wenigsten Ländern bereit waren, auch nur die geringsten Konzessionen zu machen, boten sich für die Entwicklungsagentur der USA die Strukturen der Kirche an, um zu den Zielgruppen vorzustoßen. Vor allem ausländische Priester und Ordensschwestern, die ihre Pastoralarbeit in den ländlichen Gebieten entfalteten, sahen die kapitalistische Modernisierung als willkommenes Mittel zur Überwindung des Elends. Dabei erkannten sie zunehmend, dass ihre Arbeit durch strukturelle Ursachen behindert wurde. Sie selbst wurden immer mehr zu Objekten staatlicher Repression.

Ausgehend von der honduranischen Stadt Choluteca verbreitete sich ab 1966 ein neues Phänomen über den Isthmus: Das feierliche Verkünden des Gotteswortes, bei dem Laien in religiöse Aktivitäten einbezogen werden, die bis dahin geweihten Priestern vorbehalten waren. Es entstanden christliche Basisgemeinden (CEB), eine Bewegung, die von Brasilien ausging und sich auf das Konzil berief. Sie befassten sich mit gemeinschaftlicher Bibellektüre und verstanden es, die soziale Botschaft der Heiligen Schrift auf ihre konkrete Situation zu übertragen. Anfangs war die Kirche noch über jeden Verdacht erhaben, und auch den Geistlichen an der Basis dürfte der Gedanke an Rebellion fremd gewesen sein.

Eine blutige Spur

Die sozial engagierten Priester erhielten entscheidenden Rückenwind, als die Lateinamerikanische Bischofskonferenz in der kolumbianischen Metropole Medellín die Reformen des Vatikanischen Konzils auf die lateinamerikanische Wirklichkeit übertrug und die bevorzugte Option für die Armen formulierte. Dieser Moment gilt als Geburtsstunde der Befreiungstheologie und der Kirche der Armen. Der Jesuit Ignacio Martín-Baró beschreibt den Prozess als Bruch mit dem fatalistischen Bewusstsein, also mit der Gewissheit, dass die herrschende Ordnung naturgegeben und daher gottgewollt ist. Martín-Baró lehrte an der Jesuitenuniversität UCA in San Salvador und wurde dort im November 1989 gemeinsam mit fünf anderen Brüdern von Militärs nachts aus den Betten gezerrt und ermordet.

Diesem Massaker waren viele Morde an Geistlichen vorausgegangen. In ihnen sah die katholische Elite Verräter, hatte die Kirche doch jahrhundertelang den Interessen der Herrschenden gedient und die Armen und Ausgebeuteten auf den Lohn im Jenseits vertröstet. Plötzlich wurde die schändliche Behandlung der Plantagenarbeiter kritisiert. Und wenn Armee und Polizei mit aller Brutalität gegen friedliche Proteste einschritt, erhoben Priester ihre Stimme. So auch der Jesuit Rutilio Grande, der als Pfarrer der salvadorianischen Landgemeinde Aguilares christliche Basisgemeinden gründete und Laienprediger ausbildete. Den Großgrundbesitzern erschien die daraus entstehende Bewegung der traditionell passiven Landarbeiter so bedrohlich, dass sie eine Todesschwadron auf den Geistlichen hetzten, die ihm am

12. März 1977 einen Hinterhalt legte und den Pfarrer nebst zwei Begleitern erschoss. Óscar Arnulfo Romero, der wenige Tage vorher zum Erzbischof von San Salvador geweiht worden war, machte das Regime verantwortlich und sagte aus Protest alle Sonntagsmessen ab. Drei Jahre später sollte er selbst ermordet werden. Er wurde im Mai 2015 von Papst Franziskus seliggesprochen. Für Rutilio Grande hat das Erzbistum 2015 einen Seligsprechungsprozess eingeleitet.

Maura Clarke und Ita Ford waren Schwestern des Maryknoll-Ordens, der sich der Missionsarbeit in Übersee widmet. Dorothy Kazel gehörte zum Orden der Ursulininnen und Jean Donovan hatte ihren Job bei einer Buchhaltungsfirma in Ohio an den Nagel gehängt, um als Laienmissionarin in El Salvador zu helfen. Die vier Frauen aus den USA leisteten in enger Zusammenarbeit mit Erzbischof Romero Sozialarbeit in den Dörfern, wo sie mit Elend, schreiender Ungerechtigkeit und brutaler Repression konfrontiert waren. Am Abend des 2. Dezember 1980 kamen sie vom Internationalen Flughafen, als sie von der Nationalgarde gestoppt, vergewaltigt und anschließend erschossen wurden. Ihre Leichen wurden in einem flachen Grab zwei Tage später entdeckt. Verteidigungsminister Carlos Eugenio Vides Casanova half, das Verbrechen zu verschleiern. Alle fünf Offiziere, die in Planung und Vertuschung des Massakers verwickelt waren, hatten die School of the Americas absolviert, die Kaderschmiede der USA für lateinamerikanische Militärs, die sich damals in der Panamakanalzone befand. Aus ihr gingen viele Massenmörder und Diktatoren hervor. Den Mord an den Ordensschwestern versuchte man gemeinen Straßenräubern in die Schuhe zu schieben. Alexander Haig, US-Außenminister unter Ronald Reagan, erklärte vor dem Kongress, die Frauen seien selbst schuld an ihrem Schicksal.

In Guatemala gab es zwar keine so prominenten Opfer wie in El Salvador, doch handelten auch dort Regierungskräfte nach dem gern zitierten Motto »Nur ein toter Pfaffe ist ein guter Pfaffe«. Die Militärs führten sogar eine Todesliste, die sie abarbeiten mussten. Nicht weniger als 13 katholische Geistliche wurden zwischen 1976 und 1983 ermordet oder verschleppt und blieben verschwunden. Darunter vier Guatemalteken, vier Spanier, zwei US-Amerikaner, ein Filipino, ein Italiener und ein Belgier. Die meisten waren Pfarrer in indianischen Landgemeinden. Für den 1981 in Santiago Atitlán ermordeten Pater Stanley Rother hat seine Heimatdiözese Oklahoma City im Jahre 2010 ein Seligsprechungsverfahren eingeleitet.

Im Dienste der Revolution

Viele Priester hatten sich tatsächlich in den Dienst der Revolution gestellt. Nach dem Vorbild des Jesuiten Camilo Torres, der 1966 in den Reihen der kolumbianischen Guerilla ELN starb, schlossen sie sich dem bewaffneten Kampf an. So der spanische Ordenspriester Gaspar García Laviana, der als Missionar in Nicaragua nicht mit ansehen wollte, wie Somozas Nationalgarde junge Mädchen verschleppte und in die Prostitution zwang. Seine Kritik an der Ausbeutung der Kleinbauern und Landarbeiter brachte ihm den Ruf des Kommunisten und Todesdrohungen ein. Da ihm die Amtskirche die Unterstützung verwehrte, schloss er sich schließlich der sandinistischen Befreiungsbewegung an und fiel im Dezember 1978 in einem Gefecht mit der Nationalgarde.

Der US-amerikanische Jesuit James Carney, der die honduranische Staatsbürgerschaft annahm und als Pater Guadalupe die Guerilla der PRTC in Honduras seelsorgerisch begleitete, hat wahrscheinlich nie selbst gekämpft. Seinen Tod im Jahr 1983 umgibt noch immer ein Geheimnis, das wohl erst gelüftet wird, wenn die USA die geheimen Dokumente ihres damaligen Botschafters in Honduras John Dimitri Negroponte freigeben. Ein ehemaliger Geheimdienstoffizier versicherte, Carney sei von honduranischen Truppen gefangen genommen, gefoltert und dann noch lebend aus einem Helikopter gestoßen worden. Eine andere Version berichtet, dass der Geistliche nach seiner Gefangennahme auf Befehl von Generalstabschef Gustavo Álvarez ermordet und dann erst vom Hubschrauber über nicaraguanischem Territorium abgeworfen worden sei. General Álvarez wurde bald darauf vom damaligen US-Präsidenten Ronald Reagan mit dem Orden der Ehrenlegion ausgezeichnet.

Priester mussten nicht zu den Waffen greifen, um als Bedrohung für die staatliche Sicherheit empfunden zu werden. So der Dichter und Trappistenmönch Ernesto Cardenal, der auf der Inselgruppe Solentiname im Nicaragua-See eine christliche Basisgemeinde aufbaute, aus der eine Guerilla-Zelle hervorgehen sollte. Nach dem Überfall der Sandinistischen Befreiungsfront (FSLN) auf die Kaserne der Nationalgarde in der entlegenen Stadt San Carlos ließ Somoza die Inselgruppe bombardieren, viele der Schützlinge des Poeten starben. Cardenal musste ins Exil flüchten und wurde zu einem der wichtigsten Botschafter der Revolution. Er lebte vor, dass marxistische Ideale und Christentum nicht unvereinbar sind und mobilisierte weltweit christliche Solidaritätskomitees. Unter der Revolutionsregierung ab 1979 bekleidete er einige Jahre das Amt des Kulturministers. Legendär ist die öffentliche Zurechtweisung durch Papst Johannes Paul II., der im März 1983 Nicaragua besuchte. Er verbot Cardenal und dem damaligen Außenminister Miguel D'Escoto die Ausübung des Priesteramtes. Dieser Bann traf auch den Jesuiten Fernando Cardenal, den jüngeren Bruder Ernestos, der die erfolgreiche Alphabetisierungskampagne geleitet hatte und später zum Erziehungsminister ernannt wurde. Er starb im Februar 2016.

»Agenten des Imperialismus«

Mit Kirchenleuten, die die Revolution ablehnten oder nicht aktiv unterstützten, taten sich die Sandinisten bedeutend schwerer. Tatsächlich hatten Pastoren der Mährischen Kirche, die nach

Honduras geflohen waren, die Miskitos gegen die Revolutionsregierung aufgehetzt. Und es gab glaubwürdige Berichte, dass ehemalige Nationalgardisten im Norden und Westen des Landes als protestantische Missionare von Tür zu Tür zogen, um zu spionieren und später sandinistische Einrichtungen zu überfallen. Dass die sandinistische Parteizeitung *Barricada* im März 1982 vor einer Invasion der Sekten warnte, verrät die Sorge der sandinistischen Führung, die die Sprengung zweier Brücken im Norden durch konterrevolutionäre Gruppen mit den Umtrieben der Protestanten in Zusammenhang brachte. Innenminister Tomás Borge beschuldigte Zeugen Jehovas, Mormonen und Siebenten-Tags-Adventisten, Gelder vom US-Geheimdienst CIA zu bekommen.

Sandinistische Jugendgruppen verwüsteten und besetzten darauf mehrere evangelische Tempel. Das Entwicklungskomitee protestantischer Kirchen (CEPAD), das die Revolution kritisch unterstützte, hatte große Mühe, den Comandantes den Unterschied zwischen den historischen protestantischen Kirchen und den Sekten zu erklären. Erst nach und nach wurden die Gotteshäuser – mit Ausnahme der Tempel der Mormonen und Zeugen Jehovas – zurückgegeben. Juntachef Daniel Ortega bekannte, dass die Verwüstung von Gotteshäusern kein revolutionärer Akt sei.

Für die sandinistische Revolution war die Haltung der katholischen Kirche weit bedeutender als die der damals noch wenig einflussreichen protestantischen Kirchen und Sekten. Und in Erzbischof Miguel Obando y Bravo erwuchs den Sandinisten ein Gegner, der de facto unangreifbar war. Obando hatte in der Vergangenheit mehrmals zwischen sandinistischen Geiselnehmern und dem Somoza-Regime vermittelt und sich damit den Ruf des unparteiischen Gottesmannes erworben. Sein Wort hatte Gewicht. Bald ging er jedoch auf Konfrontationskurs mit der Revolution, die die Befreiungstheologie zur quasi offiziellen Religion adelte. Die Wirklichkeit sah so aus, dass der bei Weitem überwiegende Teil der katholischen Priester der konservativen

Amtskirche treu blieb. Die Befreiungstheologen, die in christlichen Basisgemeinden verankert waren, blieben eine kleine Minderheit, deren Stimme allerdings durch die Megaphone des Revolutionsdiskurses um ein Vielfaches verstärkt wurde – in einem Maße, dass im Ausland der Eindruck entstehen musste, fast ganz Nicaragua bekenne sich zur Theologie der Befreiung. Dass Papst Johannes Paul II. den Erzbischof zum Kardinal ernannte, war eine offene Kriegserklärung an die sandinistische Revolution.

Es ist eine Ironie der Geschichte, dass Obando, der 2005 aus Altersgründen als Erzbischof von Managua zurücktreten musste, auf dem Altenteil zum Maskottchen des ehemaligen Revolutionsführers Daniel Ortega wurde. Ortega schmeichelte dem Kirchenfürsten, als er ihn einlud, die kirchliche Eheschließung mit seiner Frau Rosario Murillo zu zelebrieren. Dann veranlasste er, dass die Nationalversammlung ein absolutes Abtreibungsverbot, wie es die Bischöfe schon lange gefordert hatten, beschloss. Kurz darauf, im November 2006, wurde gewählt. Und erstmals warnte Obando nicht von der Kanzel vor einer Stimme für die gottlosen Sandinisten. Seither ist Daniel Ortega Präsident, und Obando, der keine kirchlichen Verpflichtungen mehr hat, darf ihn bei zahlreichen Auftritten begleiten. Anlässlich seines 90. Geburtstages im Februar 2016 wurde sogar eine Straße in Managua nach ihm benannt. Ortega pries ihn als nationalen Helden des Friedens und der Versöhnung.

Integration: Weg mit Hindernissen

Costa Rica ist ein Land, das den Tourismus großschreibt. Urlaubern aus Europa, den USA oder Kanada wird der rote Teppich ausgerollt. Menschen aus dem benachbarten Nicaragua sind weniger willkommen. Selbst für den Transit brauchen Nicas ein teures Visum.

Die Nicaraguanerin Indiana B. hatte ihre Tochter in Wien besucht und dort den dreimonatigen visafreien Aufenthalt im Schengen-Raum ausgenutzt. Das Visum für die Rückreise konnte sie nicht zeitgerecht – zwei Monate vor Abflug – beantragen, da der Konsul in Wien im Urlaub weilte und keine Vertretung hinterlassen hatte. Als er kam, verwies er darauf, dass er selbst nur für Menschen mit Wohnsitz in Österreich zuständig sei. Er müsse den Antrag ans Ministerium in San José weiterleiten, deswegen die lange Frist. Trotzdem erklärte er sich bereit, die Papiere entgegenzunehmen. Neben einem Ausreiseticket und der Garantie, 500 Dollar Bargeld mitzuführen, wurde der Reisenden ein Brief abverlangt, in dem sie ihren Reisezweck darzulegen hatte: den Flieger nach Nicaragua zu besteigen. Wochenlang ließ man sie zappeln. Drei Tage vor Abflug wurde ihr beschieden, das Visum sei abgelehnt worden.

Seit einem Grenzkonflikt im Jahr 2010, der von beiden Seiten geschickt hochgespielt wurde, haben sich die Schikanen für Nicaraguaner potenziert. Der Konsul rückte bereitwillig mit den Telefonnummern der zuständigen Behörde in San José heraus. Auf allen Nummern meldeten sich aber nur Anrufbeantworter, die zum Hinterlassen einer Nachricht aufforderten oder meldeten, dass die Sprachbox leider überfüllt sei.

Einen Nachmittag später entschied die Tochter, der Mutter einen neuen Flug von Bogotá zu buchen. Da Managua abseits der Verkehrsrouten liegt, war die beste Option die Verbindung über Panama nach San Salvador, die mit weiteren 400 Euro zu Buche schlug.

Diese Schikanen gelten übrigens nur für Bürger des Nachbarlandes Nicaragua, von denen bereits etwa eine halbe Million legal und mindestens ebenso viele illegal in Costa Rica leben und arbeiten. Alle anderen Zentralamerikaner dürfen visumfrei mit ihrem Personalausweis einreisen. In El Salvador, Honduras und Guatemala gelten diese Regeln seit 1998 – auch für Nicaragua. Integration ist also ein Schlagwort, das die meisten Politiker zwar auf den Lippen führen, in der Praxis aber lieber so eng wie möglich auslegen.

Kriege und Bündnisse für die Einheit

Die Vereinigung der zentralamerikanischen Republiken wurde seit der Unabhängigkeit von Spanien im Jahr 1821 immer wieder angestrebt. Francisco Morazán, der große Modernisierer, führte mehrere Kriege für dieses Ziel, ehe er 1842 vor dem Erschießungskommando endete. Ebenso wie 18 Jahre später der Anwalt und Abenteurer William Walker aus Tennessee. Für ein geeintes Zentralamerika unter seiner Herrschaft kämpfte und starb der guatemaltekische Präsident Justo Rufino Barrios.

Erst nach dem Zweiten Weltkrieg besann man sich auf friedlichere Wege zur Einigung. Nach der Gründung der Vereinten Nationen wurden überall in der Welt regionale Organisationen ins Leben gerufen: zur politischen Integration, aber auch und vor allem zur Förderung der Wirtschaft. So entstand in Zentralamerika neben dem Verteidigungsbündnis CONDECA und der Organisation der Zentralamerikanischen Staaten (ODECA) auch die Zentralamerikanische Bank für Wirtschaftsintegration (BCIE) und der Gemeinsame Zentralamerikanische Markt (MCCA). Guatemala, El Salvador, Honduras und Nicaragua waren 1960 Gründungsmitglieder. Costa Rica trat erst zwei Jahre später bei.

Leitprinzip war die Importsubstitution, also der Aufbau eigener Industrien, die die Kleinstaaten aus der Rolle der reinen Rohstoffexporteure holen und zu Produzenten für den eigenen gemeinsamen Markt machen sollte. Einzelne Bereiche (Chemie, Kosmetika, Textil) wurden so auf die Länder aufgeteilt, dass man miteinander nicht in Konkurrenz trat, sondern von einem Standort für die ganze Region produzierte. Tatsächlich verzehnfachte sich innerhalb einer Dekade der intraregionale Handel von 33 auf 299 Millionen US-Dollar. Doch der erhoffte Entwicklungsimpuls blieb aus, weil einerseits die Gewinne an kleinen Eliten hängenblieben und andererseits das bevölkerungsreiche El Salvador zu Lasten des Nachbarn Honduras überproportional profitierte. Das war mit ein Grund für den sogenannten Fußballkrieg von 1969, der die Integrationsbemühungen für fast 20 Jahre unterbrechen sollte.

Integration als Ausweg aus den Kriegen

Erst als unter dem Eindruck der bewaffneten Konflikte in Nicaragua, El Salvador und Guatemala der guatemaltekische Präsident Vinicio Cerezo die Amtskollegen im Mai 1986 zu einem Gipfel in den Wallfahrtsort Esquipulas lud, begann eine neue Ära der Annäherung. In erster Linie ging es um die politische Beilegung der Kriege, die von den USA unter dem Banner des Antikommunismus kräftig angeheizt wurden. Spätestens mit der Erklärung von Puntarenas (Costa Rica) wurden die Präsidentengipfel aus dem Jahr 1990 zu einer Institution mit Eigendynamik, um die herum neue Organisationen entstanden. Mit dem Protokoll von Tegucigalpa wurde 1991 die ODECA wiederbelebt und das Sistema de la Integración Centroamericana (SICA) geschaffen. Dazu gehört auch das Zentralamerikanische Parlament (Parlacen), das ebenfalls 1991 erstmals zusammentrat. Allerdings ohne Costa Rica, das den Gründungsvertrag zwar unterschrieben, aber nicht ratifiziert hat. Dafür sind seit 1994 Panama, seit 2000 Belize und seit 2007 auch die Dominikanische Republik dabei. Als spanischsprachiges Land in der mehrheitlich anglo- und frankophonen Karibik suchte sie Anschluss. Jedes Mitglied ist mit 22 Abgeordneten vertreten, die sich inzwischen, wie im Europaparlament, zu Parteienfamilien zusammengeschlossen haben. Allerdings hat das Parlacen noch weniger Kompetenzen als sein Vorbild in Brüssel und wird in der Öffentlichkeit kaum wahrgenommen.

Das Zentralamerikanische Integrationssystem SICA hat eine lange Liste von Zielen, die alle der Konsolidierung der regionalen Integration dienen sollen. Den sieben Mitgliedsländern soll es Friede, Freiheit, Demokratie und Entwicklung bescheren. Und das alles unter Wahrung und Förderung der Menschenrechte. Eine zentrale Stellung behalten aber die Präsidentengipfel, auf denen alle relevanten Entscheidungen getroffen und Weichen gestellt werden. So bleibt SICA eine zwischenstaatliche Struktur und wird nicht zur supranationalen Organisation. Und die Präsidenten fassen zwar viele Beschlüsse, verabsäumen es aber zumeist, sich um deren Umsetzung zu kümmern.

Costa Rica zog sich 2015 unter Präsident Luis Guillermo Solís aus dem SICA mit der Begründung zurück, er vermisse die regionale Solidarität bei der Bewältigung der Flüchtlingswelle aus Kuba. 5000 kubanische Staatsbürger, die über Ecuador, Kolumbien und Panama eingereist waren, saßen wochenlang in Costa Rica fest, weil Nicaragua, Guatemala und Belize ihnen die Durchreise auf dem Weg in die USA verwehrten.

Dass die Integration nur schleppend vorangeht, liegt zum Teil wohl auch daran, dass jedes einzelne Land sich in erster Linie an den USA orientiert. Man fliegt, je nach Einkommen und sozialer Klasse, zum Shopping nach Miami, schickt seine Kinder nach Kalifornien auf die Uni oder versucht, auf dem beschwerlichen und manchmal tödlichen Landweg illegal über die Grenze zu kommen, um Arbeit zu finden. Die meisten Menschen kennen die Nachbarländer kaum und zeigen auch nur begrenztes Interesse an den dortigen Entwicklungen. Jugendaustausch oder länderübergreifende sportliche Aktivitäten bleiben der Privatinitiative überlassen. Immer wieder kochen auch alte Rivalitäten hoch, besonders zwischen Ländern, die alte Grenzkonflikte nicht beigelegt haben. So Nicaragua und Costa Rica oder El Salvador und Honduras. Guatemala wiederum erhebt in seiner Verfassung noch immer Anspruch auf das Territorium von Belize.

Anders verhält es sich bei Nichtregierungsorganisationen und Universitäten, die schon lange gut vernetzt sind und oft überregional operieren. Auch das Kapital kennt längst keine Grenzen mehr. So investieren Unternehmer aus Nicaragua in Ölpalmenplantagen in Guatemala, salvadorianische Oligarchen bauen Hotels in Costa Rica und Panama oder betreiben eine Weizenmühle in Honduras.

Wie wenig sich die Privatwirtschaft, vor allem in Gestalt internationaler Konzerne, von den Integrationsbestrebungen beeindrucken lässt, kann man am Beispiel der Mobiltelefonie erkennen. Zwar teilen sich dieselben Telekommunikationsunternehmen in den einzelnen Ländern den Markt auf, doch war es vor der flächendeckenden Verbreitung von Smartphones unmöglich, mit einem Gerät aus El Salvador eine SIM-Karte in Honduras oder Nicaragua zu aktivieren. Selbst wenn man dort eine SIM-Karte derselben Telefongesellschaft erwarb. Am Versuch, ein salvadorianisches Gerät in Nicaragua entsperren zu lassen, scheiterten auch die Experten auf dem Schwarzmarkt.

Wenig zur Integration beigetragen haben auch das Freihandelsabkommen zwischen Zentralamerika (inklusive Dominikanische Republik, ohne Panama und Belize) und den USA sowie das Assoziationsabkommen mit der Europäischen Union. Letzteres wurde 2012 in Tegucigalpa unterzeichnet und ist seit 2013 provisorisch in Kraft, muss aber noch von der EU und fast allen Mitgliedsstaaten ratifiziert werden. Panama ist dabei, die Dominikanische Republik nicht. Das Abkommen, so die Kritiker, diene in erster Linie europäischen Konzernen, in Zentralamerika Geschäfte zu machen. Bisher haben sie sich dabei keinen guten Ruf erworben. Etwa die spanische Unión Fenosa, die in Nicaragua die Stromversorgung übernommen und die Tarife kräftig erhöht hat. Ob und wann das Abkommen voll in Kraft tritt, ist noch nicht abzusehen.

Der Nicaraguakanal: Wahn oder Erlösung?

Kaum ein Ereignis, kaum eine Nachricht aus Zentralamerika hat in den vergangenen Jahren die Weltöffentlichkeit mehr beschäftigt, als das Projekt des Nicaraguakanals. Die größte Investition in der Geschichte der Region würde den Charakter des kleinen Landes grundlegend verändern und Nicaragua in zwei Teile zerschneiden. Die Bevölkerung ist heute bereits zweigeteilt. Ökologen sind alarmiert.

Durch Nicaragua soll ein 278 Kilometer langer Kanal geschlagen werden, zwischen 230 und 530 Meter breit und damit breiter als der erweiterte Panamakanal. Das verfügt ein Gesetz aus dem Jahr 2013, das dem chinesischen Investor Wang Jing gleichzeitig die Souveränität über den bis zu 50 Kilometer breiten Streifen für 50 Jahre überträgt. Keine breite Informationskampagne, keine nationale Debatte ging diesem Gesetz voraus, das nicht mehr und nicht weniger als die größte Erdbewegung in der Geschichte der Menschheit genehmigt. Die Bedenken gegen dieses Jahrhundertprojekt, dessen Kosten vorsichtig auf 50 Milliarden US-Dollar geschätzt werden, waren und sind nicht unerheblich. Schließlich soll der Wasserweg 105 Kilometer durch den Nicaragua-See führen, das bedeutendste Trinkwasserreservoir des Landes. Abgesehen von den ökologischen Risiken für den Fall einer Tankerhavarie sind auch die programmierten Wasserverluste gigantisch. Mit jedem Schiff, das auf die 26 Meter, die der See über dem Meeresspiegel liegt, angehoben werden muss, würden Millionen Liter an Süßwasser in den Pazifik abfließen.

Nachdem die regierungstreuen Abgeordneten im nicaraguanischen Parlament am 13. Juni 2013 das Gesetz für die Kanalkonzession durchgewinkt hatten, erhoben sie sich und stimmten die Nationalhymne an: »Salve a tí, Nicaragua«. Gleichzeitig ertönten draußen zornige Sprechchöre: »Verräter«, »Nicaragua darf nicht verkauft werden«.

Unter Protesten begann auch 18 Monate später der Bau der Wasserstraße. Zwei Tage nach dem symbolischen ersten Spatenstich löste die Polizei Heiligabend mit Tränengas und Gewalt zwei Demonstrationen auf. Mindestens 15 Personen wurden nach Polizeiangaben verletzt, darunter mehrere Polizisten. Mehr als 50 Demonstranten verbrachten den Abend in Haft. Erst am folgenden Tag wurden Frauen und Minderjährige freigelassen.

Fünf Tage hatten hunderte Bauern in dem Ort El Tule, 260 Kilometer östlich von Managua, die Verbindungsstraße zur Provinzstadt San Carlos besetzt. Sie hielten alle Fahrzeuge und Chinesen auf. Der chinesische Investor Wang Jing ließ nämlich bereits seine Leute ausschwärmen, um Grundstücke zu identifizieren, die für die 278 Kilometer lange Wasserstraße enteignet werden sollen. Obwohl der Unternehmer allen Betroffenen eine angemessene Entschädigung zusicherte, herrscht bei den Bauern Verunsicherung. Denn Geld gibt es nur, wenn ein Eigentumstitel vorliegt. Und den haben nur wenige. Gegen das Projekt hat sich eine Bürgerplattform konstituiert, die eine ökologische Katastrophe befürchtet.

Der Nicaragua-See ist nur zwischen 12 und 15 Meter tief. Für die Durchfahrt von Hochseefrachtern müsste eine Fahrrinne von 30 Metern Tiefe geschlagen werden. Der chinesische Chefingenieur Pang Kwok Wai spricht von kontrollierten Sprengungen.

Nicht weniger als 32 Verfassungsklagen wurden von verschiedenen Organisationen gegen das Kanalprojekt eingebracht. Die Verfassungskammer des Obersten Gerichtshofes, deren Mitglieder von Daniel Ortega ernannt worden sind, hat sie allesamt vom Tisch gewischt. Demonstrationen, wie die gegen den ersten Spatenstich im Dezember 2014, treffen auf Polizeigewalt.

Megaprojekt für den Weg aus der Armut

Nicaragua ist das ärmste Land Zentralamerikas. Selbst hinter dem wenig entwickelten Honduras liegt es in den wichtigen wirtschaftlichen Indikatoren zurück. Um die Bevölkerung nachhaltig aus der Armut zu holen, brauche das Land ein anhaltendes Wachstum von mindestens zehn Prozent, rechnet Präsidentenberater Paul Oquist vor. Das sei nur mit einem Megaprojekt wie dem Kanal zu leisten. Um ihn herum würden zehn weitere Infrastrukturprojekte entstehen: darunter zwei Tiefseehäfen, ein internationaler Flughafen, eine Autobahn, eine Eisenbahnlinie, eine Ölpipeline, Touristen-Resorts und eine chinesische Freihandelszone. 50 000 Arbeitsplätze würden auf Dauer geschaffen. Während der Bauzeit sogar noch viel mehr. Die ökologischen Bedenken wischt Oquist beiseite. Die chinesische Technologie sei in der Lage, alle Umweltprobleme zu lösen.

Dem widerspricht Jorge A. Huete-Pérez, Gründer und Direktor des Molekularbiologischen Zentrums an Managuas Jesuitenuniversität Universidad Centroamericana (CBM-UCA) und Mitbegründer der Nicaraguanischen Akademie der Wissenschaften, in einem Artikel in der renommierten US-amerikanischen Fachzeitschrift *Nature*. Er geht in diesem Aufsatz von der Zerstörung von 400 000 Hektar Urwald und Feuchtgebieten aus. In Mitleidenschaft gezogen würden auch die Naturschutzgebiete Bosawás, 240 Kilometer nördlich der Kanalroute, und Indio Maíz, 115 Kilometer südlich. Bedroht wären auch die schützenden Korallenriffe und Mangrovenwälder am Atlantik sowie die Strände, wo Meeresschildkröten ihre Eier ablegen. Der seltene Baird Tapir, der Geoffroy-Affe und der Jaguar würden ihr Habitat verlieren oder durch die künstliche Wasserstraße durchschnitten finden. Das Projekt steht noch dazu in Widerspruch zu der 1997 zwischen Mexiko und Zentralamerika unterzeichneten Konvention, die den mesoamerikanischen biologischen Korridor unter besonderen Schutz stellt. In diesem parallel zur Karibikküste verlaufenden Streifen aus Regenwäldern und Mooren soll die menschliche Aktivität auf ein Minimum begrenzt werden. Huete-Pérez weist außerdem darauf hin, dass die nicaraguanische Bevölkerung bis zur Mitte des Jahrhunderts um 37 Prozent wachsen und damit die Naturressourcen zusätzlich unter Druck setzen werde. Mit Trinkwasserknappheit sei zu rechnen. Da sei es im Interesse des Landes, »langfristige Maßnahmen für den Schutz der Umwelt anzugehen, statt sich Spekulanten zu opfern«.

Dutzende indigene Gemeinden der Ramas, Garífunas, Mayangnas, Miskitos und Ulwas, die Autonomie genießen, müssten zwangsweise umgesiedelt werden. Denn obwohl das Gesetz für solche Fälle die umfassende Information und Konsultation indianischer Gemeinden vorschreibt, ist nichts dergleichen geschehen.

Wer finanziert den Kanal?

Seit mehr als 30 Jahren warnen Entwicklungsexperten vor Megaprojekten als Motoren der Entwicklung. So etwa Jonathan Fox und David Brown in ihrem Buch «The Struggle for Accountability: The World Bank, NGOs, and Grassroots Movements«. Nach ihrer Erfahrung scheitern die meisten derartigen Projekte letzten Endes am Geldmangel. Tatsächlich ist die Frage, wie die 50 Milliarden für das gigantomanische Projekt aufgebracht werden sollen, die einzige, auf die Verfechter des Kanals keine schnelle Antwort parat haben. Der Investor Wang Jing gilt zwar als Milliardär, hat aber noch nicht einmal die selbst in Auftrag gegebene Umweltverträglichkeitsprüfung bezahlt. Und seine versprochene Investition von zwei Milliarden US-Dollar in die nicaraguanische Mobiltelefonie ist inzwischen auf 300 Millionen zusammengeschrumpft. Auch auf dieses Geld wartet man noch. In China, so berichtet die Agentur China Files, gelte der Mann, der 20 Unternehmen besitzen soll, als der »Spinner mit dem Kanal«. Er hat versprochen, Investoren auf dem freien Markt zu akquirieren, Bankkredite aufzunehmen und Schuldscheine auszugeben. Man fragt sich allerdings, wie und wann ein privat finanzierter Kanal Rendite abwerfen soll. Will man dem Panamakanal, dessen Erweiterung nur fünf Milliarden US-Dollar gekostet hat, Konkurrenz machen, so dürfen auch die Gebühren nicht zu hoch angesetzt werden. Ein Dilemma, meinen Ökonomen.

Die Reedereien selbst würden in die Aktien investieren, glaubt Regierungsberater Paul Oquist, der durch die Welt zieht, um Kanalskeptiker zu überzeugen. Denn der Containertransport auf den gigantischen Triple-E-Frachtern, die auch durch den erweiterten Panamakanal nicht hindurch passen, würde sich verbilligen. Containerschiffe bis zu 400 000 Bruttoregistertonnen und Öltanker von maximal 320 000 BRT sollen den Kanal passieren können. Derzeit betrifft das kaum vier Prozent der Welthandelsflotte. Doch bis Mitte des Jahrhunderts, so orakelt Oquist, könnte sich das Handelsvolumen auf 20 Prozent erhöhen.

Nur hinter vorgehaltener Hand spricht man in Nicaragua von den geostrategischen Interessen der Volksrepublik China. Wang Jing hat zwar stets bestritten, Beziehungen zu den KP-Chefs zu haben, doch kann sich kaum jemand vorstellen, dass sich ein Unternehmer ohne politische Absicherung auf ein derart gigantisches Unterfangen einlässt. Immerhin hat er die staatliche Chinese Railway Company mit den Ingenieursarbeiten für den Kanalbau beauftragt. Nicaragua unterhält zwar nicht einmal diplomatische Beziehungen zu Peking, weil es zu den wenigen Ländern gehört, die Taiwan als das legitime China anerkennen. Doch für China ist der Panamakanal ein Wasserweg der USA, der im Konfliktfall geschlossen werden könnte. Mit dem Nicaraguakanal hätte man eine – wenngleich höchst kostspielige – Alternativroute. »China hat einen langen Atem und tiefe Taschen und denkt strategisch weit in die Zukunft«, meint der Ökologe Axel Meyer in der Fachzeitschrift *Spektrum der Wissenschaft*.

Daniel Ortega hat versprochen, der Kanal werde »die Armut und extreme Armut beseitigen und dem nicaraguanischen Volk

Wohlstand, Prosperität und Glück« bringen. Dank der gleichgeschalteten Medien ist inzwischen auch ein Großteil der Bevölkerung von den Wohltaten des Kanalprojekts überzeugt. Jene, die weit weg wohnen, freuen sich auf Arbeitsplätze; die direkt Betroffenen glauben, dass sie für ihre Grundstücke großzügig entschädigt werden. Wer immer noch dagegen auftritt, wird als Rechtsextremist diffamiert, der sich der Entwicklung des Landes entgegenstelle.

Dass die Unternehmerschaft und die Familie Ortega handfeste Interessen haben, dürfte außer Zweifel stehen. Eine Delegation des Unternehmerverbandes COSEP, die von Wang Jing nach China eingeladen wurde, kehrte begeistert von den technologischen Möglichkeiten der Asiaten zurück. Man rechnet mit fetten Aufträgen beim zu erwartenden Investitionsboom. Daniel Ortega hat seinem Sohn Laureano den Vorsitz der Kanalkommission übertragen. Er fungiert als Investitionsberater der Regierung.

Dennoch bleibt alles, was mit dem Kanal zu tun hat, hochspekulativ. Die Stelle bei Morrito am Ostufer des Nicaragua-Sees, wo der erste Spatenstich gesetzt wurde, ist wieder von Gras überwuchert. Bei Monkey Point, wo der Wasserweg in die Karibik münden soll, grasen die Kühe. Obwohl der Kanal vor Ende 2019 seiner Bestimmung übergeben werden soll, ist der zweite Spatenstich bisher ausgeblieben. Ende 2015 ließ Wang Jing verlauten, die Feinabstimmung des Kanals sei in Arbeit. Das habe mit der kurz vorher präsentierten Umweltverträglichkeitsprüfung zu tun, die vor erheblichen Umweltrisiken warnte. »Der Bau der Schleusen und die Erdaushebungen werden Ende 2016 beginnen«, versicherte der Investor. Allerdings bestehen inzwischen ernsthafte Zweifel an seiner Liquidität. Sein auf zehn Milliarden Dollar geschätztes Aktienvermögen schrumpfte durch einen Börsencrash in China um 85 Prozent. Und obwohl sich die fernöstlichen Aktienmärkte inzwischen wieder erholen, wächst auch in Nicaragua der Zweifel an seiner Ernsthaftigkeit. Manche Kritiker meinen, es gehe gar nicht um den Kanal, sondern um die damit verbundenen Infrastrukturprojekte – und um die Möglichkeit, unter der Generallizenz des Kanalvertrags billig Land zu erwerben. Der Ortega-Clan und einige Unternehmer würden fette Gewinne machen.

Im Laufe der Jahrhunderte sind nicht weniger als 70 Kanalprojekte in Nicaragua entworfen und wieder entsorgt worden. Der chinesische Plan wäre also nicht der erste, der große Erwartungen weckt, vielleicht ein paar geschickte Spekulanten reich macht und dann wieder als undurchführbar zu den Akten gelegt wird. Deswegen behalten vielleicht Skeptiker wie der Schriftsteller Sergio Ramírez recht, der meint, dass der Kanal das bleiben wird, was er seit Jahrhunderten gewesen ist: eine Schimäre.

Deutsches Wesen und Unwesen

»Immerhin hat sich der weitaus größere Teil der hiesigen Deutschen in diesem Club zusammengefunden und sich so einen gesellschaftlichen Mittelpunkt geschaffen. Der Versammlungsort ist ein einfaches Gebäude (Eigentum des Vereins) im Innern der Stadt, eine Anzahl deutscher Zeitungen und Zeitschriften liegt hier zum Lesen auf, ein Billard bietet manche angenehme Unterhaltung, und die Kegelbahn versammelt des öfteren eine größere Zahl von Mitgliedern zu gemeinsamem Spiel; unentwegt aber sitzen fast stets etliche Herren Stunde um Stunde beim unvermeidlichen Skat. Die Fechtgeräte (Schläger und Säbel), welche an den weißgetünchten Wänden hängen, dienen nicht bloß als Zierde, sondern auch zur Übung, und auch Gambrinus, dessen buntes Konterfei neben patriotischen Bildnissen und Emblemen die Wände schmückt, ladet nicht vergebens zum Trunke ein, obgleich der edle Gerstensaft hier ziemlich kostspielig ist.«

Das notierte der württembergische Geograph und Geologe Karl Theodor Sapper, der 1889 die guatemaltekische Hochlandstadt Cobán besuchte. Die 1300 Meter über dem Meeresniveau gelegene Gründung spanischer Missionare war damals das Zentrum der guatemaltekischen Kaffeewirtschaft und gleichzeitig der Mittelpunkt deutscher Wirtschafts- und Kulturinteressen. Deutsche Kaffeepflanzer konnten ihre Kinder in die deutsche Schule schicken. Neben dem fruchtbaren Boden waren es das gemäßigte Klima und die natürliche Abgeschiedenheit der Region Alta Verapaz, die die Deutschen in der zweiten Hälfte des 19. Jahrhunderts angezogen hatten. Als Pionier gilt Heinrich Rudolf Dieseldorff, der sich 1863 niederließ, um mit dem Kaffeeanbau sein Glück zu versuchen. Präsident Justo Rufino Barrios, der ab 1871 im Zuge seiner liberalen Revolution das spätfeudale Land umkrempelte und für den Kapitalismus öffnete, zeigte sich von der Effizienz des Deutschen beeindruckt und förderte die Ansiedlung weiterer Deutscher. Er stattete sie mit Privilegien aus und ließ ejidos – kleinbäuerliches Gemeindeland – zugunsten der Zuwanderer enteignen. Auch konfisziertes Kirchenland wurde für Immigranten umgewidmet. Von Barrios ist das Zitat überliefert, 250 Ausländer seien »nützlicher als 2500 Campesinos«.1890 lagen bereits zwei Drittel der Kaffeeproduktion in Alta Verapaz in deutschen Händen. 1913 produzierten Deutsche auf 170 Plantagen ein Drittel der gesamten Kaffee-Exporte Guatemalas.

Anders als viele europäische Emigranten im 19. Jahrhundert kamen die Deutschen nicht mit leeren Händen. Sie brachten eigenes Kapital oder Kreditgarantien deutscher Handelshäuser mit und konnten sich auf eingespielte Kontakte für den Export nach Hamburg verlassen.

Es ging nicht nur um deutsche Gründlichkeit, sondern um handfesten Rassismus. Die spanische Soziologin Marta Elena Casaús Arzú schreibt in ihrer Studie *La metamorfósis del racismo en la élite de poder en Guatemala,* veröffentlicht im von Clara Arenales, Charles Hale und Gustavo Palma herausgegeben Werk »Racismo en Guatemala? Abriendo el debate sobre un tema tabú«, über den Rassismus der wirtschaftlichen Elite Guatemalas. Sie zitiert einen Großgrundbesitzer: »Die einzige Lösung für Guatemala liegt in der Verbesserung der Rasse, man muss arischen Samen bringen, um sie aufzubessern. Ich hatte auf meiner Farm viele Jahre lang einen deutschen Verwalter, und für jede Indianerin, die er schwängerte, zahlte ich ihm 50 Dollar.« Der 1887 zwischen Guatemala und Deutschland unterzeichnete Handelsvertrag Montúfar-Bergen verlieh den ausländischen Händlern einen quasi-diplomatischen Status und legte sämtliche Privilegien, Garantien und Konzessionen auf die folgenden Generationen fest.

Rudolf Dieseldorff, der bald ehrfurchtsvoll Kaffeebaron genannt wurde, herrschte um die Jahrhundertwende über ein kleines Imperium an eigenen Plantagen und kaufte noch Rohkaffee von Kleinbauern zu, um seine Aufbereitungsanlage auszulasten. Daneben beschäftigte er sich mit Archäologie und Völkerkunde und sammelte historische Manuskripte der Maya-Kekchí. Außerdem mischte er sich in die Regionalpolitik ein und war an der Reform des Arbeitsrechts beteiligt.

Sein Neffe Erwin Paul Dieseldorff sollte einige Jahrzehnte später eine unheilvolle Rolle bei der weiteren Entrechtung der indigenen Bevölkerung spielen. Als sein Freund Jorge Ubico diktatorisch regierte (1931–1944), übersetzte er Teile der Gesetzgebung des Deutschen Reiches für Deutsch-Südwestafrika (das heutige Namibia) ins Spanische. In Guatemala nahmen die deutschen Rechtsnormen die Gestalt der Ley contra la vagancia (Gesetz gegen das Vagabundentum) an. Dieses Gesetz verpflichtete die Indios, unentgeltlich 120 Tage im Jahr für die Latifundisten auf den Kaffeeplantagen oder im Straßenbau arbeiten. Als Landstreicher galten nämlich alle Bauern, die sich nicht zur Arbeit auf Latifundien verpflichtet hatten und weniger als drei Hektar Land besaßen. Das traf auf die meisten Indigenen zu.

Die Großgrundbesitzer wurden unter Ubico zu Herren über Leben und Tod. Denn sein Dekret 2795 enthob »die Eigentümer von Plantagen jeder strafrechtlichen Verantwortung«. Den Kaffeepflanzern wurde sogar eine eigene Polizeieinheit zur Seite gestellt. Ubico, ausgebildet an Militärakademien in Europa und den USA, sympathisierte mit den Nationalsozialisten in Deutschland und den faschistischen Regimes in Südeuropa. Noch vor der Machtübernahme Hitlers baute die Auslandsorganisation der NSDAP (AO) in Lateinamerika Stützpunkte auf.

Die guatemaltekischen Ableger der NSDAP wurden vom Tischler Heinrich Gundelach und dem protestantischen Pastor Otto Langmann gegründet. Schon 1932 erschien mit der *Deutschen Zeitung für Guatemala und das übrige Mittelamerika* (DZ) ein Sprachrohr der Nazis. Damit ihre Propaganda über den Deutschlandfunk von möglichst vielen Menschen gehört werden konnte, verteilten sie 1937 gratis oder zum Schleuderpreis 8800 Radiogeräte.

Die Gründung des Deutschen Hauses als Parteizentrale folgte auf den gescheiterten Versuch der Nazis, den 1890 gegründeten Deutschen Club zu übernehmen. Bereits 1933 wurde dort Führers Geburtstag gefeiert. Es gab, wie der *DZ* zu entnehmen ist, Kino, Kameradschaftsabende, einen NS-Männerchor, Tanzabende der NS-Freizeitorganisation Kraft durch Freude, Vorträge prominenter Nazi-Besucher und nicht zuletzt Sammlungen für das Winterhilfswerk, das die Arbeitsgemeinschaft der Deutschen Frau in Guatemala ins Leben gerufen hatte.

Die Zeitschrift *Risse im Context XXI* berichtete 2002 vom deutschen Wehrmacht-Oberarzt Gerhard Enno Buß, den Hitler 1942 nach Alta Verapaz entsandte. Der stellte dort vergleichende Studien an Kindern, die die deutsche Schule in Cobán besuchten, an. Ziel der Studie an sogenannten Reichsdeutschen, nichtdeutschen Nordeuropäern, Halbdeutschen und Ladinos war der Nachweis der genetischen Überlegenheit der arischen Rasse. Bei der charakterlichen Beurteilung schneiden in der Dissertation des Wehrmachtsarztes die Reindeutschen im Durchschnitt erheblich besser ab als alle anderen. Er warnt auch vor den »Gefahren in völkischer Hinsicht durch die Vermischung mit den Einheimischen«. Erst kurz vor Beginn des Zweiten Weltkriegs wurden die Umtriebe der Nazis in Guatemala gezügelt, denn Ubico wollte sich nicht den Zorn der USA zuziehen. Nach dem Eintritt der Vereinigten Staaten in den Krieg wurden die Deutschen enteignet und 325 Personen, die durch besonderen Aktionismus für Nazi-Deutschland aufgefallen waren, an die USA ausgeliefert. Sie wurden, wenn sie nicht im Zuge eines Gefangenenaustauschs frei kamen, bis 1946 in Haft gehalten.

Obwohl in den 1930er-Jahren die Deutschtümelei in Guatemala Konjunktur hatte, fanden auch 265 deutsche Juden, die rechtzeitig aus Nazi-Deutschland fliehen konnten, in diesem Land Schutz vor Verfolgung. Auf Druck der Nazis gab das Außenministerium aber 1939 eine Erklärung zur Judenfrage ab, die klarstellte, dass den Jüdinnen und Juden das Aufenthaltsrecht nur aus humanitären Gründen eingeräumt wurde, aktive Teilnahme am Wirtschaftsleben war ihnen aber – mit Ausnahme der Landwirtschaft – untersagt. Die deutsche Reichsstelle für das Auswandererwesen lieferte dafür eine Erklärung nach: »Diese Erklärung des guatemaltekischen Außenministeriums ist dadurch veranlasst worden, dass in den letzten Monaten zahlreiche Beschwerden von Landesangehörigen über die von ausländischen Juden verursachte Konkurrenz laut geworden waren.«

Nach dem Krieg entsandte die BRD als ersten Botschafter mit Dr. Karl Heinrich Panhorst (1960–1964) einen einschlägig belasteten Mann nach Guatemala. Er war vorher zuständig für die »Aktion Ibero- und Mittelamerika« gewesen. Das war die faschistische Propaganda des Dritten Reiches für Zentralamerika. Deutsche Unternehmer sahen sich auch den rechtsextremen Kreisen in Guatemala verbunden. Ein Beispiel nennt der Artikel von Mary Kreutzer »Der Auslandsdeutsche kann nichts anderes sein als Nationalsozialist!« im Internetmagazin *Context XXI*. Sie berichtet von Hans-Joachim Horn, der zuerst als Präsident der Deutsch-Guatemaltekischen Industrie- und Handelskammer fungierte und dann in den 1980er-Jahren im Direktorium der Asociación Amigos del País saß. Hinter diesem Freundschaftsverein verbarg sich eine rechtsextreme Vereinigung von Industriellen und Großgrundbesitzern, die Todesschwadronen sponserte. Die Rechnung für diese Verstrickungen der Deutschen zahlte Botschafter Karl Graf von Spreti, dem keine Sympathien für faschistische Gruppen nachgesagt wurden. Er wurde 1970 von der Guerilla der FAR gekidnappt und ermordet, weil sich die Regierung weigerte, in Verhandlungen einzutreten. Noch heute finden sich im Telefonbuch von Cobán Namen wie Kunze, Winther, Euler und Hengstenberg. Die österreichischen

Dokumentarfilmer Uli Stelzner und Thomas Walther interviewten 1998 für ihren Film »Los civilizadores« einige Repräsentanten der deutschen Wirtschaftselite in Alta Verapaz und Guatemala Stadt. Stelzner zeigte sich in einem Interview entsetzt, dass viele der Nachfahren der deutschen Pioniere noch heute überzeugt seien, »einer überlegenen Kultur« anzugehören.

Unter den rund 5000 Deutschen, die in Guatemala leben, gibt es aber nicht nur ewiggestrige »«Herrenmenschen«. Viele haben am malerischen Atitlán-See oder in der alten Hauptstadt Antigua eine neue Heimat gefunden. Sie betreiben eine Touristenpension, widmen sich in der Rente der Hobbymalerei oder betätigen sich als Reiseführer.

Im Schwarzwald von Nicaragua

Während der Kolonialzeit hatten die Spanier den Zuzug von Europäern aus anderen Ländern nicht zugelassen. Erst nachdem sich die fünf Republiken 1821 für unabhängig erklärt hatten, wagten es Deutsche, Italiener, Österreicher oder Franzosen, die kleinen exotischen Länder zu erkunden.

1844 entsandte Prinz Karl von Preußen eine Kommission an die Mosquito-Küste, um die Eignung des Gebietes als Siedlungsort zu prüfen. Seit 1655 stand die Atlantikküste als Protektorat unter britischer Kolonialverwaltung, war aber den einheimischen Völkern weitgehend zur Selbstverwaltung überlassen. Die Engländer konnten die anglikanische Kirche nicht für die Idee begeistern, die Völker der entlegenen und mit Sumpffieber verseuchten Küste zu missionieren. So wandten sie sich an die Herrnhuter Bruderkirche, die bereits in Jamaika erfolgreich Fuß gefasst hatte. Die Hussiten entsandten im Jahre 1847 von Jamaika den 1798 in Magdeburg geborenen Heinrich Gottlieb Pfeiffer und den damals 25-jährigen Amadeus Reinke nach Bluefields. Dort trafen die beiden auf eine 80 Personen starke Gemeinde deutscher Auswanderer, die beglückt waren, den Gottesdienst in deutscher Sprache zu hören. Die Herrnhuter betrachten sich nicht als alleinseligmachende Kirche, sondern akzeptieren andere Bekenntnisse als gleichberechtigte Wege zu Gott. Anders als britische Missionare verurteilten die flexiblen Hussiten daher die afrikanischen Traditionen der afrikanisch-stämmigen Bevölkerung in Bluefields nicht als heidnisches Teufelszeug, sondern integrierten die synkretistischen Elemente in ihren Gottesdienst. In den 1880er-Jahren hatten sie bereits große Teile der schwarzen Bevölkerung bekehrt. Bei den Miskitos waren sie nicht ganz so erfolgreich.

Es waren bewegte Zeiten, denn die USA drängten damals den britischen Einfluss zurück. Für die durch den Goldrausch in Kalifornien ausgelöste Ost-West-Bewegung führte der schnellste und sicherste Weg über Nicaragua. Und der Versuch der Briten, ihr Protektorat bis ins Mündungsgebiet des Río San Juan auszudehnen, scheiterte am Widerstand der USA, die die Kontrolle über diesen Wasserweg beanspruchten.

Als die Republik Nicaragua 1894 dann ihre völkerrechtlich längst abgesicherten Ansprüche auf die Atlantikküste mit militärischer Gewalt durchsetzte, begannen auch für die Herrnhuter, die als Moravian Church bereits einen Großteil der Bevölkerung missioniert hatten, eine schwere Zeit. Denn Präsident José Santos Zelaya verfügte, dass fortan nur mehr die spanische Sprache im Gottesdienst verwendet werden dürfe.

Ein deutscher Herrnhuter wurde – vermutlich unschuldig – Opfer der Befreiungskämpfer unter General Sandino. Karl Bregenzer wurde 1931 als Spion der USA, gegen deren Besatzungstruppen Sandino kämpfte, erschossen.

In kriegerische Handlungen verwickelt waren die Deutschen auch nach dem Bürgerkrieg von 1855, zu dem die Liberalen sich Verstärkung aus den USA geholt hatten. Der Abenteurer William Walker aus Tennessee griff mit einer Söldnertruppe erfolgreich auf Seiten der Liberalen ein. Während seiner kurzen Herrschaft förderte Walker, der sich der Idee verschrieben hatte, die Rasse zu verbessern, die Einwanderung aus Europa und den USA. So kam es zu dem Kuriosum, dass auf mittelamerikanischem Boden Deutsche und Deutsche einander im Gefecht gegenüberstanden, denn in Walkers Truppe sollen 49 Deutsche gekämpft haben, während über die Teutonen im Lager der Patrioten keine genauen Angaben überliefert sind.

Im zentralen Hochland hatten inzwischen deutsche Siedler als Kaffeepflanzer ihr Glück gemacht. Ludwig Elster, der in New York als Schlosser gutes Geld verdient hatte, erwarb 1854 bei San Ramón die Finca La Lima. Die deutsche Tüchtigkeit dürfte sich herumgesprochen haben. Denn 1890 beauftragte die Regierung einen Wilhelm Jericho aus Nordhausen, 20 deutsche Familien in Nicaragua anzusiedeln. Die meisten pflanzten ihren Kaffee in der Gegend von Matagalpa und Jinotega. Die aus dem Schwarzwald stammenden Vogls tauften ihre Finca denn auch Selva Negra.

Alberto Vogl erzählt in seinem Buch »Nicaragua con amor y humor« von dem Versuch, den Transport der Kaffeesäcke zum Hafen Corinto über rutschige Saumpfade zu erleichtern. Die deutschen Pflanzer hatten eine alte Lokomotive erworben, die sie mit Walzen einer Planierraupe ausstatteten. Sie tauften das Ungeheuer Terrocarril (nach Ferrocarril: Eisenbahn), das nicht auf eisernen Schienen, sondern auf der Erde (tierra) fahren sollte. Otto Leicht steuerte das Gefährt. Allerdings war das Unternehmen ein Fehlschlag. Man musste weiterhin auf die bewährten Maultiere zurückgreifen. Ein Ölbild des Terrocarril hängt heute noch im Gastraum des Hotels Selva Negra, das immer noch von der Familie Vogl betrieben wird.

Matagalpa, 130 Kilometer nördlich von Managua gelegen, war damals in vieler Hinsicht besser ausgestattet als die Hauptstadt. So war es auch keine Seltenheit, in Privathäusern einen Konzertflügel anzutreffen. Der Deutsche Club verfügte über eine Bibliothek und einen Billardtisch.

Mit dem Zweiten Weltkrieg und der Enteignung der Deutschen war es mit dem gesellschaftlichen Leben in Matagalpa vorbei. Doch viele waren längst eingebürgert. Und auch heute noch zeugen das Eisenwarengeschäft Ferretería Lang und Óptica Münkel von der Rolle der Deutschen im nicaraguanischen Wirtschaftsleben. In der sandinistischen Regierung dienten mit Enrique Schmidt, Miguel d'Escoto Brockmann, Carlos Tünnermann Bernheim, Carlos Coronel Kautz, César Amador Kühl und Reynaldo Téfel mindestens sechs Minister oder Vizeminister mit deutschen Vorfahren. Unter Präsidentin Violeta Barrios de Chamorro amtierte Erwin Krüger als Minister. Heute fungiert Valdrack Jaenschke als Vizeaußenminister.

Während der sandinistischen Dekade war Nicaragua innenpolitischer Streitpunkt in Deutschland. Union und FDP unterstützten die aggressive Politik der USA, während SPD und Grüne die Revolution legitim fanden und die Sandinisten verteidigten. Aber nicht nur in Bonn, Frankfurt und Wuppertal, wo die Nicaragua-Solidarität ihre Zentren hatte, wurde heftig diskutiert. Hunderte junge Deutsche kamen als Brigadisten ins Land, um bei der Kaffee-Ernte zu helfen, Kindergärten zu bauen oder Baugrund zu reinigen. Die Brigadistenbewegung war eine hochpolitische, die zweimal die deutsche Botschaft in Managua besetzte, um die Kollaboration der Bundesregierung mit den Contras anzuprangern. 1986 wurde eine Gruppe von Brigadisten von Contras verschleppt und erst durch Vermittlung des alten SPD-Haudegens Hans-Jürgen Wischnewski wieder freigelassen.

Von Contras verschleppt wurde im Juni 1985 auch die deutsche Biologin Regine Schmemann, die in Puerto Cabezas mit einem Aufforstungsprojekt beschäftigt war. Die Miskito-Rebellen brachten sie zunächst in ein Contra-Lager in Honduras und ließen sie nach internationalen Interventionen schließlich unverletzt frei.

Politisch waren auch die meisten Experten des Deutschen Entwicklungsdienstes DED, kirchlicher Hilfsorganisationen und selbst manche der staatlichen GTZ. Der Freiburger Arzt Albrecht »Tonio« Pflaum wurde 1983 in der Nähe von Wiwilí von Contras ermordet. Nach seinem Tod gründete sich in Freiburg ein Freundeskreis, der Geld für Projekte in Nicaragua sammelte. Als Projektleiter wurde der Gewerkschafter und DKP-Aktivist Berndt Koberstein nach Nicaragua geschickt, wo er den Bau einer Trinkwasserleitung für Wiwilí koordinieren sollte. Auch er starb 1986 in einem Hinterhalt der Contras. In Freiburg erinnert eine Gedenktafel an der Wiwilí-Brücke an ihn. Der Freiburger Stadtrat Hendrijk Guzzoni (Linke Liste), ein Jugendfreund von Koberstein, stiftete 2011 aus seinem persönlichen Vermögen den mit 10 000 Euro dotierten Berndt-Koberstein-Preis für Zusammenleben und Solidarität.

Mit der Wahlschlappe der Sandinisten im Februar 1990 erfuhr die Solidaritätsbewegung einen gravierenden Einschnitt. Solidarisch war man nicht mehr mit einer Regierung, sondern mit dem Volk, und Projekte konzentrierten sich jetzt auf Gemeinden, die weiterhin sandinistisch regiert wurden. Viele, die von der Revolution angezogen worden waren, traten enttäuscht die Heimreise an. Aber andere blieben hängen, entweder weil sie längst Wurzeln geschlagen und eine Familie aufgebaut hatten oder weil in der alten Heimat niemand mehr auf sie wartete. So der Neurochirurg Ernst Fuchs, der sich unter dem Pseudonym Carlos Vanzetti in den Dienst zuerst des Befreiungskrieges und dann der Revolution gestellt hatte.

Für die Solidarität in Deutschland gab Carlos Vanzetti eine einzigartige Symbolfigur ab, und er scheute nie die Konfrontation mit den heimischen Behörden. So war er sich auch nicht zu gut, seinen Ruf aufs Spiel zu setzen, als es 1986 galt, die deutsche Botschaft in Managua zu besetzen. Die Contra-freundliche Politik der Kohl-Regierung wurde für das Schicksal verschleppter Brigadisten verantwortlich gemacht. Und gern erinnerte er sich später, wie die Frau des Botschafters ihn als vermeintlichen Anstifter der Besetzung ein Arschloch geheißen habe. Dabei ließ er sich aber nie vor den Karren jener Leute spannen, die Solidarität als kritikloses Nachvollziehen aller politischen Schwenks der sandinistischen Führung missverstanden. Seine fachliche, aber auch politische Autorität machte ihn vielmehr zum natürlichen Ansprechpartner aller, die sich Nicaragua verbunden fühlten. Das bestätigte auch der als Vermittler eingeschaltete SPD-Politiker Hans-Jürgen Wischnewski, der Vanzetti als Vertrauensperson mitnahm, um die freigelassenen Entführten mit dem Hubschrauber abzuholen.

Dass die Sandinisten seine Verdienste mit dem Carlos-Fonseca-Orden erst würdigten, als sie längst nicht mehr an der Macht und politisch korrumpiert waren, kränkte ihn. Dass er ihn zur gleichen Zeit wie Margot Honecker erhielt, war ihm peinlich. Die von den Ortega-Brüdern vorgegebene Linie des Sandinismus wollte er nicht nachvollziehen: »Die Geldgier der oberen Zehntausend bei der Frente hat so überhandgenommen, dass sie ihre Prinzipien verraten haben.« Dennoch wollte er den Glauben an eine Erneuerung des Sandinismus und eine neue Revolution in Nicaragua nicht aufgeben. Die letzten Jahre musste er aber die Wirklichkeit akzeptieren und seine Privatordination im Baptisten-Spital einrichten. Nebenbei operierte er immer noch zum Nulltarif im staatlichen Lenin-Fonseca-Krankenhaus, bis man ihn unter Arnoldo Alemán als politisch missliebig hinauswarf. Eine gewisse Verbitterung war in den letzten Jahren immer deutlicher aus seinen sarkastischen Bemerkungen herauszuhören. Er hatte kaum echte Freunde und lebte zurückgezogen, bis ihn 2003 ein Gehirnschlag aus dem Leben riss.

Nicaragua war in den 1980er-Jahren eines der wenigen Länder, in dem sich Bürger der Bundesrepublik Deutschland und des Arbeiter- und Bauernstaates begegnen konnten. Zwar reisten die einen aus Begeisterung für die Revolution aus und lebten gewöhnlich mitten unter der nicaraguanischen Bevölkerung, während die anderen einen Dienstauftrag erfüllten und abgeschirmt von anderen als beruflichen Kontakten lebten. Dennoch gab es von

Seiten der DDR tatkräftige Unterstützung beim Aufbau des Innenministeriums, des Gesundheitswesens und der technischen Fakultäten der staatlichen Universität. Allerdings auch beim Aufbau des Geheimdienstes. Zusätzlich gab es zahlreiche Solidaritätskomitees, die nicht von oben gesteuert waren. Sie sammelten Brillen oder andere nützliche Gegenstände und verschifften sie über den Atlantik. Der eine oder andere Vertreter dieser privaten Initiativen durfte dann auch ausreisen und bei der Verteilung der Gaben dabei sein. Ärzte, Hochschullehrer und Ingenieure aus der DDR wirkten sogar mehrere Jahre unter der Tropensonne. Ihnen war zwar der Kontakt mit Westdeutschen untersagt, dennoch ergaben sich gelegentlich Begegnungen. Manchmal sogar über den beruflichen Alltag hinaus. Sie waren geprägt von vorsichtiger Neugier, manchmal Misstrauen und Skepsis. Westdeutsche wollten sich nicht dem Verdacht aussetzen, den anderen auszuhorchen oder gar zu regimekritischen Äußerungen zu verleiten. Denn Ostdeutsche waren angehalten, solche Kontakte zu protokollieren und Kollegen zu denunzieren, die sich nicht an die Vorschriften hielten.

Kaffeepflanzer und Architekten

Auch in Costa Rica leisteten deutsche Kaffeepflanzer Pionierarbeit. Georg Stiepel und Eduard Wallerstein begannen schon 1826 beziehungsweise 1832, Kaffeeplantagen anzulegen und waren die ersten Exporteure. Viele, die in der Folge ihr Vermögen mit dem Kaffee-Export machten, hinterließen ihre Spuren in der Architektur der Hauptstadt San José. Kaufleute, Buchhändler, selbst Naturforscher deutschen Ursprungs ließen sich prächtige Wohn- oder Kaufhäuser errichten. So wählte Alexander von Frantzius 1870 den Hügel Buenavista für seine stattliche Residenz. Das später in eine Kaserne verwandelte Bauwerk wurde nach der Abschaffung der Armee umgewidmet und beherbergt heute das Nationalmuseum mit seiner präkolumbischen Sammlung und anderen historischen Artefakten.

Es ist kein Zufall, dass die Deutschen mehr als jedes andere Volk diese Ära in Zentralamerika prägten. Zwischen der deutschen Vereinigung 1871 und dem Ersten Weltkrieg schwärmten deutsche Industrielle, Kaufleute und andere Unternehmer – vor allem aus den Hansestädten – aus und versuchten praktisch überall auf der Welt, neue Märkte zu erschließen. Ihnen eilte ein Ruf voraus, den deutscher Unternehmergeist und deutsche Qualitätsprodukte noch heute genießen. Unmittelbar vor dem Krieg wurden, so der Historiker Carlos Meissner, deutsche Investitionen in Costa Rica auf 35 Millionen Mark geschätzt. In Nicaragua auf 42 Millionen, in Guatemala gar auf 300 Millionen.

1896 gründete der erst ein Jahr davor eingewanderte Antonio Lehmann Merz mit Friedrich Sauter und Karl Federspiel in San José eine katholische Buchhandlung. Heute ist die Librería Lehmann die wichtigste Quelle für Schulbücher und hat fast ein Dutzend Filialen. Das im neoklassischen Stil erbaute Stammhaus in der Avenida Central steht unweit eines vom Kaffeebaron Johann Knöhr erbauten Kaufhauses, dessen Stahlrahmen von den Humboldt-Werken in Köln geliefert wurde. Der Innenhof und die verspielte Fassade mit Pilastern, Girlanden und Madaillons sind noch heute ein Blickfang.

Otto Steinvorth ließ 1907 ein Kaufhaus an der Avenida Central im französischen Jugendstil errichten, das während der ersten Hälfte des 20. Jahrhunderts das größte des Landes bleiben sollte. Leider wurde das Gebäude in den 1960er-Jahren verkauft und demoliert. Der Bauboom jener Aufbruchsjahre zog Architekten wie Franz Kurtze, Ludwig von Shamier und den 1836 in Stettin geborenen Franz Rohrmoser an. Nach Letzterem ist ein ganzes Stadtviertel in San José benannt – eine der elegantesten Gegenden der Hauptstadt.

Die deutschen Einwanderer neigten dazu, sich durch Heirat mit den spanischen Eliten des Landes zu verbünden. Auf

Deutschtümelei legten sie wenig Wert. Auch die Tatsache, dass die dritte und vierte Generation kein Deutsch mehr spricht, mag ein Beleg dafür sein. Dessen ungeachtet zählen Deutschstämmige noch heute zu den wohlhabendsten und einflussreichsten Gruppen.

In El Salvador, Honduras und Panama spielten und spielen Deutschstämmige kaum eine Rolle, obwohl in Honduras um 1900 die größten Firmen in deutscher Hand waren und 22 Prozent des Gesamthandels des Landes abwickelten. Wie in El Salvador gab es in Honduras einige große Kaffeeplantagen in deutscher Hand. Der Nationalsozialismus und der Zweite Weltkrieg brachten eine Zäsur für den deutschen Einfluss in Zentralamerika. Viele Männer fuhren »heim ins Reich«, um in den Krieg zu ziehen. Jene, die zurückblieben, wurden auf Druck der USA als Kriegsgegner enteignet.

Der beste Rum der Welt

»Nica Libre?« Auf lokalen Festen und selbst diplomatischen Empfängen in Nicaragua wird die lokale Variante des weltweit beliebten Mixgetränks Cuba Libre ganz selbstverständlich angeboten. Der Cocktail aus Rum und Coca-Cola, allenfalls durch etwas Zitrone verfeinert, gilt als eine Art Nationalgetränk. In größeren Mengen genossen, ist der Drink ein sicheres Rezept für schnellen Rausch und unerquicklichen Kater am nächsten Morgen.

Rum hatte lange Zeit etwas Anrüchiges. Man erinnere sich an Piratenfilme, in denen der braune Fusel aus einem Fass geschöpft und zur Belohnung für einen erfolgreichen Beutezug ausgegeben wird. Dieses Image hat der Rum dank ständiger Qualitätsverbesserung und internationaler Werbekampagnen abgestreift. Heute denkt man eher an weißen Sandstrand, gut gelaunte und gut gebaute junge Menschen, die sich mit Cocktailgläsern zuprosten. Viele verstehen das Zuckerrohrdestillat noch immer als Partygetränk, das im Grunde nur für Cocktails wie Cuba Libre oder Mojito dient.

Kenner wissen indes, dass guter Rum – wie Cognac – am besten pur genossen wird. Und Zentralamerika ist dafür ein richtig gutes Pflaster. An Bekanntheit können es die zentralamerikanischen Produkte nicht mit dem karibischen Rum aufnehmen. Kuba oder Jamaika gelten als idealtypische Herkunftsorte für richtigen Rum. Aber wer einmal einen guten Flor de Caña aus Nicaragua oder einen Ron Zacapa aus Guatemala probiert hat, wird gerne darauf verzichten, den edlen Tropfen mit Coca-Cola oder gestampften Minze-Blättern zu vermixen.

Zacapa Centenario ist so etwas wie der Ferrari unter den Rums. Noch vor wenigen Jahren ein Geheimtipp, ist er heute ein weltweit vermarktetes Spitzenprodukt der Spirituosenindustrie. Präsentiert in einer eleganten Flasche mit einem Gürtel aus geflochtenen Palmblättern, hebt er sich schon optisch von den billigen Geschwistern ab. Entsprechend ist auch der Preis in den vergangenen Jahren in fast unerschwingliche Höhen geklettert. Centenario bezieht sich nicht auf das Alter des Rums, sondern auf den hundertsten Jahrestag der Gründung der Stadt Zacapa im Jahr 1976. Damals wurde der Jubiläumsjahrgang für 23 Jahre ins Fass gefüllt und dem Reifeprozess überantwortet. Die Zacapa-Brennerei wurde in den 1930er-Jahren von den Brüdern Venancio, Andrés, Felipe, Jesús und Alejandro Botrán aus der spanischen Stadt Burgos als Destilería Quetzalteca gegründet. Damals im Westen des Landes. Später übersiedelte man in den Osten, nach Zacapa, wo das heiße Klima besser für den Anbau von Zuckerrohr geeignet ist.

Der Rum Flor de Caña wird in der Destillerie San Antonio nahe dem nicaraguanischen Städtchen Chichigalpa, ganz im pazifischen Westen des Landes, hergestellt. Sie gehört der Familie Pellas. Seit dem Sturz der Diktatorendynastie der Somozas ist das die wohl reichste Familie Nicaraguas. Eine Krise in ihrem unverwüstbaren Geschäft gab es Anfang der 1980er-Jahre. Denn jede Art von Flaschengetränk – von Coca-Cola bis zum edlen Rum – war damals nur gegen Abgabe einer Pfandflasche erhältlich. Brachte man die entsprechende Flasche nicht mit, wurde das Getränk in ein Plastiksäckchen abgefüllt. Auf Wunsch auch mit Eiswürfeln. Für den mobilen Konsum von Flor de Caña oder dessen proletarischem Bruder Ron Plata war das wenig hilfreich. Nur im Duty-Free-Geschäft am Flughafen galt diese Regel nicht.

Zucker geht an die Nieren

In den letzten Jahren haben sich die Zuckermonokulturen Zentralamerikas ausgeweitet. Grund ist nicht ein Ansteigen des Rumkonsums, sondern die zunehmende Produktion von Bioethanol. In ihrem Bestreben, die Abhängigkeit von Erdöl als Energieträger zu vermindern, haben die USA und die meisten zentralamerikanischen Länder auf Agrotreibstoffe gesetzt. Monokulturen wirken sich im Allgemeinen nicht nur auf die Umwelt schädlich aus. Entlang der zentralamerikanischen Pazifikküste, dort wo der meiste Zucker angebaut wird, grassiert eine seltsame Nierenkrankheit, die besonders unter Zuckerrohrschneidern bereits tausende Opfer gefordert hat. Die Chronische Nierenkrankheit (bekannt unter dem spanischen Kürzel ERC) führt zu erhöhten Kreatininwerten im Blut, Muskelkrämpfen, Fieber, Ohnmachtsanfällen und über kurz oder lang zum Tod. Nach Angaben der Weltgesundheitsorganisation WHO hat die ERC in Zentralamerika zwischen 2005 und 2009 jedes Jahr 2800 Menschenleben gefordert. In El Salvador und Nicaragua hat sich die Zahl der Opfer in 20 Jahren verfünffacht. Die Krankheit rafft in diesen Ländern mehr Männer dahin als AIDS, Diabetes und Leukämie zusammen.

Für viele Ärzte ist es zwar offensichtlich, dass die Krankheit mit den Arbeitsbedingungen unter sengender Sonne zusammenhängt, doch konnte eine direkte Verbindung zwischen der Krankheit und den Pestiziden einerseits und der Dehydrierung der Arbeiter andererseits bislang nicht nachgewiesen werden. Da die Zuckerrohrschneider nicht nach Zeit, sondern nach geschnittener Tonne bezahlt werden, arbeiten viele bis an die Grenze ihrer Leistungsfähigkeit. Im Zuckerbetrieb bestreitet man, dass die Arbeitsbedingungen die Nierenerkrankung fördern würden. Man verweist darauf, dass in der betroffenen Region auch Werftarbeiter, Bergleute und Landarbeiter an erhöhten Kreatininwerten litten. Trotzdem hat man in San Antonio den Arbeitstag auf acht Stunden beschränkt und Arbeiter mit erhöhten Kreatininwerten werden entlassen. Viele der Kranken schmuggeln sich aber unter falschem Namen wieder ein und arbeiten sich zu Tode. Denn Arbeitsalternativen finden sie in der Region nicht.

Die Fritanga – kulinarisches Kulturgut Nicaraguas

Hinter der mächtigen Kolonialkathedrale von León steht ab dem frühen Abend Doña Livia und heizt ihren Holzkohlegrill an. Bald steigt der Geruch von gegrilltem Rindfleisch auf und zieht die ersten Kunden an. Doña Livia, geschätzte 40 Jahre alt, trägt die typische weiße Schürze, die unten abgerundet und mit einfachen Rüschen verziert ist. Sie nimmt die Bestellung entgegen und lässt die Kundschaft Platz nehmen. Der Holztisch ist mit einem gemusterten Plastiktischtuch überzogen. Die einfache Bank erinnert an einen Biergarten oder ein Heurigenlokal in Wien. Fritanga heißt diese Garküche, die in der Regel an einer Straßenecke aufgestellt ist. Das kommt von freír (braten), obwohl für die Fleischzubereitung kein Fett verwendet werden muss. Aber neben dem gegrillten Rind- oder Hühnerfleisch lauern die Kalorienhämmer als Beilagen. Zu jeder nicaraguanischen Speise gehört Gallopinto (wörtlich: der scheckige Hahn), eine Mischung aus Reis und roten Bohnen. Reis und Bohnen können aber auch getrennt serviert werden. Zu den Bohnen empfiehlt sich dann ein Quäntchen Sauerrahm. Wer sich um die Linie keine Sorgen machen muss, bestellt dazu noch Plátanos oder Maduros fritos. Das sind gebratene Kochbananen, wahlweise grün oder reif. Ein Stück Käse kann nicht schaden – ein einfacher Weichkäse von der Kuh. Der Salat besteht zumeist aus nicht besonders raffiniert marinierten Krautstreifen und Tomatenstückchen. Wahlweise kann man sich auch ein Stück Avocado auflegen lassen oder etwas Guacamole. In Nicaragua wird die Avocadopaste meist mit harten Eiern und vielleicht auch etwas Koriandergrün (Culantro oder Cilantro) zubereitet. Leider wird das Bananenblatt als Servierunterlage zunehmend von Plastiktellern verdrängt. Auch Doña Livia tischt ihre Gerichte darauf auf. Das Besteck ist zum Glück aus Metall.

Mais, Bohnen und Kürbis, das waren die klassischen Grundnahrungsmittel der Maya- und Aztekenvölker, die in Zentralamerika herrschten, bis im frühen 16. Jahrhundert die Spanier kamen. Die tiefen Wurzeln der Bohnen versorgten den Boden mit dem nötigen Stickstoff, die großen Blätter der Kürbisse schützten die Erde vor dem Regen, der in diesen Breiten mit großer Wucht vom Himmel prasselt. Der kombinierte Anbau, der die Bodenerosion verhinderte, wurde später durch Monokulturen abgelöst. Stickstoff muss mittels Chemiedünger verabreicht werden, Schädlinge werden mit der chemischen Keule bekämpft. Erst langsam lernen viele Kleinbauern heute wieder, dass die traditionellen Methoden nicht nur billiger waren, sondern insgesamt auch zu höheren Erträgen führten.

Die Fritanga wird gerne für ein schnelles Mittagessen von Büroangestellten oder Verkäuferinnen aufgesucht. Am Abend kommt oft die ganze Familie. Auch Touristinnen und Touristen, die eingedenk der Warnungen ihrer Reiseführer vor einheimischer Kost zurückschrecken, verlieren meist die Scheu und stellen Magen und Gedärme auf die Probe.

Nicht überall herrschen hygienische Verhältnisse, die mitteleuropäischen Standards genügen. Doch wird auch von Seiten der Behörden zunehmend Wert auf Sauberkeit gelegt. Bei einem 2013 in der Hauptstadt Managua veranstalteten Fritanga-Wettbewerb wurde neben Kreativität auch die Sauberkeit bewertet. Natürlich spielten auch die Qualität der Lebensmittel, Geschmack und Würze eine Rolle. Mit sauberem Besteck konnte man ebenso punkten wie mit geschmackvoller Dekoration und der richtigen Entsorgung der Abfälle. Fritanguera ist ein typischer Frauenberuf. Denn die Vorbereitungen können zu Hause getroffen werden, und kleine Kinder begleiten ihre Mütter oft zur Arbeit. Die ganz kleinen werden, wenn sie danach verlangen, an die Brust genommen und dann in einem runden Gemüsekorb zur Ruhe gelegt. Größere Kinder sind auch als Küchenhilfe willkommen. Die Fritanguera gehört längst zur Folklore und zur kulinarischen Identität des Landes.

Tortillas

Wenn es eine typische Speise gibt, die allen Menschen und Gesellschaftsschichten Zentralamerikas gemeinsam ist, dann ist es die Tortilla. Die Maisfladen gehören zu jeder Speise. Sie ergänzen jedes Gericht und ersetzen mitunter das Besteck. Denn eingerollt eignen sich die Tortillas zum Aufschaufeln von Bohnen und dicken Saucen. Und an der Tortilla erkennt man, in welchem Land man sich befindet. In Guatemala sind sie klein und dünn, in El Salvador klein und dick, in Nicaragua mittelgroß, in Costa Rica kommen sie aus der Fabrik. TortiRica beherrscht dort den Markt und expandiert inzwischen nach ganz Zentralamerika. In den anderen Ländern sind es mehrheitlich Kleinbetriebe, die Versorgung garantieren. Frauen, oft auch Kinder, ziehen dann mit einem Korb voller Tortillas durch die Gassen und machen mit dem Ruf »Tortillas« auf sich aufmerksam. Auch Familienbetriebe haben meist eine Maismühle. Besonders schmackhaft sind aber die in Heimarbeit hergestellten Fladen. Das Maismehl versetzt man mit hydriertem Kalk, damit es dann mit Wasser und etwas Salz zum Tortillateig verarbeitet werden kann. Die köstlichsten Tortillas bekommt man in den Bergen von Nicaragua, wo die Campesinas noch am Holzfeuer kochen und die extragroßen Fladen einen leicht rauchigen Geschmack annehmen. Ohne Tortilla gäbe es auch keine Pupusas. Das salvadorianische Fastfood besteht aus gefüllten Tortillas, die mit pikantem eingemachtem Gemüse besonders gut schmecken. Sie können mit Käse, Bohnen oder Hackfleisch gefüllt werden. Nicht nur Vegetarier schätzen auch die Variante mit Loroco (Fernaldia pandurata), die Blüte einer Schlingpflanze, die in Mexiko und Zentralamerika als Gewürz verwendet wird.

Vom »Popol Vuh« zur Erotischen Linken – Literatur in Zentralamerika

Vom präkolumbischen »Popol Vuh« über den Pionier des Modernismus, Rubén Darío, bis zu den Gedichten und Romanen der zeitgenössischen Autorinnen und Autoren hat Zentralamerika einen unermesslichen Reichtum an Literatur hervorgebracht, dem man unmöglich auf wenigen Seiten gerecht werden kann. Deswegen können hier bestenfalls Hinweise gegeben werden. Jeder Anspruch eines erschöpfenden Überblicks wäre vermessen.

Der 2007 verstorbene guatemaltekische Autor Franz Galich verweist darauf, dass die Tradition der zentralamerikanischen Erzähler nicht allein den spanischen Vorbildern geschuldet sei. Vielmehr schöpften sie auch aus den wenigen erhaltenen Werken, die vor der Ankunft der Spanier entstanden sind. Allen voran die im »Popol Vuh« festgehaltene Schöpfungsgeschichte der Mayas, das Entstehen der Maismenschen. Das »Rabinal Achí« der guatemaltekischen Kekchí ist – ähnlich wie der »Güegüense« aus Nicaragua – ein Tanz- und Maskenspiel. Allerdings schildert es kriegerische Ereignisse vor der Eroberung, während der »Güegüense« sich über die spanischen Verwalter lustig macht.

Rubén Darío (1867–1916) kann in Nicaragua jedes Kind zitieren. Seine Werke zählen zum Kanon der spanischsprachigen Literatur. Er gilt als Begründer des Modernismo. In seinen Prosawerken, allen voran der schmale Erzählband »Azul«, geht er von der traditionellen grammatikalisch komplexen Satzstruktur des Spanischen ab. In einfacher und direkter Sprache befasst er sich mit exotischen Themen wie der klassischen Mythologie oder Kuriosa in Frankreich oder Asien. Darío, der eigentlich Félix Rubén Sarmiento hieß und den größten Teil seines Lebens als Reisekorrespondent oder Diplomat im Ausland verbrachte, kultivierte das L'art pour l'art und zeigte wenig Interesse für die prosaischen Dinge des Alltags. Er starb verarmt in León, wo er in der Kathedrale begraben liegt.

Lange bevor die Aufstände und revolutionären Bewegungen in den 1970er- und 1980er-Jahren den zentralamerikanischen Isthmus auf unsere eurozentristische Landkarte brachten, wurde der Guatemalteke Miguel Ángel Asturias mit dem Nobelpreis für Literatur ausgezeichnet. Das war 1967. Prämiert wurde er für seinen Romanzyklus, der als Bananentrilogie bekannt ist: »Sturm« (»Viento fuerte«), »Der grüne Papst« (»El Papa verde«) und »Die Augen der Begrabenen« (»Los ojos de los enterrados«). Darin beschreibt er im Stil des magischen Realismus, wie die US-amerikanischen Bananenkonzerne sich nicht nur des Landes in Guatemala bemächtigten, sondern auch die Politik maßgeblich mitbestimmten.

Als Sohn eines mestizischen Richters und einer Lehrerin vom Volk der Maya-Quiché wuchs Asturias unter dem Einfluss beider Kulturen auf, die Guatemala prägen: der spanischen und der indianischen. Seine Literatur ist eine Synthese daraus und würdigt das indianische Erbe. Er liest die Geschichte des Landes wie ein Palimpsest, denn auf den Trümmern der Maya-Bauten errichteten die Spanier ihre Kirchen. Besonders beschäftigte ihn auch das Wechselspiel von Diktatur, Revolution und Demokratie in seinem Land. Diktator Jorge Ubico ließ seine Bücher verbieten. Unter dem demokratischen Präsidenten Juan José Arévalo kam er als Diplomat zu Ehren, und nach dem von der CIA gesponserten Rechtsputsch 1954 musste er ins Exil. Ein kurzer demokratischer Frühling unter Mario Méndez Montenegro machte Asturias wieder zum Botschafter. Doch die Militärs drängten ihn bald erneut aus dem Land. Miguel Ángel Asturias starb 1974 in Paris. In »Weekend in Guatemala« beschäftigt er sich mit dem blutigen Umsturz von 1954, in »El Señor Presidente« mit dem Prototyp des zentralamerikanischen Diktators Rafael Estrada Cabrera, der seinem Vater das Leben schwergemacht hatte.

In der Tradition des großen Erzählers steht auch Sergio Ramírez (geboren 1942 im nicaraguanischen Masatepe), der während seiner politisch aktiven Zeit als Mitglied der revolutionären Junta und später Vizepräsident mehrere Romane herausbrachte. Obwohl viele seiner Erzählungen und Romane hochpolitische Themen abhandeln, entzog sich der Schriftsteller der Mode der während der sandinistischen Zeit blühenden Revolutionsliteratur, die unkritisch die Heldentaten der sandinistischen Kämpfer und Vordenker verherrlichte. Vielmehr hat er mit »Adiós muchachos« als einer der Ersten eine selbstkritische Reflektion der Revolutionsjahre vorgelegt. Deswegen setzt er sich mit seiner Kritik am ehemaligen Weggefährten Daniel Ortega nicht dem Vorwurf des Opportunismus aus.

Nur wenige Jahre älter und doch Angehöriger einer ganz anderen Generation war der Salvadorianer Roque Dalton (1935–1975). Er verstand es, in wenigen Zeilen eines Liebesgedichts auch seiner Wut auf den falschen Patriotismus seines kleinen Landes, auf die atomare Hochrüstung der Welt und das kollektive Elend Luft zu machen. Sanfte Liebesworte, gemischt mit Sozialkritik und zorniger Anklage gegen die heuchlerische Politik. Was scheinbar unvereinbar ist, kann Dalton in einem einzigen Gedicht zusammenbringen, ohne dass es verkrampft wirkt.

Dalton war nicht nur der begabteste, sondern ganz gewiss auch der originellste Dichter El Salvadors. Aber zur Legende wurde er durch die Umstände seines frühen Todes. Als Dichter und Kommunist fand er zu den revolutionären Organisationen El Salvadors, die keine Alternative zum bewaffneten Kampf gegen das repressive Militärregime sahen. Zweimal vom Regime gefangen, von CIA-Agenten verhört und zum Tode verurteilt, konnte er unter abenteuerlichen Umständen entkommen und wurde dann ausgerechnet von den eigenen Mitstreitern als vermeintlicher Spitzel erschossen.

Wenn sich Künstler vor den Karren einer Partei spannen lassen, fällt das selbständige kreative Denken oft der Disziplin zum

Opfer. Dalton hatte es aber trotz seines unzweifelhaften Engagements für die Revolution verstanden, seine Unabhängigkeit zu bewahren. Das war sein Unglück. Denn für die Regierung war er ein Subversiver und für die Partei ein unbequemer Querdenker. Die für die revolutionäre Linke des zentralamerikanischen Zwergstaates beschämende Femejustiz ist wohl einer der Gründe, warum die Geschichte dieser Hinrichtung nie aufgearbeitet wurde. Auch nicht, als die aus der Guerillafront hervorgegangene FMLN 2009 über die Wahlurnen an die Macht kam.

Weniger bekannt, aber vergleichbar originell ist die Nicaraguanerin Michèle Najlis (geboren 1946 in Granada), deren Lyrik oft nur weniger Zeilen bedarf. Sie überwand das revolutionäre Pathos ihrer Generation, das dem kollektiven Traum von der neuen Gesellschaft im neuen Nicaragua entsprang, und fand zu einer sehr meditativen, formal ausgereifteren Poesie. Damals blühte neben der Lyrik auch die Testimonialliteratur, fühlten sich doch alle, die die Rebellion gegen die Somoza-Diktatur miterlebt hatten, berufen, ihre eigenen Erlebnisse niederzuschreiben. Herausragend vielleicht der Comandante Guerillero Omar Cabezas, dem mit »Die Erde dreht sich zärtlich, Compañera« (im Original: »La selva es algo más que una inmensa estepa verde«) auch auf Deutsch ein Bestseller gelang. Das guatemaltekische Gegenstück von Mario Payeras – auch er war Guerillakommandant – heißt »Los Días de la Selva« und erschien zunächst in der DDR unter dem Namen »Tage und Nächte in den Wäldern«, später auch in der Schweiz als »Wie in der Nacht die Morgenröte«. Der Autor schildert darin die frühen Jahre des Aufbaus einer revolutionären Bewegung in den Bergen des Quiché. Payeras hat darüber hinaus allerdings auch andere Erzählungen und Gedichte veröffentlicht.

Es ist kein Zufall, dass fast alle Literaten, die das revolutionäre Nicaragua beschrieben und begleitet haben, heute auf Distanz zur Ortega-Regierung gegangen sind. Allen voran der Poet Ernesto Cardenal, der schon Mitte der 1980er-Jahre von der Präsidentengattin Rosario Murillo als Kulturminister und literarische

Leitfigur ausgebootet wurde. Der über 90-Jährige, Ikone der Befreiungstheologie, erfreut sich aber vor allem in Europa hohen Ansehens. Größere Bekanntheit als seine Gedichte genießt das vierbändige Evangelium von Solentiname, in dem Cardenal im Dialog mit einfachen Bauern auf dem Solentiname-Archipel im Nicaragua-See das Neue Testament diskutiert und Bezüge zur konkreten Wirklichkeit von Armut und Ausbeutung herstellt. Doch auch die Gedichte, etwa das »Gebet für Marilyn Monroe«, zeigen tiefe Menschlichkeit und eine Neuinterpretation christlicher Nächstenliebe.

Die durch ihre ins Deutsche übersetzten Romane weithin bekannte Gioconda Belli schreibt heute regelmäßig scharfe Kolumnen gegen den Autoritarismus, den sie in der Regierung beobachtet. Mit ihren frühen, sehr sinnlichen Gedichten zählt sie zu den Vertreterinnen der »Erotischen Linken«, einer literarischen Bewegung, die von der Guatemaltekin Ana María Rodas ausging. Rodas war schon 37 Jahre alt und Mutter dreier Töchter, als sie 1973 ihren ersten Lyrikband »Poemas de la izquierda erótica« veröffentlichte. Darin ist von Leidenschaft und Begehren, Frustration und Trennung und dem Unverständnis der Männer die Rede. Rodas machte offenbar im Umfeld der linken Befreiungsbewegungen die Erfahrung, dass sich Männer, die sozialen und politischen Umsturz anstreben, zu Hause genauso frauenfeindlich benehmen wie der Klassenfeind. Der Begriff der Befreiung werde in Bezug auf die Zuschreibung der Geschlechterrollen und die Machtverhältnisse in der heterosexuellen Beziehung dekliniert, schreibt die Literaturhistorikerin Barbara Dröscher: »Befreiung liest sich darin als Emanzipation im umfassenden Sinne.« Nach dem erzwungenen Rücktritt von Präsident Otto Pérez Molina im Oktober 2015 wurde Rodas für wenige Monate als Kulturministerin ins Übergangskabinett von Alejandro Maldonado Aguirre berufen.

Schriftsteller, die internationalen Ruf genießen, werden in Ländern, die keine Berufsdiplomaten ausbilden, gern als Botschafter eingesetzt. So erging es Rubén Darío und Miguel Ángel Asturias. Costa Rica schickte mit Carmen Naranjo (1928–2012) die bedeutendste Dichterin des Landes an die Botschaft in Tel Aviv. Die Lyrikerin und Erzählerin war offenbar vielseitig einsetzbar. Sie heimste nicht nur serienweise literarische Auszeichnungen ein, sondern diente auch eine Zeitlang als Kulturministerin, als Funktionärin im Sozialversicherungsinstitut und im Elektrizitätswerk sowie als Museumsdirektorin. Carmen Naranjo hinterließ zwar eine Unmenge an Romanen, Erzählungen und Gedichten, doch außer ihrem Roman »Undine« und ein paar für Anthologien ausgewählten Kurzgeschichten ist kaum etwas auf Deutsch erschienen. Sie gilt als Mitbegründerin der urbanen zentralamerikanischen Literatur. Ihre Geschichten spielen in der Mittelschicht der Hauptstadt San José und setzen sich mit den Veränderungen in den Sozialstrukturen und den Geschlechterverhältnissen auseinander. Auch mit der Oberflächlichkeit von besser gestellten Frauen, mit Gewalt, Doppelmoral und der Unfähigkeit zu kommunizieren.

Dem österreichischen Autor und Übersetzer Erich Hackl ist es zu verdanken, dass auch einige der jüngeren Vertreter der zentralamerikanischen Literatur dem deutschsprachigen Publikum zugänglich gemacht wurden. Er hat nicht nur Ana María Rodas und den Romancier Rodrigo Rey Rosa ins Deutsche übersetzt, sondern auch den guatemaltekischen Naturdichter Humberto Ak'abal entdeckt und seine onomatopoetische Lyrik übertragen.

Anhang

Lesetipps

Sachbücher

Boueke, Andreas: Guatemala – Recherchen auf heißem Pflaster, Horlemann Verlag, Berlin 2013.

Harzer, Erika/Volks, Willi (Hrsg.): Aufbruch nach Nicaragua. Deutsch-deutsche Solidarität im Systemwettstreit, Ch. Links Verlag, Berlin 2009.

Heuwieser, Magdalena: Grüner Kolonialismus in Honduras, Promedia Verlag, Wien 2015.

Hilse, Ina/Büttner, Kirstin (Hrsg.): Engagiert – resistent – bedroht. Handlungsspielräume und Perspektiven sozialer Bewegungen in Mittelamerika, Schmetterling Verlag, Frankfurt 2015.

Huffschmid, Anne/Vogel, Wolf-Dieter/Heidhues, Nana/Krämer, Michael/Schulte, Christiane (Hrsg.): NarcoZones. Entgrenzte Märkte und Gewalt in Lateinamerika, Assoziation A, Berlin 2012.

Huffschmid, Anne/Vogel, Wolf-Dieter/Heidhues, Nana/Krämer, Michael (Hrsg.): TerrorZones. Gewalt und Gegenwehr in Lateinamerika, Assoziation A, Berlin, Hamburg 2015.

Kurtenbach, Sabine/Mackenbach, Werner/Maihold, Günther/Wünderich, Volker (Hrsg.): Zentralamerika. Politik, Wirtschaft, Kultur heute, Vervuert, Frankfurt 2008.

Martínez, Óscar: Eine Geschichte der Gewalt. Leben und Sterben in Zentralamerika, Kunstmann-Verlag, München 2016.

Belletristik/Lyrik

Ak'abal, Humberto: Uxaq che' xuquje ik' Hojas y luna – Blätter und Mond. Dreisprachige Erstausgabe, Verlag der Kooperative Dürnau, Dürnau 1998.

Ders.: Das Weinen des Jaguars. 77 Gedichte und ein Bericht, Ed. Thanhäuser, Ottensheim 2005.

Ders: Geistertanz. Gedichte, Waldgut, Frauenfeld 2014.

Asturias, Miguel Ángel: Bananen-Trilogie, Lamuv Verlag, Göttingen 1991.
Band 1: Sturm, Band 2: Der grüne Papst,
Band 3: Die Augen der Begrabenen

Ders.: Der Herr Präsident, Rotpunktverlag, Zürich 2009.

Ders.: Legenden aus Guatemala, Insel Verlag, Wiesbaden 1960.

Ders.: Die Maismenschen, Lamuv-Verlag, Göttingen 1994.

Ders.: Weekend in Guatemala, Rotpunktverlag, Zürich 1988.

Belli, Gioconda: Bewohnte Frau, dtv, München 2007.

Dies.: Tochter des Vulkans, dtv, München 2006.

Dies: Waslala, dtv, München 2007.

Dies.: Das Manuskript der Verführung, Edition Jumbo, Hamburg 2007.

Dies.: Die Republik der Frauen, Droemer Knaur, München 2012.

Cardenal, Ernesto: Gebet für Marilyn Monroe und andere Gedichte, Peter Hammer Verlag, Wuppertal 1972.

Ders.: Das Evangelium der Bauern von Solentiname, Peter Hammer Verlag, Wuppertal, Neuausgabe 1991.

Ders.: Gesänge des Universums, Peter Hammer Verlag, Wuppertal 1995.

Castellanos Moya, Horacio: Die Spiegelbeichte, Rotpunktverlag, Zürich 2003.

Ders.: Der Waffengänger, Rotpunktverlag, Zürich 2003.

Ders.: Der schwarze Palast, S. Fischer Verlag, Frankfurt 2010.

Ders.: Der Traum von der Rückkehr, S. Fischer Verlag, Frankfurt 2010.

Dalton, Roque: Armer kleiner Dichter, der ich war, Rotpunktverlag, Zürich 1986.
Ders.: Däumlings verbotene Geschichten, Rotpunktverlag, Zürich 1989.
Ders.: Die Welt ist ein hinkender Tausendfüssler. Das Jahrhundert des Miguel Mármol, Rotpunktverlag, Zürich 1997.
Ders.: ¡Fusilemos la noche! Gedichte Spanisch und Deutsch, Edition Meerauge, Klagenfurt 2015.
Mackenbach, Werner (Hrsg.): Papayas und Bananen. Erotische und andere Erzählungen aus Zentralamerika, Brandes & Apsel, Frankfurt 2002.
Najlis, Michèle: Tönende Einsamkeit – La Soledad Sonora, Verlag Mohorjeva Hermagoras, Klagenfurt/Ljubljana/Wien 2007.
Ramírez, Sergio: Vom Vergnügen des Präsidenten. Erzählungen aus Nicaragua, Peter Hammer Verlag, Wuppertal 1973.
Ders.: Die Spur des Caballeros, Autoren Edition, München 1980.
Ders.: Adiós Muchachos! Eine Erinnerung an die sandinistische Revolution, Peter Hammer Verlag, Wuppertal 2001.
Ders.: Strafe Gottes, Edition 8, Zürich 2012.
Ders.: Der Himmel weint um mich. Kriminalroman, Edition 8, Zürich 2015.
Rey Rosa, Rodrigo: Die verlorene Rache, Rotpunktverlag, Zürich 2000.
Ders.: Die Henker des Friedens, Verlag Klaus Wagenbach, Berlin 2003.
Ders: Die Gehörlosen, Septime Verlag, Wien 2016.
Stackl, Erhard: ¡Atención! Die besten Reportagen aus Lateinamerika, Czernin Verlag, Wien 2014.

Basisdaten Guatemala

Fläche: 108 889 km² (Deutschland: 357 375 km²)

Einwohner: 16 Mio. (Deutschland: 81,5 Mio., 2015)

Einwohner pro km²: 147 (Deutschland: 227, 2015)

Religionen: ca. 60 % römisch-katholisch, 40 % protestantisch / evangelikal, danaben traditionelle Maya-Religionen

Hauptstadt: Guatemala-Stadt

Bruttoinlandsprodukt: 59,6 Mrd. US $ (2014) (Deutschland: 2915,7 Mrd. Euro, 2014)

Bruttoinlandsprodukt pro Kopf: 3714,6 US $ (Deutschland: 47 774 Euro, 2014)

Arbeitslosenquote (%, 2014): 2,9 (Deutschland: 6,4 %, 2014)

Inflationsrate (%, 2014): 3,4

Zahl der in die USA migrierten Kinder ohne Begleitung: 17 057 (2014), 4381 (2015)

Bevölkerung unter 15 Jahren (in %): 31,7

Bevölkerung über 65 Jahre (in %): 4,8

Lebenserwartung Männer: 68,5

Lebenserwartung Frauen: 75,6

Wareneinfuhr (Mrd. US $): 18,3

Warenausfuhr (Mrd. US $): 10,9

Währung: Quetzal (GTQ); 1 US $ = ca. 7 GTQ

Größte Städte: Guatemala-Stadt (970 000 Einw.), Mixco (300 000 Einw.), Villa Nueva (220 000 Einw.), Quetzaltenango (115 000 Einw.), Escuintla (70 000 Einw.)

Nationalfeiertag: 15. September (Unabhängigkeitstag)

Basisdaten Honduras

Fläche: 112 492 km^2 (Deutschland: 357 375 km^2)

Einwohner: 8,5 Mio. (Deutschland: 81,5 Mio., 2015)

Einwohner pro km^2: 75 (Deutschland: 227, 2015)

Religionen: zur Hälfte katholisch und protestantisch (evangelische Gemeinschaften erst 2010 vom Staat als Kirche anerkannt)

Hauptstadt: Tegucigalpa

Bruttoinlandsprodukt: 19,379 Mrd. US $
(Deutschland: 2915,7 Mrd. Euro, 2014)

Bruttoinlandsprodukt pro Kopf: 2378 US $
(Deutschland: 47 774 Euro, 2014)

Arbeitslosenquote (%, 2014): 3,9 (Deutschland: 6,4 %, 2014)

Inflationsrate (%, 2014): 6,1

Zahl der in die USA migrierten Kinder ohne Begleitung: 18 244 (2014), 1181 (2015)

Bevölkerung unter 15 Jahren (in %): 32,5

Bevölkerung über 65 Jahre (in %): 4,7

Lebenserwartung Männer: 71,5

Lebenserwartung Frauen: 76,2

Wareneinfuhr (Mrd. US $): 8,0

Warenausfuhr (Mrd. US $): 4,5

Währung: Lempira (HNL); 1 US $ = ca. 24 HNL

Größte Städte: Tegucigalpa (1 090 000 Einw.),
San Pedro Sula (491 000 Einw.), Choloma (150 000 Einw.),
La Ceiba (140 00 Einw.), El Progreso (105 000 Einw.)

Nationalfeiertag: 15. September (Unabhängigkeitstag)

Basisdaten El Salvador

Fläche: 21 040 km² (Deutschland: 357 375 km²)

Einwohner: 7,3 Mio. (Deutschland: 81,5 Mio., 2015)

Einwohner pro km²: 295 (Deutschland: 227, 2015)

Religionen: ca. 50 % der Bevölkerung römisch-katholisch, erhebliche Präsenz evangelischer Freikirchen (ca. 30 %)

Hauptstadt: San Salvador

Bruttoinlandsprodukt: 25,717 Mrd. US $ (Deutschland: 2915,7 Mrd. Euro, 2014)

Bruttoinlandsprodukt pro Kopf: 3931 US $ (Deutschland: 47 774 Euro, 2014)

Arbeitslosenquote (%, 2014): 6,2 (Deutschland: 6,4 %, 2014)

Inflationsrate (%, 2014): 1,1

Zahl der in die USA migrierten Kinder ohne Begleitung: 16 404 (2014), 2209 (2015)

Bevölkerung unter 15 Jahren (in %): 27,6

Bevölkerung über 65 Jahre (in %): 8,0

Lebenserwartung Männer: 67,8

Lebenserwartung Frauen: 77,1

Wareneinfuhr (Mrd. US $): 10,5

Warenausfuhr (Mrd. US $): 5,3

Währung: US $

Größte Städte: San Salvador (420 000 Einw.; Großraum ca. 1,7 Mio. Einw.), Soyapango (262 000 Einw.), Santa Ana (140 000 Einw.), San Miguel (130 000 Einw.), Mejicanos (130 000 Einw.)

Nationalfeiertag: 15. September (Unabhängigkeitstag)

Basisdaten Nicaragua

Fläche: 130 700 km² (Deutschland: 357 375 km²)

Einwohner: 6,5 Mio. (Deutschland: 81,5 Mio., 2015)

Einwohner pro km²: 50 (Deutschland: 227, 2015)

Religionen: römisch-katholisch (58,5 %), protestantische Religionsgemeinschaften (37 %), andere (2,6 %), ohne religiöses Bekenntnis (15,7 %)

Hauptstadt: Managua

Bruttoinlandsprodukt: 12 Mrd. US $ (2014) (Deutschland: 2915,7 Mrd. Euro, 2014)

Bruttoinlandsprodukt pro Kopf: 1904 US $ (Deutschland: 47 774 Euro, 2014)

Arbeitslosenquote (%, 2014): 5,3 (Deutschland: 6,4 %, 2014)

Inflationsrate (%, 2014): 6,0

Zahl der in die USA migrierten Kinder ohne Begleitung: keine Angabe

Bevölkerung unter 15 Jahren (in %): 30,5

Bevölkerung über 65 Jahre (in %): 5,0

Lebenserwartung Männer: 71,8

Lebenserwartung Frauen: 77,9

Wareneinfuhr (Mrd. US $): 5,7

Warenausfuhr (Mrd. US $): 5,0

Währung: Córdoba Oro (NIO); 1 US $ = ca. 30 NIO

Größte Städte: Managua (ca. 1 Mio. Einw.), León (140 000 Einw.), Chinandega (100 000 Einw.), Masaya (95 000 Einw.), Estelí (90 000 Einw.)

Nationalfeiertag: 15. September (Unabhängigkeitstag)

Basisdaten Costa Rica

Fläche: 51 100 km² (Deutschland: 357 375 km²)

Einwohner: 4,9 Mio. (Deutschland: 81,5 Mio., 2015)

Einwohner pro km²: 96 (Deutschland: 227, 2015)

Religionen: katholisch (Staatsreligion, ca. 76,3 %), evangelisch (13,7 %), andere (10 %)

Hauptstadt: San José

Bruttoinlandsprodukt: 48,1 Mrd. US $ (2014) (Deutschland: 2915,7 Mrd. Euro, 2014)

Bruttoinlandsprodukt pro Kopf: 10 083 US $ (Deutschland: 47 774 Euro, 2014)

Arbeitslosenquote (%, 2014): 8,3 (Deutschland: 6,4 %, 2014)

Inflationsrate (%, 2014): 4,5

Zahl der in die USA migrierten Kinder ohne Begleitung: keine Angabe

Bevölkerung unter 15 Jahren (in %): 22,5

Bevölkerung über 65 Jahre (in %): 8,6

Lebenserwartung Männer: 77,8

Lebenserwartung Frauen: 82,2

Wareneinfuhr (Mrd. US $): 18,1

Warenausfuhr (Mrd. US $): 11,5

Währung: Colón (CRC); 1 US $ = ca. 600 CRC

Größte Städte: San José (350 000 Einw.), Puerto Limón (65 000 Einw.), San Francisco (60 000 Einw.), Alajuela (50 000 Einw.), Liberia (50 000 Einw.)

Nationalfeiertag: 15. September (Unabhängigkeitstag)

Basisdaten Panama

Fläche: 75 517 km² (Deutschland: 357 375 km²)

Einwohner: 3,9 Mio. (Deutschland: 81,5 Mio., 2015)

Einwohner pro km²: 51,6 (Deutschland: 227, 2015)

Religionen: ca. 86 % römisch-katholisch, 10 % protestantisch, 1 % jüdisch, 1 % muslimisch

Hauptstadt: Panama-Stadt

Bruttoinlandsprodukt: 46,2 Mrd. US $ (Deutschland: 2915,7 Mrd. Euro, 2014)

Bruttoinlandsprodukt pro Kopf: 11 846 US $ (Deutschland: 47 774 Euro, 2014)

Arbeitslosenquote (%, 2014): 4,3 (Deutschland: 6,4 %, 2014)

Inflationsrate (%, 2014): 2,6

Zahl der in die USA migrierten Kinder ohne Begleitung: keine Angabe

Bevölkerung unter 15 Jahren (in %): 27,5

Bevölkerung über 65 Jahre (in %): 7,4

Lebenserwartung Männer: 74,8

Lebenserwartung Frauen: 80,5

Wareneinfuhr (Mrd. US $): 13,7

Warenausfuhr (Mrd. US $): 0,8

Währung: Balboa (PAB) und US $ (USD); 1 PAB = 1 US $

Größte Städte: Panama-Stadt (ca. 410 000 Einw.), San Miguelito (330 000 Einw.), Tocumen (90 000 Einw.), David (85 000 Einw.), Arraiján (85 000 Einw.)

Nationalfeiertag: 3. November (Unabhängigkeitstag)

Basisdaten Belize

Fläche: 22 965 km² (Deutschland: 357 375 km²)

Einwohner: 352 000 (Deutschland: 81,5 Mio., 2015)

Einwohner pro km²: 15,3 (Deutschland: 227, 2015)

Religionen: ca. 50 % Katholiken, 27 % Protestanten, darunter Anglikaner, Adventisten, Pfingstgemeinden

Hauptstadt: Belmopan

Bruttoinlandsprodukt: 1,7 Mrd. US $
(Deutschland: 2915,7 Mrd. Euro, 2014)

Bruttoinlandsprodukt pro Kopf: 4722 US $
(Deutschland: 47 774 Euro, 2014)

Arbeitslosenquote (%, 2014): 11,5 (Deutschland: 6,4 %, 2014)

Inflationsrate (%, 2014): 1,2

Zahl der in die USA migrierten Kinder ohne Begleitung: keine Angabe

Bevölkerung unter 15 Jahren (in %): 33,1

Bevölkerung über 65 Jahre (in %): 3,8

Lebenserwartung Männer: 70,9

Lebenserwartung Frauen: 77,1

Wareneinfuhr (Mrd. US $): 1,0

Warenausfuhr (Mrd. US $): 0,4

Währung: Belize-Dollar (BZD); 1,97 BZD = 1 US $

Größte Städte: Belize-Stadt (62 000 Einw), San Ignacio (17 000 Einw.), Orange Walk Town (16 000 Einw.), Belmopan 14 000 (Einw.), Dangriga 11 000 (Einw.)

Nationalfeiertag: 21. September (Unabhängigkeitstag)

Quellen für alle Basisdaten: Human Development Report 2015 des UNDP; Statistisches Bundesamt; Auswärtiges Amt; Eurostat

MEXIKO
Belize-Stadt
Belmopan
Dangriga
BELIZE
Flores
Sayaxche
Barillas
Puerto Barrios
Puerto Cortés
Cobán
Morales
Tela
La Ceiba
San Pedro Sula
GUATEMALA
El Progreso
Quetzaltenango
Mixco
Santa Rosa
HONDURAS
Antigua
Guatemala-Stadt
Escuintla
Aguacate
San Salvador
Tegucigalpa
Los Tro
San Miguel
Santa
EL SALVADOR
Usulután
La Unión
NIC
Chinandega
Corinto
León
Puerto Sandino
Manc
Montelimar
Granad
Ni
Pun
Pazifischer Ozean
0
150 km

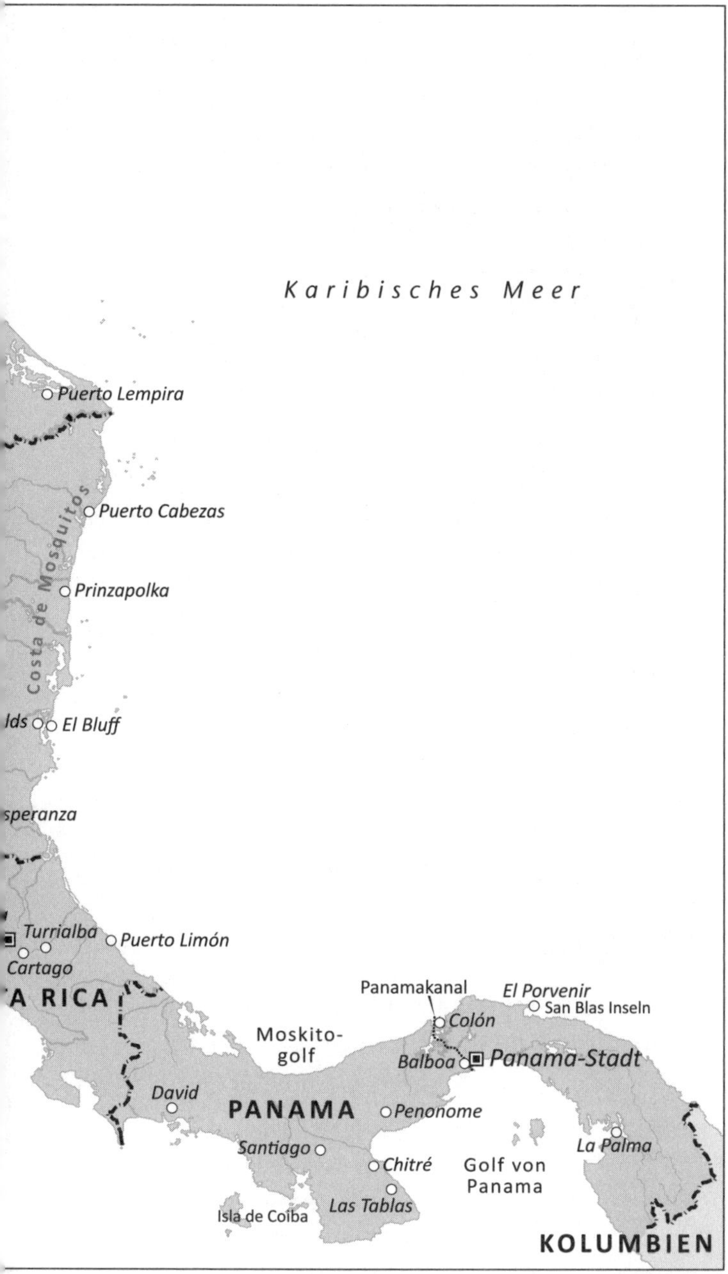

Karibisches Meer
Puerto Lempira
Puerto Cabezas
Costa de Mosquitos
Prinzapolka
lds
El Bluff
speranza
Turrialba
Puerto Limón
Cartago
A RICA
Panamakanal
El Porvenir
San Blas Inseln
Colón
Moskito-
golf
Balboa
Panama-Stadt
David
PANAMA
Penonome
Santiago
La Palma
Chitré
Golf von
Panama
Las Tablas
Isla de Coiba
KOLUMBIEN